AUDREY HEPBURN

Donald Spoto

AUDREY HEPBURN

Une femme d'exception

Traduit de l'américain
par Véronique Chalmet

HORS COLLECTION

Titre original : *Enchantment. The Life of Audrey Hepburn*
Publication originale : Harmony Books, une marque de The Crown Publishing Group, un département de Random House Inc., New York
Pour la traduction française,

Édition publiée avec l'autorisation de Harmony Books, un département de Random House Inc.
ISBN : 978-2-258-07396-8
N° d'éditeur : 892

Retrouvez-nous sur Internet : www.horscollection.com

Pour Ole Flemming Larsen

... right next to the right one...
TIM CHRISTENSEN, auteur-compositeur danois.

Sommaire

C'était son avènement
qui était la preuve même de l'enchantement.
HENRY JAMES, *La Source sacrée* (1901)

Première partie

Premiers pas (1929-1950)

Chapitre premier

1929-1939

Le soleil brillait de tous ses feux quand ils avaient appareillé pour quitter l'Angleterre mais, alors qu'ils se trouvaient en plein milieu de la Manche, les nuages s'étaient rapidement amoncelés au-dessus de leurs têtes, et la brise légère qui soufflait à leur départ s'était transformée en un vent violent. On pouvait déjà apercevoir le continent, lorsqu'ils se trouvèrent soudain ralentis par cette vilaine tempête. Une pluie glaciale fouettait le pont et leur cinglait le visage, tandis que le ferry roulait et tanguait dangereusement. Des années plus tard, la baronne se souviendrait de l'anxiété qu'elle éprouva en cet instant, bien qu'elle n'en eût rien laissé paraître aux deux petits garçons serrés contre ses jupes.

Cette terrible bourrasque était pourtant bien moins menaçante que le typhon auquel elle avait survécu en mer de Chine ; elle n'était même pas comparable aux conditions climatiques qu'essuyaient couramment les navires reliant l'Asie à l'Amérique du Sud, ou les Pays-Bas aux Indes de l'Est. Grâce à l'inaltérable sang-froid de la baronne hollandaise, ses fils âgés de huit et quatre ans affrontaient sereinement le gros temps. Heureusement, elle les tenait fermement par la main, car elle réalisait qu'il aurait suffi d'une rafale pour que les enfants passent par-dessus bord. Elle décida qu'ils seraient bien mieux à l'intérieur devant une tasse de chocolat chaud.

Alors qu'ils se dirigeaient tous trois vers le salon de thé, la baronne passa devant son mari, installé quant à lui dans le petit bar enfumé, un verre de whisky à la main. Il l'aperçut mais n'interrompit pas pour autant sa conversation avec le passager assis à côté de lui. L'époux de la baronne n'était pas le père des garçons – ils étaient nés d'un premier mariage. Personne d'ailleurs dans la salle n'aurait pu deviner les liens qui l'unissaient à cette femme si racée avec ses deux enfants sages. Elle l'entendit expliquer à l'homme qui buvait en sa compagnie qu'il quittait l'Angleterre pour la Belgique, où il comptait trouver une nouvelle position, et de meilleures perspectives d'avenir. C'est ce qu'elle espérait, pour lui comme pour elle-même et ses fils : s'il parvenait au moins à conserver un emploi plus d'un mois ou deux avant de succomber à la paresse, cela pourrait peut-être lui redonner espoir en leur mariage, par la même occasion. C'était son second mari, depuis maintenant trois ans ; et, pendant tout ce temps, il n'avait travaillé qu'à peine trois mois au total.

Son premier époux avait déclaré forfait au bout de cinq ans de mariage, c'est-à-dire quatre ans plus tôt, la laissant seule, à vingt-cinq ans, avec deux enfants en bas âge. Et voilà que ce second hymen commençait aussi à battre de l'aile. Cette fois, elle était enceinte de sept mois.

Elle disposait personnellement de quelques ressources financières, et d'un patrimoine ancestral, puisqu'elle appartenait à l'une des plus vieilles familles de l'aristocratie européenne. Miss Ruston était également connue sous le titre de baronne Ella Van Heemstra. On avait beau être en 1929, les baronnes hollandaises ne figuraient pas encore parmi les spécimens rares. Les Hollandais ne voyaient en outre aucun inconvénient à ce que les derniers nobles de leur pays usent de leurs titres, pour peu qu'ils imitent la famille royale hollandaise en adoptant une attitude simple, dépourvue d'orgueil.

Les quatre voyageurs arrivèrent finalement sains et saufs à Bruxelles, où ils trouvèrent une maison à louer. Avec l'aide d'amis compatriotes, la baronne prépara la naissance de son troisième enfant, pendant que son époux devenait clerc pour une compagnie d'assurances britannique. On s'était gardé de lui confier des responsabilités. Il s'ennuya ferme dès sa première journée de labeur.

Le matin du samedi 4 mai 1929, la baronne éprouva les douleurs de l'enfantement ; au milieu de l'après-midi, une petite fille voyait le jour. « L'enfant du samedi travaillera dur toute sa vie », prophétise un ancien dicton…

Ella, baronne Van Heemstra, naquit dans la bourgade chic de Velp, près d'Arnhem, le 12 juin 1900. Issue d'une fratrie de neuf enfants, elle était la fille du baron Arnoud Jan Adolf Van Heemstra (ancien gouverneur de la Guyane hollandaise en Amérique du Sud – l'actuel Suriname) et de la baronne Elbrig Wilhelmine Henrietta Van Asbeck : deux familles de la meilleure aristocratie. Les origines précises de ces deux baronnies demeurent méconnues, mais chaque lignée comprenait des juristes ou des juges très respectés, qui avaient rendu de grands services à la Couronne et au pays. Leurs enfants, les parents d'Ella, avaient hérité comme le voulait la tradition de ces titres de noblesse.

L'enfance d'Ella fut aussi privilégiée qu'on pouvait s'y attendre : ses parents étaient propriétaires d'une maison de campagne, d'un hôtel particulier en ville et d'un cottage pour l'été. Une cohorte de domestiques se tenaient partout à leur disposition. Des photos d'Ella prises lorsqu'elle avait une vingtaine d'années nous montrent une jeune femme très séduisante, aux traits fins, avec une chevelure sombre et soyeuse, un teint clair jusqu'à la transparence, et un sourire plein de dignité et de maturité, ni emprunté ni aguicheur. En d'autres termes, Ella incarnait à la perfection l'image idéale de l'aristocrate anglo-saxonne de l'ère victorienne. Ce style – qui se retrouve dans certaines attitudes mais également dans le mobilier de l'époque – caractérisait d'ailleurs moins les familles royales européennes que leurs rivales de l'aristocratie terrienne.

À l'âge de dix-neuf ans, Ella parachevait l'éducation qui devait être celle d'une jeune fille bien née ; elle était une excellente chanteuse et actrice de théâtre amateur, au point d'envisager une carrière de chanteuse d'opéra. Ses parents ne prêtèrent que peu d'attention au désir de leur fille et choisirent plutôt de l'envoyer faire un long voyage en bateau ; ils lui offrirent un billet de première classe pour rejoindre des parents qui travaillaient dans des comptoirs hollandais implantés dans les Indes néerlandaises, à Batavia, capitale de la colonie – l'actuelle Jakarta, capitale de l'Indonésie, sur l'île de Java.

C'est là-bas qu'Ella grandit et s'épanouit. Elle était conviée à toutes sortes de mondanités, où on la priait de faire entendre sa magnifique voix. On appréciait également sa conversation et ses reparties pleines de finesse, sa sophistication naturelle et son élégance... Elle impressionnait à la fois les jeunes gens de bonne famille et leurs parents. Mais, le 11 mars 1920 – soit cinq mois après son arrivée et trois mois avant son vingtième anniversaire –, les parents d'Ella débarquèrent à Batavia pour la marier à Hendrik Gustaaf Adolf Quarles Van Ufford, de six ans son aîné, doté d'une bonne position sociale. Cette année-là, c'était aux Indes qu'on pouvait faire prospérer ses affaires, d'une part parce que la crise commençait aux Pays-Bas, d'autre part parce que les colonies avaient le vent en poupe.

La mère de Van Ufford était également baronne, d'origine franco-hollandaise. Bref, tout laissait croire que l'union projetée serait aussi heureuse qu'avantageuse. Le 5 décembre de cette même année, Ella accouchait d'un fils appelé Arnoud Robert Alexander Quarles Van Ufford (Alex pour les intimes) ; et, le 27 août 1924, le couple donnait naissance à Ian Edgar Bruce Quarles Van Ufford. Mais, rapidement, leurs relations commencèrent à se dégrader. Hendrik retourna aux Pays-Bas pendant la période de Noël 1924, accompagné de sa femme et de ses fils, pour y organiser un éventuel retour au pays. Début 1925, les époux officialisaient leur divorce à Arnhem, pour des motifs qui restent obscurs.

Peu après cette rupture, Van Ufford partit pour San Francisco où (selon ses dires) on lui offrait une bonne opportunité professionnelle ; il y rencontra une immigrante allemande, Marie Caroline Rohde, avec qui il décida de se remarier. Quand ce fut fait, il disparut définitivement de la vie d'Ella et de ses deux fils. Il ne retourna aux Pays-Bas que bien des années plus tard, et c'est là qu'il mourut le 14 juillet 1955, à l'âge de soixante ans.

Ainsi, en cet été 1925, la baronnne Ella Van Heemstra Van Ufford, vingt-quatre ans, se retrouvait sans mari, avec deux bébés. En Hollande, ses amis la trouvèrent changée par cette épreuve ; elle était devenue autoritaire, et restait sur la défensive depuis la dissolution de son mariage. Il lui restait tout de même un titre, un foyer aux Pays-Bas, ses parents et une nurse pour s'occuper des enfants.

Négligeant ces avantages, Ella surprit tout son monde en retournant à Batavia. Elle y retrouva un gentilhomme britannique raffiné et plein de panache avec qui elle s'était liée d'amitié alors même que son mariage était en train de sombrer. Joseph Victor Anthony Ruston, de onze ans son aîné, était né le 21 novembre 1889 à Onzic, en Bohême. Son père, Victor John Ruston, originaire de Londres, était venu y travailler et avait épousé une jeune femme du pays, Anna Catherina Wels. Le nom de jeune fille de la grand-mère maternelle de Joseph était Kathleen Hepburn.

Quand Joseph et Ella furent réunis, au printemps 1926, il était encore marié à Cornelia Wilhelmina Bisschop, une Hollandaise expatriée dans les Indes orientales. Ils vivaient aux crochets de sa famille, ce qui arrangeait bien Ruston dans la mesure où il n'avait jamais entamé la moindre carrière – ni n'en avait jamais éprouvé l'intention. Certains biographes d'Audrey Hepburn l'ont identifié comme un banquier anglo-irlandais ; en fait, il n'était pas plus banquier qu'Irlandais. « La triste vérité, c'est qu'il n'a jamais voulu travailler », relèvera plus tard un de ses petits-enfants. En revanche, il portait beau, avait de bonnes manières, de magnifiques yeux sombres veloutés (d'après la description d'Ella) et, grâce à l'argent de Cornelia, une somptueuse garde-robe. Il arborait une fine moustache et était très photogénique. On comprend aisément l'attirance d'Ella, désireuse en outre de dénicher un nouveau père pour ses garçons.

Elle avait toutes les raisons de s'attendre à trouver un homme avec une position confortable : les Pays-Bas régissaient directement le commerce des Indes orientales, prospères depuis 1900 ; les Hollandais contrôlaient à la fois l'économie et le système de taxes dans l'archipel, ce qui impliquait que chaque article exporté devait en théorie transiter par Batavia.

Quant à Joseph, non seulement il considérait qu'Ella était une femme cultivée et élegante, mais il partageait aussi ses goûts : ils appréciaient tous deux les mondanités, les parades militaires, les restaurants gastronomiques et les compétitions sportives. Bien entendu, il faisait grand cas du titre d'Ella – il la taquinait souvent sur ce sujet, montrant ainsi qu'il y était particulièrement sensible. Peu importait que ce titre ne soit qu'honorifique et qu'il soit revendiqué par bien d'autres dames de Batavia – et peu importait aussi qu'Ella soit obligée de travailler comme employée de bureau pour subvenir à ses besoins et à ceux de ses fils. Joseph, obnubilé par tout ce qui avait trait aux classes privilégiées, aimait à présenter son amie la baronne. Il comprenait assez clairement qu'un mariage avec elle ne lui permettrait pas de porter ce titre, mais il accordait beaucoup d'attention aux valeurs dont elle était dépositaire et à l'éducation qu'elle avait reçue. Pardessus tout, il était très attiré par la fortune et l'aisance de sa famille, dont il imaginait qu'elle ne pourrait que lui faciliter grandement l'existence en lui permettant de jouir sans souci de la vie.

Pendant ce temps, Cornelia, manifestement complaisante avec son conjoint, se contentait de profiter à demeure des raffinements de la vie coloniale, retranchée dans sa superbe maison agrémentée d'or et d'ivoire (un must chez les Européens de l'époque) où il ne manquait jamais de domestiques autochtones pour satisfaire tous ses besoins. La vie quotidienne chez ces gens fortunés ressemblait assez à un roman de Somerset Maugham : ils n'étaient pas tristement retranchés dans leur île du bout du monde mais vivaient dans une sorte de cage dorée réservée aux quelques étrangers privilégiés qui contrôlaient l'économie de la région.

Lorsque Joseph affirma à Ella qu'il pourrait obtenir un divorce rapide de sa femme, celle-ci accepta sa demande en mariage. Cornelia Bisschop Ruston n'y voyait aucune objection, ayant elle-même noué quelque idylle adultérine. Les papiers furent vite prêts, signés et contresignés par les deux parties. Le divorce fut prononcé sans la moindre difficulté et, le 7 septembre 1926, Ella et Joseph convolaient en justes noces.

Pendant une trop brève période, la baronne fut satisfaite de son séduisant mari, qui présentait très bien en société. Mais, comme elle restait sur le qui-vive depuis sa malheureuse expérience précédente, elle se rendit bientôt compte du comportement indolent et morose de son nouvel époux. Joseph Ruston n'était qu'un aventurier qui s'était marié avec elle pour l'argent et pour profiter de l'aura aristocratique de sa famille. Il ne fit aucun effort pour essayer de gagner sa vie ; il profita d'un soulèvement qui éclata durant le mois de novembre pour justifier sa paresse. Comment aurait-il pu travailler dans un contexte aussi instable ? À partir de ce moment il ne cessa de se répandre en diatribes anticommunistes.

Mais cette langueur, les tirades politiques et les trivialités d'ordre social ne correspondaient pas du tout à la personnalité d'Ella. Au bout d'un an de mariage, le couple se déchirait à propos de l'argent, de l'inertie de Joseph et de sa totale absence d'affection pour les deux fils de sa femme. En désespoir de cause, Ella écrivit à ses parents, qui proposèrent une rencontre entre Joseph et un de leurs associés, à Londres. Il accepta, car l'Angleterre lui manquait énormément et il préférait de loin Londres à Batavia. Ainsi, à la fin de l'année 1928, Joseph, Ella, Ian et Alexander s'embarquèrent pour un long voyage, qui les mènerait des Indes orientales à la Grande-Bretagne.

Ils parvinrent à destination la veille de Noël et louèrent un appartement dans le quartier cossu de Mayfair, à quelques pas de Hyde Park. Mais, d'après Joseph, les fêtes de fin d'année ne se prêtaient guère à prendre un nouvel emploi, et c'est pourquoi il décida d'attendre jusqu'en février. Un collègue de son beau-père lui fit alors une offre d'embauche pour une compagnie britannique d'assurances sise en Belgique ; à la mi-mars, la baronne et son époux bouclaient de nouveau leurs bagages, montaient à bord d'un ferry transmanche à destination de la France puis grimpaient aussitôt dans un train pour Bruxelles.

Fin mai, leur nouveau-née était victime d'une bronchiolite. Elle cessa de respirer et commença à se cyanoser ; la nurse paniqua et appela Ella à la rescousse, qui comme d'habitude conserva son flegme. Tout en priant à voix basse, elle manipula l'enfant, la réchauffa, frictionna sa poitrine et lui donna de petites tapes jusqu'à ce qu'elle réagisse enfin. Elle lui sauva la vie.

Le 18 juillet, soit dix semaines après la naissance de leur fille, Ella et Joseph Ruston enregistrèrent la naissance du bébé auprès du vice-consul britannique de Bruxelles, la loi considérant que l'enfant était de nationalité anglaise par son père. Selon l'état civil, elle était née au 48, rue Keyenveld, dans le district d'Ixelles, au sud-est du centre de Bruxelles. Le nom complet de la petite fille était Audrey Kathleen Ruston ; et, toute sa vie durant, Audrey garderait le passeport britannique.

Après la Seconde Guerre mondiale et le décès du dernier Hepburn du côté de l'ascendance maternelle de Joseph, ce dernier eut toute latitude pour modifier légalement son nom en Hepburn-Ruston, ce qu'il trouvait particulièrement chic. Le clan Hepburn, qui remontait à des centaines d'années dans l'histoire des Écossais et des Irlandais, pouvait s'écrire selon diverses orthographes, parmi lesquelles Hebburne, Hyburn et Hopbourn. L'un de ses plus illustres ancêtres, selon Joseph, était James Hepburn, comte de Bothwell et troisième époux de Marie, reine d'Écosse. Cependant, les multiples ramifications et généalogies obscures qu'on discerne dans la lignée des Hepburn ne permettent pas d'être formel sur ce point.

La maison Heemstra-Ruston de Bruxelles n'était qu'une des résidences d'enfance, parmi bien d'autres, de la jeune Audrey. Elle passait beaucoup de temps avec ses grands-parents à Arnhem, en Hollande, et aussi à Velp. Ella rendait souvent visite avec sa fille à ses cousins, surtout quand Joseph s'absentait. Ses employeurs envoyaient fréquemment ce dernier au siège de la direction à Londres et, lorsqu'il revenait chez lui, il se rendait souvent à des réunions politiques dans le centre-ville.

À chaque fois qu'il revenait d'un déplacement d'une journée ou d'une semaine, il était accueilli comme un roi par sa petite fille. Malgré tout, il ne s'intéressait pas davantage à elle qu'à Ian ou Alex. Ella enseigna à Audrey la lecture et le dessin, lui apprenant tout ce qu'une enfant de son âge devait savoir, et forma son goût pour la musique. La petite brûlait de montrer à son père ce qu'elle apprenait. Mais il ne réagissait pas, et la réponse d'Audrey à la froideur paternelle fut typique de ce que s'efforce de faire un enfant dans ce cas : elle redoubla d'efforts pour gagner son amour et son attention – hélas ! en pure perte.

Audrey pouvait toujours compter sur sa mère pour l'instruire, la protéger et prendre soin d'elle, mais cette femme, pas plus que son mari, n'était douée pour témoigner son affection. Baronne à la mode victorienne jusqu'au bout des ongles, elle était devenue encore plus sèche, ayant perdu la spontanéité et la gaieté de sa jeunesse. Elle était une mère stricte, qui avait à cœur les intérêts de sa fille ; mais l'expression de ses sentiments était refrénée par la conviction que l'on perd de sa dignité si l'on câline son enfant, et que toute effusion sentimentale autre qu'un baiser sur le front au moment du coucher relève de l'inconvenance. Bien plus tard, Audrey considérerait que sa mère était une femme blessée par l'échec de son premier mariage et par le naufrage émotionnel du second.

Les photos de la petite durant son enfance dévoilent une enfant vive, au regard pétillant, souriante et gracieuse ; si sa mère et ses demi-frères sont à ses côtés, elle arbore généralement un petit sourire espiègle. Elle traitait toujours les domestiques comme s'ils faisaient partie de la famille. Elle adorait jouer au grand air et faire des farces. Ian et Alex se souviennent qu'elle aimait se balader avec eux à la campagne et jouer aux charades. « Et nous étions quelquefois très turbulents, dira Ian. Alors que ma mère nous l'interdisait, nous adorions grimper dans les arbres. » Mais lorsque Audrey avait cinq ans ses demi-frères en avaient respectivement quatorze et onze, et ils furent envoyés en pension ; ils ne pouvaient donc passer qu'occasionnellement un peu de temps ensemble.

Progressivement, la fillette, intelligente, affectueuse et pleine de ressources, se rendit compte des querelles parentales et fut perturbée par la guerre froide qui opposait son père et sa mère lorsqu'ils se retrouvaient autour de la table du dîner. L'ambiance était si tendue qu'Audrey pleurait souvent en cachette, car on lui avait dit qu'il était indécent de le faire en présence d'autrui. « Étant enfant, j'ai appris qu'il était mal élevé d'attirer l'attention sur soi, et qu'il ne fallait jamais, *sous aucun prétexte*, se donner en spectacle [...]. J'entends encore ma mère me dire : “Sois ponctuelle”, “Pense d'abord aux autres” et “Ne parle pas trop de toi. Tu n'es pas intéressante. Ce sont les autres qui comptent.” » Bien entendu, on ne faisait aucune allusion aux problèmes conjugaux devant l'enfant.

Une des pommes de discorde du couple concernait l'engagement politique très à droite de Joseph, qu'Ella trouvait de plus en plus bizarre. La Belgique était une société plutôt stable, mais la grande dépression économique américaine de l'automne 1929 venait de provoquer une crise mondiale. À Bruxelles, où l'électorat était essentiellement conservateur, le gouvernement laissait à des pouvoirs émergents le soin de régler tout commerce et négoce à l'intérieur du pays comme dans ses colonies – par exemple au Congo, où l'exploitation minière apportait beaucoup de revenus. Officiellement, les extrémistes, les révolutionnaires et les nationaux-socialistes influencés par l'Allemagne étaient tenus à l'écart des emplois administratifs, mais leur nombre augmentait cependant de façon inquiétante.

En 1934, les fascistes avaient noyauté tous les postes administratifs importants en Belgique – ils n'en avaient pas le contrôle, mais y étaient très influents. À ce moment, Audrey ne savait rien des sympathies très à droite de son père ; l'idéologie fasciste le séduisait de plus en plus, et il se rendait à des meetings politiques également fréquentés par des apprentis nazis.

En réalité, Joseph comme Ella avaient des convictions qui plongeraient Audrey Hepburn dans un terrible embarras toute sa vie durant.

Au printemps 1935, ses parents collectaient des fonds et recrutaient pour l'Union britannique des fascistes, sous la houlette d'Oswald Mosley. Dans l'exemplaire d'avril 1926 de *The Blackshirt*[1], l'hebdomadaire nauséabond de Mosley, figure une photographie d'Ella sous laquelle on trouve un commentaire édifiant rédigé dans un anglais si impeccable qu'on peut le supposer écrit de la main de son mari : « Nous avons entendu l'appel du fascisme, nous avons suivi la lumière qui nous mène sur la route de la victoire, on nous a fait comprendre ce que nous ne savions que vaguement et réalisons pleinement aujourd'hui. Enfin, nous brisons nos liens pour prendre le chemin du salut. Nous suivons Sir Oswald Mosley parce que nous savons qu'en lui nous avons trouvé un chef, dont les yeux ne sont pas rivés sur les choses les plus triviales mais dont l'inspiration se situe à un niveau plus élevé, et dont l'idéalisme conduira la Grande-Bretagne vers l'éclatante lumière d'une nouvelle aube de renaissance spirituelle. »

Onze jours plus tard, Ella et Joseph déjeunaient avec Hitler à Munich, accompagnés de plusieurs relations proches de Mosley et par trois des sœurs Mitford. Ils ne retournèrent à Bruxelles qu'à la mi-mai, ayant oublié l'anniversaire d'Audrey.

Un véritable fossé s'était progressivement creusé entre Joseph d'une part, et sa femme et sa fille de l'autre. Perpétuellement insatisfait, sans but, définitivement réfractaire au travail, dépendant de sa femme et haineux à l'encontre à la fois des Juifs, des catholiques et des « gens de couleur », Joseph n'avait en outre rien à dire à Ella et Audrey, et tout cela blessait profondément sa fille. « J'étais devenue une enfant plutôt maussade, silencieuse et réservée, et j'aimais beaucoup être seule. Il me semble que j'avais grand besoin qu'on me comprenne. » Et, concernant ses jeux de petite fille : « Je n'aimais pas les poupées. Elles ne me paraissaient pas réalistes. » Elle préférait s'entourer de chiens, de chats, de lapins et d'oiseaux, qu'elle croquait avec des pastels ou à l'encre avec un remarquable talent. Elle leur vouait la tendresse que ses parents étaient incapables de lui donner. « Je suis née avec un énorme besoin d'affection et avec la terrible soif d'en donner », dira-t-elle une fois adulte.

1. « La Chemise noire. » *(NDT)*

« Petite, j'embarrassais ma mère en essayant de prendre dans mes bras les bébés dans leur landau, lorsque nous sortions dans la rue et les boutiques. Le rêve de ma vie était d'avoir moi-même des enfants. On en arrivait toujours à la même chose : je ne voulais pas seulement recevoir de l'amour mais je cherchais désespérément à en donner. »

Elle cajolait dès qu'elle en avait l'occasion les petits animaux et les enfants de passage – parce qu'elle avait tant à « donner ». Quand à « recevoir de l'amour », il ne fallait pas y compter, ni même à un semblant de sécurité familiale : le peu qu'elle pouvait espérer fut définitivement ruiné à la fin du mois de mai 1935 – sans que rien l'ait laissé prévoir – quand John Ruston empaqueta ses vêtements, et, sans un mot à quiconque, passa la porte de la rue Kevenveld, pour ne plus jamais revenir.

Selon diverses sources indirectes, Joseph était venu à bout de la confiance qu'Ella pouvait encore lui accorder, et il avait dilapidé une grande partie de l'argent que son beau-père lui avait confié pour s'installer au moment de son mariage. D'autres ont affirmé qu'il était devenu alcoolique. Mais la cause déclarée de cette séparation et les événements qui l'ont provoquée restent mystérieux. Ella et Joseph étaient tous deux des gens durs, distants, critiques ; il faut toutefois reconnaître qu'Ella fut attentive aux besoins de sa fille sur le plan matériel et de l'éducation, qu'elle a encouragé sa curiosité intellectuelle, qu'elle a montré pour Audrey un véritable intérêt dont sa fille fut toujours convaincue. « Ma mère avait beaucoup d'amour en elle, mais elle n'était pas toujours capable de le montrer [...]. En outre, par nécessité, ma mère a dû également endosser le rôle du père. »

Ni Joseph ni Ella n'écrivirent ou ne dirent jamais publiquement quoi que ce soit au sujet de leur mariage ou de la manière dont il se termina, et Audrey, qui n'avait que six ans à l'époque, n'y fit que rarement allusion lorsqu'elle devint adulte, sinon pour dire ces quelques mots : « J'adulais mon père. Être séparée de lui était vraiment affreux pour moi [...]. En nous quittant, mon père nous a laissé un sentiment d'insécurité – peut-être pour toute la vie. » Elle ajouta en 1989 que le départ de son père fut « l'événement le plus traumatisant de mon existence. Je me souviens encore de la réaction de ma mère, [...] de son visage, maculé de larmes ; [...] j'étais terrifiée. Qu'allait-il m'arriver ? Le sol venait de s'effondrer sous mes pieds. »

Selon le fils aîné d'Audrey, cet abandon « causa une blessure qui ne cicatrisa jamais vraiment » ; et il ajoute que, tout le reste de sa vie, sa mère « ne parvint jamais à croire que l'amour pouvait durer ». Une fois, elle évoqua ce sentiment, lorsqu'elle dit qu'elle se sentait « très incertaine de l'affection qu'on pouvait lui porter – et terriblement reconnaissante de cette affection ». L'abandon de 1935, ajouta-t-elle, « est resté très présent en moi à travers toutes les relations que j'ai eues par la suite. Lorsque je suis tombée amoureuse et me suis mariée, j'ai connu l'angoisse permanente d'être quittée. »

À partir de ce jour, Audrey ne fréquenta plus les quelques amis que sa mère avait jusque-là tolérés – sans doute parce qu'elle avait honte, ou parce qu'elle ressentait un indicible mélange de tristesse et de confusion. Sans parler de la culpabilité qui assombrit l'âme de n'importe quel enfant abandonné par l'un de ses deux parents. Avait-elle fait quelque chose de mal ? N'était-elle pas digne d'être aimée ? Sa mère lui assurait le contraire. Est-ce que son père reviendrait ? Ella en doutait beaucoup. Aurait-elle jamais un autre père ? Sur ce point, Ella gardait le silence.

« Les autres enfants avaient un père et pas moi. Je ne pouvais pas supporter l'idée de ne plus le voir. Et ma mère était malheureuse comme les pierres que mon père l'ait quittée. Il l'a vraiment quittée comme ça : il est sorti de la maison pour ne jamais revenir. À l'époque, j'étais anéantie. J'ai pleuré pendant des jours et des jours. Mais ma mère ne l'a jamais dénigré. » (Pourtant, selon un des fils d'Audrey, Ella « passa la guerre à répandre sa bile à propos de Ruston, de son abandon, de l'absence de tout soutien de sa part ».)

Il y avait cependant quelques consolations. Les grands-parents maternels d'Audrey arrivèrent de Hollande pour emmener la petite fille et sa mère dans la maison familiale d'Arnhem, à une centaine de kilomètres d'Amsterdam, où le vieux baron avait été maire de 1920 à 1921

Au moment où la séparation fut officialisée, Joseph était reparti pour Londres. À la grande stupeur de la famille d'Ella, il demanda d'exercer son droit de visite concernant Audrey – et, en dépit de l'indignation générale, Ella y consentit. En vérité, cette compassion pour son ex-mari n'était qu'apparente, car Ella avait décidé d'un nouveau départ pour Audrey : elle allait la placer dans un pensionnat anglais.

À l'époque, le fait d'envoyer une fillette de six ans en pension semblait parfaitement approprié et généreux, car on considérait que c'était une expérience permettant à l'enfant d'acquérir de la maturité. De plus, le climat intellectuel, social et politique aux Pays-Bas ne cessait de se détériorer : les chômeurs étaient obligés d'aller travailler en Allemagne pour des salaires de misère, faute de quoi leurs allocations étaient supprimées ; en 1934, les manifestations se multiplièrent, causées par plusieurs mesures iniques. Par exemple, les femmes mariées ne pouvaient plus travailler dans l'administration sous prétexte qu'elles prenaient la place des pères de famille au chômage. Début 1936, le Premier ministre Hendrik Colijn prit diverses mesures d'austérité économique. Du point de vue d'Ella, ce contexte chaotique n'était pas bon pour une petite fille, qui serait plus au calme au fin fond de la campagne anglaise.

Malgré ses origines aristocratiques et son sens de la noblesse, Ella était quelqu'un de pragmatique, capable de s'adapter aux impondérables. Sa fille hérita d'elle ce trait particulier : elle lui avait appris qu'on est chez soi partout où on le décide.

Ella pensait que ce serait une bonne chose pour Audrey si Joseph venait voir sa fille à l'école et l'emmenait de temps en temps faire une sortie à Londres, et la baronne elle-même prévoyait de lui faire de fréquentes visites. Mais, une fois de plus, elle se trompait. Pendant les années où Audrey fut interne dans une petite école privée pour jeunes filles du Kent, elle ne vit son père qu'à quatre reprises. « S'il était venu me voir plus régulièrement, j'aurais au moins eu le sentiment qu'il m'aimait. J'aurais eu l'impression d'avoir un père. »

Mais quelque chose importait plus à Ruston que de rendre visite à sa fille : certes, il allait souvent dans le Kent, mais il esquivait généralement l'école. (Une fois, il emmena sa fille pour une courte virée dans le sud-est de l'Angleterre à bord d'un petit biplan, mais ce fut une exception.) La raison pour laquelle il se trouvait souvent dans la région ne fut dévoilée que bien des années plus tard. Ruston avait quelque temps fait office d'avocat pour l'Union britannique des fascistes de Mosley. Il retrouvait alors un vieil ami revenu de Bruxelles comme lui – le célèbre Arthur Tester, qui répandait et coordonnait la propagande nazie en Grande-Bretagne, grâce à l'organisation de Mosley. D'après l'historien britannique David Turner, Joseph Ruston était le partenaire de Tester.

Si l'on considère les engagements antérieurs de Joseph et Ella, leurs accointances avec Mosley et Hitler, cette affirmation n'a rien de surprenant – et ce fut peut-être même le principal motif du retour de Ruston en Angleterre. Quoi qu'il en soit, il faut préciser qu'Ella cessa quant à elle toute relation avec l'Union britannique des fascistes en 1937. À mesure que le nazisme se dévoilait dans toute son horreur et sa barbarie, la baronne se mit à regretter d'avoir été en contact avec Hitler, d'avoir suivi Mosley, et son engagement pour une cause sur laquelle elle s'était complètement fourvoyée.

Sur ses années de pensionnat, entre 1936 et 1939, Audrey dira plus tard qu'elle fut « d'abord terrifiée, mais c'était une bonne leçon d'indépendance [...]. J'aimais les autres enfants et les professeurs, malgré ma réticence à rester assise dans une salle de classe. J'avais du mal à demeurer tranquille sans bouger pendant des heures. J'adorais l'histoire, la mythologie et l'astronomie, mais je détestais tout ce qui avait trait à l'arithmétique. Je trouvais que l'école elle-même était un endroit ennuyeux, et je fus très heureuse lorsque ce fut terminé. »

Il y avait pourtant un cours hebdomadaire qu'Audrey attendait avec impatience et qu'elle aimait par-dessus tout : celui d'un maître de ballet londonien, qui dirigeait une classe de danse à son école. Ella rendit visite à Audrey pour son dixième anniversaire – le 4 mai 1939. Elle arriva à temps pour assister au spectacle de danse dont Audrey était la vedette. Les professeurs et les camarades de classe de la jeune fille l'applaudirent avec enthousiasme, et Audrey rayonnait.

Chapitre deux

1939-1946

Ella et Audrey passèrent l'été 1939 en Angleterre, en compagnie d'un ami de la famille, près de la ville côtière de Folkestone, à côté de Douvres. Elles flânaient parmi les jardins en fleurs, admiraient des demeures du plus pur style classique anglais, déjeunaient sur la promenade du port, roulaient en calèche le long des plages de sable, se baignaient dans une anse tranquille de la Manche et écoutaient des concerts en plein air.

Cette parenthèse enchantée s'acheva brusquement la première semaine de septembre dans une soudaine angoisse, lorsque les troupes nazies envahirent la Pologne. La Grande-Bretagne, la France, l'Australie et la Nouvelle-Zélande déclarèrent la guerre à l'Allemagne ; la Royal Air Force attaqua la flotte d'Hitler. Puisque l'Angleterre était désormais en guerre, Ella – convaincue que l'Allemagne n'attaquerait jamais la Hollande, restée neutre – décida d'emmener sa fille vivre dans la maison de son grand-père, au cœur de la paisible ville d'Arnhem. Le vieux baron était enchanté de les accueillir, d'autant plus qu'il souffrait de dépression depuis la mort de sa femme, advenue cinq mois plus tôt. Avant la fin septembre, Ella et Audrey étaient confortablement installées et en sécurité dans cette vaste résidence de famille à la façade d'un blanc immaculé. Le même mois, Ella recevait les derniers documents officiels confirmant la dissolution de son mariage avec Joseph Ruston.

Celui-ci se trouvait parmi les centaines de fascistes anglais qui – sans mise en accusation préliminaire ni procès – avaient été arrêtés et incarcérés sur l'île de Man. Il n'y avait pas la plus petite preuve que Ruston avait soutenu le régime nazi en temps de guerre. En outre, si tous les Anglais ayant un jour déjeuné avec Hitler, ou été photographiés en train de lui serrer la main et de sourire à ses côtés, avaient été accusés de haute trahison, alors le duc de Windsor lui-même – qui refusa la couronne d'Angleterre – aurait été passible d'emprisonnement. L'un des petits-fils de Joseph est catégorique : « En aucune manière Ruston ou ma grand-mère Ella n'ont approuvé la guerre ou l'Holocauste. Ils ont pu adhérer à certaines thèses fascistes et rencontrer divers groupes ayant cette idéologie, mais ils n'ont jamais fait de mal à quiconque ni soutenu sciemment aucun système ayant eu cette finalité. »

Arnhem semblait bien loin des dangers de la guerre. Parsemée de parcs verdoyants, de fontaines et de chutes d'eau, avec des sentiers sinuant jusque dans la campagne et de nombreuses salles de spectacles dédiées à la danse, à la musique et au théâtre, cette ville accueillante était un sanctuaire pour riverains et touristes aisés.

Les Van Heemstra avaient l'habitude de célébrer la période de Noël selon les règles de la tradition. Ils donnaient des soirées auxquelles Ian et Alex étaient conviés, de même que tous les membres de la famille plus ou moins éloignée. Audrey eut ainsi l'occasion de passer un peu de temps avec son oncle (le seul frère de sa mère), un homme très respecté et écouté qui haïssait toutes les formes d'intolérance et prônait le pacifisme. Elle retrouva également un cousin dont elle avait été très proche durant son enfance. Ces petites réunions familiales de fin d'année, avec des gens qu'elle aimait, la consolaient toujours beaucoup de l'absence de son père.

Pendant cet automne puis l'hiver qui suivit, beaucoup de gens ne se sentaient pas encore complètement concernés par le conflit, malgré la situation en Tchécoslovaquie et en Pologne, déjà totalement annexées par l'Allemagne. La guerre était bien déclarée, mais c'était la « drôle de guerre ». Ainsi, début 1940, très peu de

Hollandais s'inquiétaient de leur avenir – du moins, jusqu'à ce que les nazis envahissent le Danemark puis la Norvège, le 9 avril. Et, même alors, une sorte d'apathie générale paraissait engourdir la population. Le 9 mai, le Sadler's Wells Ballet, une compagnie de danse très célèbre en Angleterre, donnait un spectacle à Arnhem, et Ella y emmena Audrey pour fêter son anniversaire.

« Pour cette occasion, ma mère avait commandé à notre petit tailleur une longue robe de taffetas. Je m'en souviens très bien. Je n'avais encore jamais porté de robe longue, évidemment [...]. Tout le long du chemin, elle voletait autour de mes chevilles et le tissu bruissait. La raison pour laquelle elle avait fait cette dépense excessive, c'était que je devais remettre une gerbe de fleurs, à la fin du spectacle, à Ninette de Valois, la directrice de la compagnie. » Et c'est ce qu'elle fit, tendant à la danseuse un magnifique bouquet de roses et de tulipes qui fut accepté avec empressement... d'autant que le vice-consul britannique avait ordonné à la troupe de quitter Arnhem la nuit même.

Le jour suivant, vendredi 10 mai, les armées du Reich envahissaient les Pays-Bas, la Belgique et le Luxembourg sans aucune sommation ; trois jours plus tard, Rotterdam tomba aux mains des Allemands après que la ville eut été bombardée et près de trente mille civils tués : l'ennemi avait certes lancé un ultimatum exigeant la reddition des Hollandais, mais avait attaqué sans attendre la réponse. Ce jour-là, la reine Wilhelmine, sa famille et le gouvernement fuirent la Hollande pour l'Angleterre ; de là ils dirigèrent la flotte hollandaise, leurs colonies, et organisèrent les débuts de la Résistance. Peu après, des bombes incendiaires furent lâchées sur La Hague. L'armée hollandaise, habituée à une centaine d'années de paix à l'intérieur de ses frontières, était davantage entraînée et équipée pour la défense que pour l'attaque ; lorsque le ravitaillement vint à manquer et que ses forces aériennes furent défaites, elle fut contrainte de capituler. La Hollande se rendait.

Les troupes nazies et l'artillerie investirent Arnhem, pillant les richesses locales pour nourrir leur machine de guerre. « J'ai vu les chars allemands entrer et, en cinq jours, la Hollande était tombée, se souviendra Audrey. L'Occupation est un mot bien faible pour décrire l'éternité qui s'est écoulée jour après jour à partir du moment où les Allemands sont venus dans notre pays, l'ont pillé et se sont installés pour faire de nous leurs esclaves. » Dans un premier temps, la famille d'Audrey fut autorisée à rester dans l'ancestrale propriété familiale ; dans les quartiers généraux des nazis, on considérait qu'une occupation organisée avec la coopération des citoyens faciliterait la suite des opérations et la conquête du reste des Pays-Bas.

Dans les dix mois qui suivirent, l'argent placé à la banque des Van Heemstra, leurs biens et leurs bijoux furent confisqués. Alors qu'ils avaient vécu dans l'opulence depuis des siècles, ils se retrouvaient maintenant presque démunis.

Les occupants allemands s'acharnaient à cultiver la haine des Anglais – ils allaient jusqu'à interdire l'importation de biscuits ou autres denrées en provenance de Grande-Bretagne. Pour Ella et sa famille, cette situation soulevait un sérieux problème : Audrey Ruston était citoyenne britannique, avec un nom britannique, et parlait couramment l'anglais, toutes choses qui pouvaient aisément la faire arrêter, voire déporter. Elle devait apprendre à parler parfaitement néerlandais et se faire passer pour une Hollandaise. Avec une remarquable sagacité, Ella inscrivit sa fille à l'école publique sous le nom d'Edda Van Heemstra, et non celui d'Audrey Kathleen Ruston. Cette nouvelle identité protégerait la jeune fille pendant toute la guerre ; elle s'en débarrasserait ensuite dès qu'elle n'en aurait plus besoin. « Mon vrai nom n'a jamais été Edda Van Heemstra. J'ai porté ce nom à l'école, parce que ma mère pensait que c'était plus sage pendant l'occupation allemande, car mon vrai patronyme avait des consonances trop anglaises. »

Ella veillait aussi à ce qu'Audrey ne parle jamais anglais en public, les soldats allemands étant partout. « Pendant huit ans (de 1939 à 1947), j'ai parlé néerlandais. Ma mère était hollandaise, mon père anglais, et j'étais née en Belgique. Si bien qu'à la maison j'entendais parler néerlandais et anglais tandis que, à l'extérieur, c'était le français. » Après cela, elle n'avait parlé qu'anglais pendant qu'elle était à l'école dans le Kent, puis seulement néerlandais en Hollande. « Il n'existe aucune langue que je puisse parler pour me détendre quand je suis fatiguée, parce que mon oreille n'a jamais été habituée à une seule intonation. C'est parce que je ne possède pas de langue maternelle que les critiques trouvent parfois que j'ai une curieuse manière de parler. »

Ce sont, de fait, ces primes années polyglottes qui lui confèrent cette façon unique de s'exprimer – des intonations élégantes, une façon presque musicale de moduler son phrasé et cet allongement des voyelles qui caractérisent l'anglais d'Audrey Hepburn devenue adulte. Sa dicton n'appartenait qu'à elle et sa voix n'aurait pu être confondue avec aucune autre.

La vie quotidienne sous l'occupation nazie en Hollande, de 1940 à 1945, commença mal et se transforma vite en un vrai cauchemar. Les avions de guerre passaient en rase-motte au-dessus de la ville, entretenant une angoisse continuelle. On ne savait jamais s'il s'agissait d'un avion de reconnaissance anglais ou d'un bombardier allemand sur le point d'attaquer. Parents et enfants se cachaient dans les caves, les placards et, s'ils en ressortaient indemnes, c'était pour vivre dans la terreur journalière instaurée par les nazis.

Bientôt un rationnement strict fut mis en place. Comme les Allemands avaient besoin d'huile, d'essence, de pneus, de café, de thé et de tissu pour leurs uniformes, la population devait endurer des privations. Les péniches étaient réquisitionnées, de même que les vélos, les souliers et le métal des cloches d'église. Sous contrôle nazi, la radio néerlandaise prodiguait divers conseils pour économiser sur tout – par exemple, en réutilisant les sachets de thé plusieurs fois ou en dormant en famille dans une même pièce afin d'user moins de fioul.

Et c'est ainsi que ce pays autrefois prospère sombra bientôt dans la pauvreté et la maladie ; bien peu de gens avaient encore de quoi vivre correctement et, en 1943, une épidémie de tuberculose fit des ravages parmi la population. Pendant l'hiver, on abattait les arbres des parcs publics pour se chauffer ou on volait le bois – meubles, plancher – que l'on trouvait dans les maisons abandonnées.

Rapidement, les droits des Juifs hollandais furent limités : les enseignants et professeurs furent démis de leurs postes tandis que les étudiants n'étaient plus admis à l'univertsité. Les médecins n'avaient plus le droit de soigner leurs patients juifs, ni les hôpitaux de les admettre. Les femmes juives mariées à des non-Juifs étaient stérilisées de force. En 1942, ce fut la déportation, avec son lot de dénonciations. Lorsqu'ils étaient découverts, ceux qui s'étaient convertis au christianisme subissaient le même sort, comme la grande philosophe Edith Stein, devenue catholique puis nonne carmélite, et qui fut exécutée à Auschwitz.

« Des familles avec leurs bébés, des enfants en bas âge étaient entassés dans des wagons à bestiaux, avec juste une mince ouverture en haut des panneaux de bois, et tous ces visages effarés nous fixaient », se souviendra bien plus tard Audrey. « Pendant mon adolescence, j'ai senti l'emprise glacée de la terreur humaine ; j'ai vu, entendu tout cela – pour ne plus jamais l'oublier. Vous savez, ce n'était pas un simple cauchemar : j'étais là-bas, à ce moment-là, et tout cela était horriblement vrai. »

En 1941, Alex, le fils aîné d'Ella, disparut. Il avait combattu dans les rangs de l'armée hollandaise au début de la guerre et avait été fait prisonnier au moment de la reddition. Il parvint à s'évader puis se cacha jusqu'à la fin du conflit. Mais, à cette époquc, Ella et Audrey ne savaient pas ce qui était advenu de lui, et il leur arrivait de penser qu'il était mort. Pendant des jours, Audrey pleura, inconsolable, demandant à sa mère s'ils allaient tous être envoyés en prison et condamnés à mort. « Je ne savais pas si je n'allais pas tout bonnement disparaître comme tant d'autres jeunes filles et de femmes, envoyées dans des maisons de "divertissement" destinées aux officiers allemands et à leurs amis. Je ne savais pas si l'on me prendrait pour une semaine ou pour un jour, pour aider au nettoyage d'un immeuble réquisitionné ou pour servir en cuisine. Tout ce que je savais, c'était que j'avais douze ans et que j'étais terrifiée. »

Ainsi qu'E. N. Van Kleffens, alors ministre hollandais des Affaires étrangères, l'écrivit en 1940, « les Hollandais ont une grande sagacité qu'aucune propagande ne peut duper, [et] leur apparente résignation ne doit pas être prise pour de la soumission » aux nazis.

Cet état d'esprit fut particulièrement manifeste dans l'histoire héroïque de la Résistance hollandaise. Il s'agissait d'abord de maintenir le calme jusqu'à la fin de la guerre. Mais, très vite, lorsqu'il devint évident que la paix n'était pas une réalité envisageable avant longtemps, fut créé le Conseil de la résistance pour le royaume des Pays-Bas, dont les membres prirent les armes.

En 1942, le plus jeune fils d'Ella, un robuste et intrépide gaillard de dix-huit ans, entra dans la Résistance alors qu'il était étudiant à Utrecht. Il commença par distribuer des tracts destinés à redonner courage aux citoyens et à contrer l'occupant dans son entreprise de démoralisation de la population. Puis il travailla clandestinement pour le réseau Radio Orange, qui émettait parfois quelques minutes pendant lesquelles la reine Wilhelmine, réfugiée à Londres, s'adressait aux Hollandais.

Ian organisa également avec une remarquable habileté des manifestations étudiantes à Delft et à Leiden pour protester contre le renvoi des professeurs juifs – il aida aussi à procurer des faux papiers et des coupons de nourriture à des Juifs, leur permettant ainsi d'échapper aux camps de concentration allemands. Les résistants risquaient la mort mais continuaient à exhorter le personnel des chemins de fer à se mettre en grève, pour empêcher aussi souvent que possible les Allemands de recevoir le matériel dont ils avaient besoin. Et, lorsque les combats arrivèrent en Hollande, les résistants purent souvent compter sur l'attitude héroïque de certains concitoyens, qui aidaient par exemple les Alliés lors de leur parachutage, et récupéraient et soignaient les blessés.

Malheureusement, les activités clandestines de Ian finirent par être découvertes. Il fut arrêté à Arnhem et déporté en Allemagne, où il devint l'un des quatre cent mille Hollandais forcés de travailler dans les usines de munitions jusqu'à la fin de la guerre. Sa famille resta dans l'incertitude de son sort jusqu'à son retour en 1945.

À peu près au même moment (en juin 1942), Audrey et sa famille faisaient l'expérience de la barbarie nazie.

La Résistance avait tenté de faire dérailler un train allemand qui transportait du ravitaillement jusqu'en Hollande, et les représailles eurent lieu quand le convoi arriva à Arnhem. L'oncle bien-aimé d'Audrey, deux de ses cousins et quatre voisins furent raflés. La scène reste gravée pour toujours dans la mémoire de la jeune fille de treize ans : « Ne sous-estimez pas ce qu'on vous dit ou ce que vous lisez sur les atrocités commises par les nazis. C'était pire que tout ce que vous pouvez imaginer. Ceux que j'aimais ont été poussés contre un mur et abattus sous mes yeux. » Après quoi, la baronne Ella Van Heemstra commença à travailler pour la Résistance, allant jusqu'à cacher chez elle des combattants de l'ombre.

En 1941, Ella inscrivit sa fille à des cours de danse et de musique au conservatoire d'Arnhem ; durant l'Occupation, les familles ne payaient que ce qu'elles pouvaient à l'établissement. « À partir du moment où j'ai commencé à prendre des cours de danse en Hollande, dira Audrey des années après, je n'ai plus souhaité qu'une chose : devenir ballerine. » En novembre et décembre de cette même année, le théâtre de la ville – l'Arnhem Stadsschouwburg – commémorait le cent quinzième anniversaire de la mort de Mozart. Le 11 novembre, Ella dirigea une série de tableaux vivants : cinq acteurs – parmi lesquels Audrey – devaient rester assis immobiles et en silence dans leur costume du XVIIIe siècle pendant que le quartet à cordes d'Arnhem jouait des morceaux du grand compositeur.

Mais Audrey préférait des prestations plus actives, et l'occasion s'en présenta bientôt. Au conservatoire, elle fit preuve de tant de passion et de talent qu'elle fut choisie pour étudier sous la houlette de Winja Marova, dont elle devint rapidement l'élève-vedette. Audrey ne se produisait plus seulement dans le cadre de son école : elle et quelques autres élèves risquèrent leur vie en donnant des récitals de danse privés pour collecter des fonds destinés à la Résistance. On appelait ces prestations les « spectacles noirs » parce qu'ils avaient lieu, tous rideaux tirés, dans des endroits peu éclairés afin de ne pas attirer l'attention des Allemands.

« Je concevais les chorégraphies moi-même, se souvient Audrey. Un ami jouait du piano, ma mère faisait les costumes. Il y avait un côté très amateur, mais, à cette époque où les distractions étaient rares, cela apportait un peu d'amusement aux gens qui pouvaient ainsi passer un après-midi ou un soir à écouter de la musique. Ces récitals étaient donnés dans des maisons dont on fermait portes et fenêtres, et personne au-dehors ne pouvait savoir ce qui se déroulait. À la fin, nous collections l'argent pour la Résistance hollandaise. » Par peur d'être découvert, ce public restreint ne pouvait pas applaudir pour manifester sa satisfaction. « Le meilleur public que j'aie jamais eu n'émettait pas le moindre bruit à la fin du spectacle. » Avec des chutes de feutre, Ella cousait elle-même des chaussons de danse pour Audrey : « Ces chaussons ne correspondaient pas à ce qu'il aurait techniquement fallu pour un ballet, mais ils étaient suffisants pour les jeunes orteils d'une danseuse aussi passionnée que moi. »

Souvent, à l'issue du spectacle, certaines personnes prenaient Audrey à part pour lui donner un peu d'argent à partager avec les autres artistes, ainsi que des petits papiers pliés – des messages que les adolescents cachaient dans leurs chaussures et qu'ils transmettaient le lendemain aux résistants. Ces jeunes gens s'étaient entendus avec eux par avance, et les retrouvaient dans des lieux publics bondés ou dans les avenues discrètes des parcs afin de leur passer ces informations et de l'argent pour soutenir leur cause.

Il n'y avait dans ces missions rien de romantique, d'excitant ou de valorisant, rien de comparable à ce qu'on nous montre dans certains films hollywoodiens d'aujourd'hui. Le danger était bien réel, les nazis et les policiers à leurs ordres étaient partout, et les adolescents qui défiaient l'occupant savaient qu'ils n'auraient aucune chance de survivre s'ils étaient pris.

Mais la discipline de fer que nécessite l'apprentissage de la danse avait appris à Audrey à être intransigeante envers elle-même. Ce self-control lui fut également très utile pendant toute la période de rationnement alimentaire, alors qu'on ne pouvait plus se procurer de viande, d'œufs, de thé ou de café. À la fin de l'année 1942, le fioul était devenu si rare qu'on ne pouvait plus chauffer qu'une seule pièce par foyer. « Mais il n'y a probablement personne au monde d'aussi déterminé qu'un enfant qui poursuit son rêve, dira Audrey quinze ans plus tard, et mon amour de la danse était bien plus fort que ma peur des Allemands. » Bien qu'elle ne l'ait jamais présenté ainsi, elle fut également une précieuse auxiliaire de la Résistance, alors qu'elle continuait son apprentissage de ballerine. Elle n'a jamais voulu se considérer comme une héroïne, même si ses actes avaient prouvé le contraire : « Il paraissait normal aux enfants hollandais de risquer la mort pour sauver la vie des résistants. »

Un soir d'hiver, un petit peloton de soldats allemands, fusil à l'épaule, s'approcha et ordonna à toutes les femmes et jeunes filles présentes de s'aligner les unes à côté des autres. Elles furent ensuite entassées, muettes d'horreur, dans trois camions militaires qui traversèrent les rues de la ville. « La seule chose dont je me souvienne de manière certaine, c'est que je priais encore et encore dans ma tête en hollandais : "Notre Père qui êtes aux cieux…, Notre Père qui êtes aux cieux…" »

Le convoi s'arrêta brusquement. Les soldats descendirent des véhicules et commencèrent à violenter les femmes juives, reconnaissables à leur étoile jaune. « Je me souviens aussi du bruit mat d'un coup de crosse dans la figure d'un homme qui hurlait. Alors j'ai sauté du camion, je me suis laissée tomber à genoux et j'ai roulé sous le camion puis j'ai rampé en espérant que le conducteur ne m'ait pas vue. »

Une autre fois, un résistant expliqua à Audrey qu'un parachutiste anglais se cachait dans la forêt d'Arnhem. Il ne pouvait y rester plus longtemps car les Allemands s'apprêtaient à aller faire des manœuvres dans les bois. Il fallait donc avertir l'Anglais, puis l'aider à chercher des amis et une planque. Il demanda à Audrey, qui parlait parfaitement anglais, de contacter le fuyard pour lui transmettre les instructions de la Résistance et ensuite de trouver, parmi ceux qui collaboraient avec eux, celui qui accepterait de le cacher.

Elle accepta et se rendit dans la forêt, où elle entreprit de cueillir des fleurs – pour se justifier au cas où un Allemand aurait croisé sa route. Audrey trouva le parachutiste là où on le lui avait indiqué, lui donna les renseignements, répondit à ses questions puis retourna au village. En revenant, elle fut stoppée par deux soldats qui lui demandèrent la raison de sa présence dans les bois. Agissant comme si elle ne comprenait pas leurs questions, elle leur sourit et leur tendit son bouquet de fleurs. À la grande surprise de la jeune fille, les Allemands acceptèrent son « cadeau » et la laissèrent passer.

Une heure plus tard, elle repéra un homme en train de balayer le pas de sa porte. Il lui jeta un coup d'œil et elle lui répondit d'un signe de tête imperceptible : c'était le signal convenu, l'homme avait ainsi confirmation qu'il pouvait attendre l'Anglais pour le soir même. Audrey venait d'accomplir sa mission.

À l'approche de l'automne 1944, les forces alliées déployaient toute leur audace et leur courage. L'objectif de l'opération Market Garden, qui devait être conduite par l'artillerie anglaise et américaine, était de prendre d'assaut puis de contrôler huit ponts hollandais pour ainsi ouvrir une percée qui permettrait de continuer à avancer vers l'Allemagne.

Le général Bernard Montgomery, commandant des forces britanniques en Europe, avait conçu ce plan, également approuvé par le général américain Dwight D. Eisenhower. Après la libération de Paris le 25 août et de Bruxelles le 4 septembre, la victoire alliée semblait plus proche que jamais. L'opération Market Garden en constituait une étape supplémentaire : 32 000 troupes aéroportées allaient être envoyées derrière les lignes ennemies pour briser la défense allemande. Avec des planeurs et des parachutes, une division britannique et deux divisions anglaises atterriraient près d'Eindhoven, de Nijmegen et, plus important, d'Arnhem (que désignait le terme « Market ») ; en prenant les ponts à partir de là, les forces armées ouvriraient une voie menant droit à l'Allemagne (le fameux « Garden »).

Deux divisions lourdes de panzers SS stationnaient autour d'Arnhem, mais cela n'arrêta pas les Alliés, qui s'en tinrent à leur plan. Cependant, ces derniers avaient trop peu d'avions pour transporter en une seule fois l'intégralité des troupes aéroportées, aussi étalèrent-ils cette opération sur trois jours. Et comme la défense antiaérienne allemande se trouvait près du centre d'Arnhem, les troupes alliées devaient atterrir à environ dix kilomètres de là ; cette disposition priva malheureusement cette attaque de l'effet de surprise.

L'opération fut lancée le dimanche 17 septembre, par une journée resplendissante et sans nuages. Les soldats alliés débarquèrent pleins d'optimisme avec 1 500 avions et 500 planeurs derrière les lignes ennemies. La première vague d'assaut – constituée de 16 500 parachutistes et 3 500 pilotes de planeurs – fut menée avec une surprenante exactitude. Cependant, alors que les Anglais approchaient d'Eindhoven, ils subirent une violente attaque. Les divisions aéroportées américaines atteignirent leurs cibles à Nijmegen, mais les Allemands firent sauter de nombreux ponts avant d'être faits prisonniers. Quand les Alliés parvinrent à Arnhem, les chars allemands étaient déjà entrés dans la ville, détruisant tout sur leur passage et obligeant la population à vider les lieux.

La situation devint rapidement critiquc pour les Alliés, comme s'en souvient le général britannique Tony Hibbert : « Nous faisions tout ce que nous pouvions pour les arrêter, mais ils sillonnaient les rues de la ville, lançant des explosifs et des bombes incendiaires sur les habitations. Le phosphore qui s'en dégageait nous brûlait, et nous obligeait à reculer. Le mercredi 20 septembre, avant huit heures du soir, tous ces incendies étaient devenus incontrôlables. »

L'artillerie allemande reprit rapidement le contrôle de la zone, des milliers de soldats alliés furent tués et presque sept mille autres capturés – la plupart gravement blessés. La plus grande opération aéroportée de la Seconde Guerre mondiale s'était ainsi avérée la plus lourde en pertes humaines – en fait, c'était un sombre échec. La victoire ne semblait plus aussi imminente. La guerre continuait, fauchant les vies de milliers de nouveaux civils et soldats.

Selon Richard Holmes, spécialiste de l'histoire militaire britannique, « les vétérans et les historiens s'accordent pour affirmer que la population hollandaise s'est montrée extrêmement courageuse, aidant les Alliés souvent au péril de sa vie ». Mais, pour les familles hollandaises, d'abord si pleines d'espoir concernant leur libération, le plus dur restait encore à venir. Arnhem et ses environs étaient désormais en ruine, plus de 450 civils étaient morts en un jour et les nazis obligèrent le reste de la population à prendre la fuite. Alors qu'un hiver précoce tombait sur la Hollande, les soldats allemands pillaient tout ce qui pouvait encore l'être.

C'était l'un des plus rudes hivers de l'histoire en Europe, et les nazis regardaient tranquillement les civils hollandais mourir de faim, tandis que toute la nourriture était réservée aux soldats allemands.

« Après la bataille d'Arnhem, les Allemands nous avaient donné l'ordre d'évacuer la ville, se souviendra Audrey. Nous étions parmi les 90 000 personnes obligées de partir ; ma mère et moi nous rendîmes à la maison de campagne de mon grand-père, à Velp. Rien à voir avec des vacances... Nous voyageâmes pendant des jours sans avoir rien à manger, pour nous retrouver à frissonner dans une maison sans chaleur ni lumière [...]. Nous vivions dans le néant : pas de vie, pas de nouvelles, pas de livres ni de savon. Mais tout cela n'était rien en comparaison de l'horreur au jour le jour [...]. Pendant assez longtemps, nous n'eûmes rien d'autre à manger que des bulbes de tulipes.

« Un flot sans fin d'évacués, jetés sur les routes par les nazis, venaient frapper à notre porte, suppliant de leur donner de la nourriture et un abri. C'était la pire misère humaine : des foules de réfugiés, dont des centaines s'effondraient de faim. Nous avons accueilli une quarantaine de personnes pendant un moment, mais il n'y avait vraiment rien à manger, et ils durent repartir.

« Et puis, le matin du 24 décembre, la sœur de ma mère, devenue veuve, nous annonça qu'il ne restait plus une miette de quoi que ce soit. J'avais entendu dire qu'on oubliait sa faim en dormant. Peut-être que je pouvais dormir, mais il fallait d'abord grimper les marches qui menaient à ma chambre. J'ai essayé mais je n'y suis pas arrivée – j'étais trop faible. Mes jambes étaient prises par un œdème, la malnutrition dont je souffrais avait atteint un seuil dangereux, et mon teint révélait un début de jaunisse. En fait, ma mère craignait que je ne meure d'une hépatite. »

Le poids d'Audrey était descendu à une quarantaine de kilos, ce qui était bien insuffisant pour une jeune fille d'un mètre soixante-treize. « Et, soudain, on frappa à la porte. C'était un résistant, qui nous apportait un tout petit peu de nourriture. Plus tard, nous avons appris qu'un colis comme le nôtre était déposé dans chaque maison où des otages avaient été fusillés. »

Une fois cette ration épuisée, la famille retomba dans le désespoir. « Nous avons continué à survivre avec une tranche de pain par personne et par jour, avec de l'herbe, et avec un bouillon clair cuisiné avec une seule pomme de terre [...]. En continuant ainsi, on pouvait essayer de vivre [...]. Nous avions tout perdu, bien sûr – nos maisons, nos biens, notre argent. Mais nous nous en fichions. Tout ce qui importait, c'était d'arriver à s'en sortir vivants. »

Pendant les mois précédant le désastre d'Arnhem, Audrey avait été trop fragile et malade pour continuer à suivre ses cours de danse ; elle ne pouvait pas davantage donner de leçons aux jeunes élèves du conservatoire – ce qui rapportait quelques pièces à sa famille dans le besoin. Sa dernière apparition au théâtre municipal d'Arnhem lui avait valu sa première critique publiée dans un magazine : « Cette jeune fille semble réellement habitée par la rage de danser et possède déjà une très respectable compétence technique. » Mais c'était juste avant que sa santé ne se détériore.

Le 4 mai 1945, jour du seizième anniversaire d'Audrey, un bruit sourd se fit entendre à travers le soupirail de la cave. « J'ai couru vers le vasistas et j'ai vu le premier contingent de soldats anglais arriver. Depuis ce jour, la liberté a pour moi une odeur : celle du gasoil anglais et des cigarettes anglaises. Quand j'ai couru au-dehors pour accueillir les soldats, j'ai respiré cette odeur comme s'il s'était agi d'un parfum sans prix et j'ai réclamé une cigarette, qui m'a fait horriblement tousser. » Elle leur demanda aussi un peu de chocolat, et un soldat compatissant, voyant qu'elle souffrait de la jaunisse et que ses jambes étaient gonflées, lui en donna cinq barres ; elle les dévora d'un coup et fut évidemment prise d'une violente nausée. Mais, depuis ce jour, l'appétence d'Audrey pour les cigarettes et le chocolat n'a jamais failli.

Avant la fin du mois, Alex émergea de sa cachette et, peu après, Ian revint de Berlin, après avoir marché presque tout le long du chemin. Mais il n'y avait plus les ressources nécessaires pour célébrer ces retrouvailles familiales ; il ne leur restait qu'à se recueillir dans le profond silence de la gratitude. Peut-être pour la première fois de sa vie, Audrey vit des larmes dans les yeux de sa mère.

En juin, l'aide internationale commença lentement à arriver, la population d'Arnhem et de Velp comptant parmi les premiers bénéficiaires. L'United Nations Relief and Rehabilitation Administration (UNRRA) apportait des cartons de nourriture, du lait en poudre, du café instantané, des couvertures et des médicaments de première nécessité. « Toutes les écoles étaient transformées en centres d'urgence, dira Audrey, et j'étais l'une de ces personnes à qui il fallait venir en aide. » Pourtant, Audrey rejoint la famille Van Heemstra pour aider à la distribution. « Cela correspondait à cette valeur désuète mais essentielle qui prône qu'il faut d'abord se soucier d'autrui, et qu'on doit soi-même passer en second. C'est avec ce principe moral que j'ai été élevée. Autrui compte plus que soi-même, alors, comme disait ma mère, "pas la peine d'en faire une histoire, ma chérie, l'important, c'est d'agir en fonction de ça". » Peu après, l'UNRRA est devenue l'Unicef, le Fonds des Nations unies pour l'enfance.

Mais où Ella et Audrey allaient-elles vivre à présent ? La réponse vint sous la forme d'une intervention de la reine Wilhelmine, revenue aux Pays-Bas la veille de la Libération. Elle demanda des volontaires pour aider les infirmières à soigner les anciens combattants blessés. Un citoyen hollandais sur cinquante avait été tué ou était mort durant la guerre, et il y avait maintenant un nombre incalculable de gens malades ou estropiés. Avant la fin de l'été, Audrey et sa mère campaient dans deux pièces d'une clinique d'Amsterdam, où elles prenaient en charge la « routine » que leur notion du devoir leur dictait : il s'agissait non seulement de prodiguer des soins physiques aux vétérans, mais aussi de lire ou d'écrire des lettres pour eux.

L'un des patients d'Audrey était Terence Young, un parachutiste anglais de trente ans, cloué au lit, qui avait participé à la bataille d'Arnhem. Lorsqu'il fut rétabli, un an plus tard, il revint à Arnhem avec plusieurs de ses anciens camarades pour réaliser un film sur les événements de septembre 1944. Cette œuvre, *La gloire est à eux* (*Men of Arnhem*), est à mi-chemin entre le documentaire et la fiction et constitue le premier film de Young, qui en tournera bien d'autres.

Audrey et Ella eurent fini de remplir leur devoir début 1946. Après quoi, Ella trouva un emploi de cuisinière pour payer le loyer d'un petit appartement qu'elle louait à Amsterdam et pour qu'Audrey puisse reprendre ses cours de danse. Son professeur était alors l'illustre Sonia Gaskell, qui avait étudié et travaillé avec Diaghilev et créerait quelques années plus tard le Ballet national néerlandais. Sonia Gaskell admirait la vitalité de sa nouvelle élève, son charme et son ambition, mais s'inquiétait des conséquences de la guerre sur la forme physique de la jeune femme : le manque d'énergie et de tonus musculaire d'Audrey n'était pas de bon augure pour le déroulement de sa carrière. Pas plus que son âge : d'ordinaire, les débuts d'une danseuse professionnelle commencent bien avant d'avoir dix-sept ans.

Cet été-là, la longue série de problèmes auxquels Audrey avait été confrontée dans sa jeune vie la rattrapèrent, et se manifestèrent d'abord par une profonde dépression. Les symptômes étaient classiques : en dehors de ses heures de cours, elle dormait constamment ; elle se montrait mélancolique et taciturne, puis commença à manger plus que nécessaire.

Depuis ses six ans, Audrey avait enduré plus que sa part de soucis et d'épreuves. Abandonnée par son père, il lui avait ensuite fallu s'adapter à la solitude en pensionnat ; habituée par sa mère à ne jamais se plaindre, elle avait courageusement tout enduré, malgré son désir constant de se faire aimer et d'être acceptée. Bien qu'elle adorât danser, être ballerine nécessitait de suivre encore une autre forme de discipline et, lorsqu'elle faisait ses exercices, elle y mettait toute l'ambition et la passion qu'une jeune fille aussi sensible pouvait concevoir au fond d'elle-même. Son apprentissage artistique, si satisfaisant fût-il sur le moment, ne laissait entrevoir que des perspectives d'avenir très incertaines, et ses professeurs étaient bien trop honnêtes pour promettre quoi que ce soit à leurs élèves.

La peur avait été depuis 1940 sa compagne de chaque instant, et les privations continuelles et progressives avaient ruiné sa santé presque irrémédiablement. Parallèlement, la guerre avait eu un autre curieux effet : comme bien d'autres, Audrey avait fait l'expérience de la solidarité en travaillant avec sa famille et ses amis pour la Résistance. Tout le monde en était passé par les mêmes tribulations et les mêmes souffrances ; chacun n'avait pu continuer qu'à force d'espoir. Et la fin du cauchemar était arrivée. Ses frères étaient rentrés à la maison, l'aide venait des Alliés, sa mère et elle avaient trouvé à se rendre utiles en secourant les blessés.

Mais maintenant, tout avait changé. Alex et Ian tentaient de reprendre le cours de leur vie et de leur carrière. La tension dramatique de la survie au jour le jour, où chaque geste, chaque acte et chaque événement revêtaient un sens extrême, était désormais remplacée par la nécessité pour chacun de reconstruire sa réalité quotidienne. Les gouvernements entreprenaient de rebâtir l'Europe. Audrey devait quant à elle redécouvrir et faire avancer sa jeune existence. Aucune équipe, aucun programme d'aide international ne pouvait l'aider dans cette tâche. À dix-sept ans, elle n'était évidemment plus une enfant mais pas vraiment encore une femme. Elle avait sous les yeux l'exemple de sa mère, si courageuse, mais aucune marque d'affection ne venait consoler ni soutenir Audrey.

Comme souvent lorsqu'on est en proie à la dépression, Audrey focalisait toute cette confusion sur elle-même, et se dépréciait : « J'ai souvent été déprimée et profondément déçue de ce que j'étais. On peut même dire qu'à certains moments je me haïssais. Je me trouvais trop grosse, ou peut-être trop grande, ou juste franchement laide. Je ne pouvais venir à bout de mes problèmes où en venir à bout avec les gens que je rencontrais. » À ce moment, le 3 avril à Amsterdam, le journal *Het Parool* rendait compte d'une extraordinaire découverte. « J'ai lu le *Journal d'Anne Frank* dès qu'il a été publié, dit Audrey, et cela m'a totalement bouleversée. Je m'identifiais très fort à cette petite fille, qui avait exactement le même âge que moi au moment des événements. »

En fait, il aurait été bien étonnant qu'Audrey ne soit pas dépressive en cette année 1946 ; traverser tant d'épreuves et de souffrances pour aborder en fin de compte l'âge adulte en toute sérénité se serait avéré pour le moins étrange, voire inquiétant d'un point de vue psychologique. Il y aurait eu fort à parier que refouler tout cela aurait conduit à un blocage émotionnel et que la blessure serait restée pour toujours à vif. Sans cet épisode dépressif et l'énergie qu'elle a été obligée de déployer pour s'en sortir, Audrey serait devenue une femme désespérément froide, à la santé mentale altérée. Elle ne serait certainement pas devenue cette formidable actrice si souvent capable d'exprimer une intériorité hors du commun.

« Pendant les années de guerre, j'ai été privée de nourriture, d'argent, de livres, de musique et de vêtements, dira-t-elle de cette époque. Après, j'ai commencé à compenser à outrance en mangeant tout ce que je trouvais, en particulier du chocolat. Je suis devenue aussi bouffie et aussi peu attirante qu'un ballon de baudruche. » Ce jugement exagéré ne reflétait pas tout à fait la réalité, loin s'en faut. À l'automne, Audrey pesait soixante-huit kilos. Elle n'était donc pas grosse selon les standards physiologiques, contrairement à ce qu'elle affirmerait plus tard. Son visage, sa nuque, ses bras et sa poitrine restaient minces. Le surpoids se situait principalement au niveau des hanches et de la taille. De fait, si elle voulait être danseuse professionnelle, il lui fallait perdre du poids. Elle parvint bientôt à redescendre, comme elle le souhaitait, à cinquante kilos, poids qu'elle maintiendrait ensuite jusqu'à la fin de sa vie.

La raison pour laquelle elle parvint à suivre avec succès ce régime éclair début 1946 est simple. Sonia Gaskell dit à Ella qu'Audrey avait une chance de devenir l'élève d'un fameux maître de danse à Londres. Ella avait donc expliqué à sa fille que, si ses ambitions en matière de danse restaient sérieuses, il lui était vital de maigrir.

L'existence à Londres à cette époque-là n'avait rien à voir avec ce que les deux femmes avaient vécu à Folkestone en 1939. L'Angleterre de l'après-guerre souffrait encore de restrictions draconiennes. La plupart des gens n'avaient plus l'angoisse terrible d'être bombardés et de mourir brutalement mais, si l'on exceptait la disparition de cette menace, les conditions de vie au quotidien n'avaient pas vraiment changé.

Malgré ces difficultés, l'indomptable Ella Van Heemstra décida de consacrer tous ses efforts à la carrière de sa fille. Elle accepta un travail de concierge dans un building du quartier de Mayfair, près de Hyde Park et de Grosvenor Square. On pouvait désormais apercevoir la digne baronne de quarante-sept ans vider les poubelles et faire les cuivres du 65, Audley Street. L'immeuble, en briques rouges avec des pilastres de marbre, était situé face à la chapelle de Grosvenor. Il abritait une douzaine d'appartements et une loge d'une pièce pour la nouvelle gardienne et sa fille. Chaque matin, au moment où Ella entreprenait sa longue journée de travail, Audrey partait suivre ses cours de danse : ainsi se préparait-elle à accomplir son destin.

Chapitre trois

1947-1951

Le professeur auquel Sonia Gaskell envoyait Audrey n'était autre que la brillante et extraordinaire Marie Rambert, alors à l'apogée de son influence dans le monde de la danse classique en Grande-Bretagne. Née Cyvia Rambam à Varsovie en 1888, elle avait collaboré avec Diaghilev, Nijinski, Stravinski et Isadora Duncan entre autres noms illustres. En 1920, elle avait ouvert une école à Londres, qui forma les plus grands danseurs et chorégraphes de ce siècle – notamment Frederick Ashton, Antony Tudor et Agnes De Mille. En 1936, à sa compagnie et son école s'ajouta le ballet Rambert, qui ne tarda pas à acquérir une réputation mondiale. Début 1947, elle devait gérer d'innombrables demandes de tournées à l'échelle internationale.

Audrey arriva chez Mme Rambert début 1948, alors que l'école venait de s'installer pour un loyer modique dans de nouveaux locaux – pas très reluisants – à Cambridge Circus. Elle était munie d'une lettre de recommandation rédigée par Sonia Gaskell et, surtout, de sa prodigieuse énergie. Elle pesait alors cinquante kilos pour près d'un mètre soixante-treize et un tour de taille de cinquante centimètres. À soixante ans, Mme Rambert pesait (selon les estimations de ses élèves) environ trente-deux kilos pour un mètre cinquante-cinq. Tout le monde lui paraissait incroyablement imposant, et elle évitait toujours de se placer à côté des gens, pour n'avoir pas à lever le nez vers eux. Les petites ballerines poids plume n'étaient pas seulement plus faciles à manœuvrer pour leurs partenaires masculins : elles avaient également la faveur de Madame pour des questions de chorégraphie et d'enseignement.

Cultivée, dynamique, parlant couramment plusieurs langues et possédant un sens inné du théâtre, Marie Rambert avait l'aura d'un mentor mais pouvait aussi se montrer indiscrète et dure envers ses élèves. Agnes De Mille, qui fut l'une d'entre elles dans les années 1930, l'appelait « Madame la Guêpe ». Il arrivait souvent que ses danseuses sortent en pleurs de ses cours. Cependant, il ne faisait aucun doute qu'elle savait tirer le meilleur de ses disciples, qu'elle leur apprenait à connaître toute une palette de styles et de techniques, et qu'elle formait de remarquables professionnels.

Sévère mais généreuse avec les jeunes talents, Mme Rambert fit passer une brève audition à Audrey et l'écouta lui expliquer son cursus. Après quoi elle demanda à la jeune fille de revenir au printemps, lorsqu'elle aurait la possibilité matérielle de lui offrir la gratuité de sa scolarité ; une chambre chez le professeur, dans sa maison de famille de Kensington, attendait également Audrey, car la demeure en question accueillait toujours une flopée de jeunes danseuses et danseurs impécunieux. À cette perspective, l'optimisme d'Audrey fut nettement regonflé et le spectre de la dépression s'éloigna. C'est à ce moment qu'elle supprima le patronyme paternel « Ruston » de son nom pour ne plus garder que celui d'« Hepburn » (le nom de jeune fille de son arrière-grand-mère). Dès lors, elle ne s'appellerait plus qu'Audrey Hepburn.

Mais on n'était encore que fin janvier : que faire jusqu'en avril ? La réponse lui parvint sous la forme d'une lettre écrite par ses cousins d'Amsterdam. Deux de leurs amis, C. H. Van der Linden et H. M. Josephson, cherchaient des seconds rôles et des figurants pour un court-métrage de comédie, et ces messieurs avaient besoin de jolies jeunes filles dans leur casting. Cela revenait à quelques jours de travail seulement si Audrey pouvait faire un saut en Hollande. C'est donc ce qu'elle fit en février – non qu'elle nourrît un quelconque intérêt pour le cinéma, mais elle avait besoin d'argent pour les mois à venir.

En dépit de ce qu'aurait pu laisser croire le titre du film, *Le Hollandais en 7 leçons*, il ne s'agissait pas d'une œuvre pédagogique. La première apparition à l'écran d'Audrey Hepburn fut filmée en un seul jour dans une rue tranquille d'Amsterdam ; c'était une comédie légère sur un cinéaste à qui l'on avait commandé un documentaire touristique sur les Pays-Bas mais qui semblait davantage tenté de séduire les jeunes filles du cru. Le scénario inconsistant (« faible et convenu », d'après un critique anglais) reposait maladroitement sur des prises de vues aériennes supposées rendre l'effet documentaire. Dans deux scènes filmées au sol, Audrey fait ses débuts de comédienne : au début, lorsque le cinéaste de l'histoire la heurte par inadvertance au coin d'une rue ; et à la fin, lorsque, habillée en hôtesse de l'air de la compagnie KLM, elle agite la main en signe d'adieu. Au total, sa prestation aura duré moins d'une minute ; elle n'apparaît même pas au générique et aucune critique ne l'a remarquée.

De retour à Londres, Audrey était, comme elle le dira plus tard, « toujours à court d'argent, malgré de nombreux petits jobs, comme vendeuse ou modèle ». Lorsqu'elle commença à étudier avec Marie Rambert, elle continua d'accepter des petits boulots le soir, en tant que secrétaire ou modèle pour photographes ; elle apparaîtra ainsi dans des publicités pour un savon puis un shampooing diffusées dans la presse magazine. Pendant ce temps, Ella occupait des postes aussi variés que réceptionniste d'hôtel, fleuriste, décoratrice ou garde d'enfants pour des touristes fortunés. Elle et sa fille mettaient en commun leurs revenus et dormaient souvent dans la même chambre.

Pendant l'année 1948, Audrey était partagée entre ses cours de plus en plus prenants et son travail nocturne à mi-temps. « Mon premier cours se déroulait à dix heures du matin et le dernier à dix-huit heures, alors je travaillais, encore et encore, pendant tout le jour et une partie de la nuit. » Quant à ses leçons de danse, elles devenaient « la chose la plus totalement épuisante que j'avais jamais faite », d'autant qu'il fallait faire attention au moindre détail, quitte à être continuellement sur les nerfs. Si Madame attrapait une de ses élèves « à replier inopinément les bras ou à laisser retomber les épaules, elle nous donnait un bon coup sec sur les jointures avec un bâton ». La nouvelle élève qu'était Audrey n'avait pas imaginé cette forme archaïque de châtiment corporel, mais elle le tolérait parce que son « rêve était de porter un tutu et de danser à Covent Garden ».

Malgré cette ambition tenace et toute son énergie, ce beau rêve ne pourrait jamais se réaliser. À la fin de l'été, le ballet Rambert se préparait à partir pour une tournée de quinze mois en Australie et en Nouvelle-Zélande. Madame lut la liste des élèves qu'elle avait choisies pour danser à cette occasion. Audrey demanda pourquoi son nom n'était pas sur la liste et son professeur lui en expliqua la raison : Audrey était trop grande ; elle avait commencé trop tard à travailler sérieusement. Elle pouvait à terme intégrer un corps de ballet ou faire partie du chœur dans un spectacle musical. Mme Rambert pensait également qu'elle pourrait devenir un bon professeur de danse, mais jamais Audrey ne serait première ballerine.

« Ma technique, fera remarquer Audrey quelques années plus tard, ne tenait pas la comparaison face aux filles qui avaient suivi l'enseignement du Sadler's Wells pendant cinq ans, dont la famille avait pu payer les cours, qui avaient continué à être correctement nourries pendant la guerre et avaient pu se réfugier dans des abris antiaériens. La raison m'obligeait à renoncer au corps de ballet. Et je pensais aussi que ma dignité ne s'accommoderait pas de simples apparitions dans des spectacles musicaux. »

Quelle qu'ait été sa réaction au verdict de Mme Rambert, Audrey savait qu'elle n'avait pas de temps à perdre en considérations mélancoliques. En octobre 1948, elle quitta la maison de Kensington, réemménagea avec sa mère puis, accompagnée d'autres élèves écartées par Mme Rambert, commença à faire la tournée des producteurs et des agents pour trouver du travail dans le milieu du théâtre.

Elle ne resta pas au chômage longtemps, même si son premier emploi ne correspondit pas vraiment à ses attentes. Fin octobre commencèrent les auditions pour une production londonienne,

High Button Shoes, une comédie musicale américaine à l'affiche depuis deux ans à Broadway. La musique et les paroles étaient respectivement de Jule Styne et Sammy Cahn, la chorégraphie de Jerome Robbins et le spectacle lui-même – une série de sketches sur les confidences d'un homme au début du siècle – employait tout un bataillon de jolies filles qui dansaient et chantaient avec une drôlerie et un entrain évoquant les farces du cinéma muet. Audrey faisait partie des quarante dernières sélectionnées parmi trois mille candidates. Elle mit sa signature au bas d'une page de contrat pour recevoir l'équivalent de 32 dollars par semaine.

« Lorsque je fus choisie pour *High Button Shoes,* je ne connaissais pas un seul de ces rythmes syncopés sur lesquels nous devions danser, alors il me fallut travailler plus dur que les autres filles. » Pendant des semaines, elle répéta avec acharnement, restant à travailler tard le soir avec les assistants du chorégraphe, jusqu'à être parfaitement au point.

La première de *High Button Shoes* se déroula le 22 décembre 1948 à l'Hippodrome et devait se prolonger avec succès pendant 291 représentations. C'était « l'une des comédies musicales burlesques les plus folles [...] que Londres ait vues depuis longtemps », d'après le *Daily Telegraph*, et « la principale réussite [réside dans le fait qu'il s'agit d'] un ballet à la manière des premiers films de Mack Sennett ». Mais ces éloges n'apportaient pas grand-chose à Audrey ; personne ne l'avait remarquée et ce spectacle ne la conduirait apparemment nulle part. Du moins, c'est ce qu'elle pensait... Lorsque les représentations londoniennes se terminèrent, le 5 mai 1949, elle fut invitée à continuer en tournée, mais le producteur Cecil Landeau avait repéré la troisième fille en partant de la gauche, au second rang de la scène : il proposa à Audrey un rôle dans sa nouvelle revue musicale, à partir du 18 mai, au Cambridge Theatre.

Dans les chœurs la plupart du temps, elle se retrouva pourtant à danser avec seulement cinq autres filles à une ou deux reprises, dans certaines des vingt-sept saynètes du spectacle. Elle savait qu'elle avait de la chance d'avoir trouvé du travail en ces temps difficiles. Elle ne s'arrêtait pas, d'ailleurs : elle dansait dans la revue six soirs et deux matinées par semaine, ce qui lui permettait en complément d'être modèle pour des journaux et des magazines.

Landeau réalisait des spectacles très divertissants et celui-ci, *Sauce tartare*, n'était pas le moins réussi ; le public anglais adorait ses sketches satiriques et ses chansons. À l'affiche figuraient des vedettes venues d'une douzaine de pays, parmi lesquelles la chanteuse sud-africaine Zoë Gail. Les critiques de *Tartare* étaient bonnes, mais on n'y mentionnait qu'un ou deux des principaux interprètes. Les articles saluaient la gaieté, la fraîcheur, l'intelligence et le style du show, ainsi que le choix des interprètes, l'originalité des décors et des costumes (« des forêts tropicales, des gratte-ciel couleur sépia, l'Afrique du Sud, Paris la nuit avec ses réverbères, bref, un exotisme de bon aloi comme on n'en a jamais vu »).

Audrey incarnait un personnage appelé le Disciple de Yoga Boogie Woogie dans une saynète, une vendeuse dans une autre, une danseuse classique dans une troisième. D'après un spectateur venu assister au spectacle plusieurs fois de suite, elle « se tenait sur scène avec une incroyable fraîcheur, à la Peter Pan : elle semblait légère comme une plume, dansait avec souplesse et agilité, faisant preuve d'une grande présence alors même qu'elle n'était pas éclairée par les projecteurs, invariablement braqués sur quelqu'un d'autre ».

Les autres danseuses nourrissaient à son égard des sentiments mitigés. « Nous avions tous remarqué son potentiel », dira Jessie Matthews, la star britannique. « Elle possédait cette charmante et indéfinissable qualité qui la rendait particulière. Cecil Landeau m'avait proposé qu'elle m'accompagne pour plusieurs scènes, et j'en étais ravie. Elle avait tout pour devenir une star, il lui fallait juste de bonnes opportunités. » Mais Aud Johanssen, une danseuse scandinave, ne mâchait pas ses mots : « C'est moi qui avais les plus gros seins de la troupe, mais le public n'avait d'yeux que pour cette fille plate comme une limande ! » Le photographe de mode Anthony Beauchamp, qui s'occupait des photos de plateau sur *Sauce tartare*, avait immortalisé des stars telles que Vivien

Leigh et Greta Garbo. En voyant Audrey, il éprouva « le sentiment de faire une vraie découverte. Elle possédait une fraîcheur et une sorte de beauté spirituelle inégalées. » D'autres que lui devaient dire exactement la même chose dans les années à venir. Beaucoup de gens ont également affirmé avoir « découvert » Audrey mais, en réalité, c'est Cecil Landeau (et non Beauchamp) qui a été le premier à reconnaître son talent et à l'encourager.

Bob Monkhouse, qui deviendra par la suite un acteur célèbre, se trouvait aux côtés d'Audrey dans *Sauce tartare* ; il garde, concernant Audrey, le souvenir d'une performance assez discutable : « Si elle avait été une bonne danseuse, les autres filles [de la troupe] ne l'auraient pas autant détestée. En fait, elles l'aimaient bien hors scène, mais pas lorsqu'elle montait sur les planches : elles voyaient bien que, lorsque Audrey entrait en scène, le public était fasciné. Elle avait l'air tellement adorable que les gens retenaient leur souffle pendant qu'elle souriait et battait des cils. Par la suite, elle a appris à en faire un peu moins. » On peut attribuer ces mimiques à sa nervosité, ou à la volonté de masquer la faiblesse ou les imperfections de sa technique. « J'avais vraiment l'impression d'être laide en comparaison des autres filles », dira-t-elle. Ce que ses compagnes de scène prenaient pour le désir de tirer la couverture à soi n'était certainement qu'une façon maladroite de compenser cette impression. Quoi qu'il en fût, le public l'aimait, et Cecil Landeau pouvait toujours compter sur elle pour apporter un surcroît de vivacité et de gaieté à son spectacle.

Malgré cela, le producteur était inquiet. Il rappelait sans cesse à sa troupe que les relations devaient rester strictement professionnelles, parce qu'il dirigeait une compagnie correcte et de bonne tenue. En dépit de ces mises en garde, Audrey était tombée amoureuse de son comparse sur scène, l'acteur Marcel Le Bon, un beau Français chanteur et parolier. Le Bon possédait ce charme français auquel Audrey était susceptible de succomber, et c'est ainsi qu'il devint le premier soupirant d'Audrey Hepburn. Landeau croisait les doigts pour que leur relation s'achève avant que le couple devienne publiquement connu, craignant que cette idylle ne focalise l'attention des médias au détriment du spectacle lui-même et qu'elle ne ternisse la réputation de sa troupe.

À cette époque, les stars en devenir – tout comme celles déjà bien établies – ne livraient pas en pâture à la presse et au grand public les détails de leur vie intime. Les producteurs, agents et managers s'efforçaient au contraire de conserver à tout cela une apparence idéale ; ils ne laissaient donc filtrer que les aspects les plus flatteurs et les plus exemplaires du monde du show business. La plupart du temps, la presse collaborait à cette volonté d'enjoliver les choses, et cela durerait jusqu'au moment où le public exprimerait le besoin de se mettre sous la dent les scandales et les frasques des *people*.

Bien entendu, on s'attardait sur les mariages et les ruptures des célébrités, mais il n'y avait aucune allusion à la vie privée de ceux qui n'étaient pas légalement unis. Les couples non mariés étaient considérés comme des gens « fiancés » ou qui « se fréquentaient » – avec toute la bienséance que cela impliquait, à savoir la chasteté. Les médias ne pouvaient évoquer que des liens conjugaux dans le plus pur respect de la tradition, sous peine de provoquer une action en justice.

En conséquence de quoi, Audrey devait éviter deux catégories d'hommes en particulier : les adultères potentiels, ceux qui multipliaient les aventures ou les maîtresses, et également ceux dont la seule proximité pouvait s'avérer dangereuse, parce qu'ils étaient considérés comme des coureurs de jupons et des Dons Juans – bref, des types immatures ayant besoin d'être éduqués. De la même manière, une femme à qui l'on connaissait un ou deux amants, passés ou présents, pouvait se trouver irrémédiablement taxée de Marie-couche-toi-là... Une jeune femme désireuse de mener une belle carrière devait donc se montrer excessivement vigilante concernant sa réputation. Il suffisait qu'on la qualifie une seule fois de « fille facile », et c'en était fini : elle n'était plus désirable.

Mais Audrey possédait l'avantage d'avoir été éduquée et élevée dans une certaine défiance de la sexualité – pas vraiment de la pruderie, plutôt une sorte de réserve ou de retenue. Elle ne s'est jamais épanchée ou confiée à un journaliste. Elle a d'ailleurs su maintenir cette image de manière remarquable toute sa vie durant, en dépit d'un appétit sexuel des plus sains et de plusieurs relations plus ou moins prolongées. Après deux divorces, elle a finalement vécu presque ouvertement avec un homme pendant une douzaine d'années ; à ce moment-là, le clivage entre sa personnalité et l'évolution des mœurs était tel qu'elle donnait presque l'impression d'incarner une sorte de vierge éternelle.

Il ne s'agit pas de suggérer qu'Audrey Hepburn entretint une attitude trompeuse ou moralisatrice ; elle agissait plutôt comme si elle devait jouer un simple rôle. Son attitude en public n'était pas hautaine ; en privé, ses manières n'avaient rien d'emprunté ou de fallacieux. Elle restait entièrement fidèle à elle-même en toute situation, et cette personnalité – qu'elle ne révélait à personne – n'était ni inhibée ni excessive. D'ailleurs, elle était toujours amusée d'apprendre que certains la considéraient comme une femme dépourvue de désirs ou de passion… de la même manière que d'autres se plaisaient à croire qu'un corps aussi svelte ne pouvait qu'être le résultat de troubles alimentaires.

Ainsi, « l'affaire » Le Bon dura gentiment de 1949 à 1950. Des messages cachetés transitaient par l'intermédiaire de quelques amis discrets pendant que la troupe jouait au Cambridge Theatre ; Audrey recevait des fleurs « d'un admirateur anonyme » dans sa loge ; parfois, elle rentrait chez elle au petit matin (voire pas du tout) ; elle évitait poliment mais fermement ce sujet avec sa mère, qui avait entendu parler de Le Bon par un tiers et s'inquiétait que sa fille puisse épouser un chanteur de cabaret comme ce chanteur de boulevard terriblement gaulois, Maurice Chevalier.

Il y eut 433 représentations de *Sauce tartare*, pendant un an. Durant la période des fêtes de fin d'année, Audrey arrondit ses fins de mois en faisant également une apparition dans un spectacle pour enfants, ce qui signifie qu'elle assura vingt et une représentations par semaine pendant un mois.

Le succès de *Tartare* incita Landeau à lui trouver des suites. Il concocta donc *Sauce piquante*, un mélange improbable de sketches comiques et de numéros musicaux qui caricaturaient certains films et pièces de théâtre de l'époque (« Un Tramway nommé culture », par exemple, brocarde l'œuvre de Tennessee Williams). Dans une scène, Audrey incarne l'esprit du champagne, en robe lamée or avec des oreilles de lutin... Landeau lui permit aussi de danser en solo. La première eut lieu le 27 avril 1950, suscitant des critiques bien moins enthousiastes par rapport à la pièce précédente. Le spectacle finit par s'arrêter au bout de huit semaines. À ce moment-là, heureusement, le rusé Landeau avait déjà lancé autre chose, en envoyant ses meilleurs interprètes jouer *Summer Nights*, une version abrégée de *Sauce piquante*, au club Ciro's. « Je travaillais comme une folle ! » avouera Audrey. Mais la scène de chez Ciro était plus intimiste qu'un théâtre ordinaire et, pour la première fois, le public pouvait l'admirer de près.

Landeau s'abstint délibérément de choisir Marcel Le Bon pour aller chez Ciro et, de fait, sa stratégie fonctionna. Dans la mesure où Audrey y travaillait chaque soir jusqu'à près de trois heures du matin, l'attention de Le Bon se relâcha, et il se détourna bientôt d'elle pour courir de nouvelles aventures. Audrey fut peut-être peinée de cette absence, mais elle était bien trop occupée pour s'y attarder longtemps. On remarque toutefois que c'est à ce moment précis qu'elle se mit à fumer de manière soutenue, de préférence des cigarettes de la marque Golden Flake.

Selon Bob Monkhouse, « dans *Sauce piquante*, Audrey a révélé une part d'elle-même qui lui a servi pendant le reste de sa carrière. [...] C'était une impression qu'elle communiquait et qui semblait signifier : "Je suis seule au monde et sans défense, sauvez-moi." Même sans en avoir conscience, le public réagissait comme s'il répondait : "Je vais prendre cette pauvre petite créature sous ma protection." »

Lorsqu'il parle ainsi, Monkhouse n'est ni critique ni méchant : il a identifié un véritable trait de personnalité chez Audrey Hepburn, qui trouva à se révéler plus particulièrement grâce à certains rôles, dans la façon dont elle se tenait, parlait et agissait, et aussi par la séduction qu'elle exerçait sur son public. Effectivement, elle se sentait souvent seule et vulnérable – mais pas toujours ! Elle a utilisé et canalisé ce sentiment pour en faire une véritable force. Elle savait puiser dans ses ressources pour affronter ses peurs et ses moments de mélancolie, qui passaient alors aussi vite que des orages d'été…

Deux spectateurs furent particulièrement impressionnés par la performance d'Audrey dans *Sauce piquante*. L'écrivain et metteur en scène britannique Thorold Dickinson envisageait alors de tourner un film d'espionnage avec un casting international. Il la rencontra après une représentation et lui promit une audition pour un rôle important, qui devait mettre en valeur ses talents de danseuse et sa beauté. Mais le projet n'était prévu que des mois plus tard. Ce qui laissait au cinéaste Mario Zampi le champ libre pour proposer à la jeune femme de participer à une comédie qu'il comptait tourner à l'automne.

En attendant, Audrey continuait à se faire une bonne publicité grâce à ses séances de pose et aux magazines de cinéma. Sa grâce naturelle, ses longues jambes et son expression très légèrement distante (mais pas hautaine) étaient le rêve de tout photographe. Dès lors, une symbiose bénéfique se mit en place : sa tenue et son expression faisaient d'elle un modèle de mode idéal ; mais ce travail lui permettait aussi de perfectionner ses attitudes et la préparait à devenir une vraie star de cinéma. À partir de ce moment-là, certains périodiques spécialisés dans le monde du spectacle, comme *Film Review* et *Picturegoer*, qui attiraient l'attention sur les vedettes en devenir ou sur les jeunes premières susceptibles de faire vendre de la copie, commencèrent à mettre régulièrement la belle Audrey Hepburn en couverture.

Après son entrevue avec Dickinson et Zampi, Audrey pouvait raisonnablement se dire qu'elle ne se trompait pas de voie en espérant devenir actrice. Les sketches de cabaret et les comédies musicales convenaient bien à son style désinvolte et spontané, mais les gros plans impitoyables de la caméra trahiraient la moindre hésitation et chacune de ses maladresses : dans un film, il fallait toujours avoir l'air naturel, même au bout d'une dizaine de prises.

Une fois qu'elle fut admise dans le cours d'art dramatique de Felix Aylmer, Audrey recommença à étudier aussi sérieusement que lorsqu'elle avait pris ses premiers cours de danse. « Il m'a appris à me concentrer intelligemment sur ce que je devais faire », affirmera-t-elle plus tard.

Aylmer, né en 1889, avait une longue carrière derrière lui aussi bien dans le théâtre que dans le cinéma britannique. Il était célèbre pour ses interprétations de Shakespeare et Shaw, mais excellait également dans les pièces de ses contemporains et les films populaires. C'était un mentor tout désigné pour les jeunes talents. « Le plus important, c'est le maintien et le mouvement, aimait-il à dire, c'est précisément ce qui lui était naturel ! »

Les séances avec Aylmer se prolongèrent pendant plusieurs mois. Dans sa classe, on lisait et on analysait les scènes tirées du répertoire classique ou moderne. C'est aussi dans ce cadre qu'Audrey apprit à faire porter sa voix – habituellement plutôt ténue – et à insuffler la tension appropriée dans le texte qu'elle devait interpréter.

Grâce à ses contacts professionnels, Aylmer pouvait envoyer ses élèves dans les castings. Au début de l'été 1950, Audrey fut habillée et préparée à tourner un bout d'essai pour la fresque hollywoodienne *Quo vadis*. « Pendant trois mois, on a auditionné des centaines de filles » pour le rôle de Lygia, une des héroïnes chrétiennes de l'histoire, se souvient Mervyn LeRoy. « À Londres, j'ai su que je l'avais trouvée quand nous avons auditionné une jeune actrice du nom d'Audrey Hepburn. Elle me paraissait sensationnelle, mais le studio (la Metro Goldwyn Mayer) la refusa après avoir jeté un simple coup d'œil sur son essai. Finalement, nous avons décidé que nous ne pouvions pas engager une inconnue. » Et c'est ainsi que le rôle fut attribué à Deborah Kerr.

À peu près au même moment, Audrey eut la bonne fortune de croiser Robert Lennard, directeur de casting à l'Associated British Pictures Corporation (ABPC), alors associée avec les studios Elstree. En dépit de ce qu'affirment ou infirment ceux qui disent avoir lancé Audrey dans le milieu du cinéma, c'est bien à Robert Lennard qu'il faut en attribuer tout le mérite. Ce ne fut d'ailleurs pas sans difficultés, car elle n'avait que vingt et un ans ; Audrey hésitait à se lier à un studio parce qu'elle croyait que cela restreindrait l'éventail des opportunités à venir.

L'ABPC avait été créée par John Maxwell en 1927 et se trouvait au bord de la faillite à sa mort. En 1950, un associé autant providentiel que puissant arriva à temps pour sauver l'entreprise : Jack Warner, de la Warner Bros. Il devint ainsi le personnage le plus important de l'ABPC, qui comprenait également les studios Elstree de Hertfordshire, résultat d'un accord de distribution mondiale grâce à la branche britannique de Pathé et au circuit des salles de cinéma ABC, alors la plus grande chaîne de salles de Grande-Bretagne.

D'abord réticente devant le contrat proposé par Lennard, Audrey accepta finalement de signer pour le tournage de trois films destinés à l'ABPC. Elle devait recevoir un cachet de 500 livres sterling sur le premier film, puis être augmentée jusqu'à toucher 1 500 livres pour le troisième tournage. Ces sommes paraissaient plutôt royales pour la jeune actrice, qui n'avait reçu que 12 livres sterling par semaine pour son dernier engagement…

Pour son premier emploi en tant qu'actrice de l'ABPC, Audrey ne devait pas travailler pour la compagnie de production elle-même. Sa prestation fut négociée avec une maison de production indépendante, pour un rôle minuscule dans un mélo assommant intitulé *One Wild Oat* (« L'Avoine sauvage »), où elle apparaissait moins de vingt secondes. Audrey y incarne une réceptionniste d'hôtel un peu trop distinguée, qui reçoit l'appel téléphonique d'un ancien petit ami désormais marié (Stanley Holloway), ce qui donne : « Bonjour, hôtel Régence… Qui ?… Monsieur Gilbey ?… Oh, salut, Alfred ! » Puis elle disparaît de l'écran… Que ce chef-d'œuvre n'ait pas été diffusé ailleurs qu'en Grande-Bretagne n'aura pas porté préjudice à la carrière d'Audrey. Malgré tout, alors qu'elle était dans les studios Elstree, à Hertfordshire, pour cette unique journée de tournage, elle trouva le moyen de faire grande impression sur Holloway. Il la désigna pour être la partenaire de la star Robertson Hare : « Cette fille me paraît avoir ce qu'il faut pour être à l'écran. »

Un peu plus tard, Mario Zampi retrouvait Audrey pour son film *Rires au paradis*. Après les acteurs connus qui figuraient au générique, l'ABPC présentait ainsi ses nouvelles actrices : « Et, pour la première fois à l'écran, Veronica Hurst et Audrey Hepburn. » Le rôle d'Audrey, celui d'une fille fumant une cigarette dans un night-club, ne demanda que peu de répétitions et une brève prise. Ensuite, ce fut la comédie d'Alec Guinness, *De l'or en barres* (pour laquelle elle était de nouveau « prêtée » par l'ABPC, cette fois aux studios Ealing) : Audrey jouait Chiquita, la maîtresse du personnage de Guinness. « Oh, vous êtes tellement charmant. Merci ! » devait-elle roucouler en acceptant une liasse de billets avant de se fondre avec élégance dans la foule d'un bar sud-américain.

La carrière à peine naissante d'Audrey en tant que danseuse de ballet était bien terminée. Son avenir se trouvait indubitablement dans le cinéma. Elle tournait pour subvenir à ses besoins, payer les factures et aider Ella qui, cette année-là, se trouvait temporairement au chômage. Il n'y avait alors pas grand-chose d'autre qui comptait dans sa vie – et elle ne pouvait même pas choisir les films qu'elle faisait. « Si on les met tous bout à bout, dira-t-elle des six productions dans lesquelles elle apparaît entre 1950 et 1951, on arrive à l'équivalent d'un petit rôle rapide. » Mais c'était toujours mieux que rien. C'est donc en espérant de meilleurs rôles qu'elle renouvela son contrat avec l'ABPC, pour trois films supplémentaires, avec une rémunération qui grimpait cette fois à 2 500 livres sterling par tournage. Une clause particulière accordait à la maison de production le droit de l'utiliser l'année d'après pour un film supplémentaire.

Dans la production suivante, Audrey devait jouer dans sept scènes, ce qui ne l'empêcha pas de haïr chaque jour de tournage. *Young Wives' Tale* devait être une farce légère et spirituelle sur des Anglais contraints d'habiter ensemble après la guerre, à cause de la pénurie de logements. Audrey campe une dactylo névrosée venue vivre avec plusieurs jeunes couples, et qui considère tous les hommes comme des dangers potentiels. Elle prend ainsi un inoffensif badaud pour un agresseur et un paisible dîner au restaurant pour un traquenard. Pas du meilleur goût pour une comédie.

Henry Cass, le réalisateur, n'était pas d'un grand secours : il trouvait que tout ce que faisait Audrey sonnait faux. Son reproche récurrent concernait son accent anglais exagérément sophistiqué, qui n'avait rien à voir avec son accent normal et s'avérait effectivement plus emprunté qu'amusant. Les autres acteurs étaient connus – et comptaient parmi eux Joan Greenwood, Guy Middleton, Athene Seyler et Irene Handl. Ils parlaient aussi en faisant beaucoup d'effets, pour accentuer le comique des situations, comme cela se pratiquait alors couramment dans ce genre de film. Mais, à eux, Cass ne faisait aucune remarque…

« C'est après moi qu'il en avait, soulignera Audrey, et c'est la seule expérience malheureuse que j'aie jamais vécue sur un tournage. » Les autres acteurs essayaient de lui venir en aide lorsqu'ils le pouvaient, mais l'ambiance restait tendue et désagréable – à l'image du film, quand il fut enfin terminé. Un critique américain trouva quand même le moyen de rédiger quelques lignes bienveillantes : dans le *New York Times*, il écrivit que tous les acteurs faisaient de leur mieux pour sauver le film, « y compris cette jolie Audrey Hepburn, dans le rôle de la pensionnaire célibataire ».

Pendant le tournage de *Young Wive's Tale*, en novembre 1950, Thorold Dickinson fit enfin passer une audition à Audrey, pour le rôle de Nora Brentano dans son thriller politique, *Secret People* (et non, comme on l'écrit parfois, *The Secret People*). Ce devait être son rôle le plus important jusqu'à présent, elle travaillerait avec des stars européennes et aurait deux scènes chorégraphiées. Mais, plusieurs semaines avant que le tournage commence, elle apprit qu'un problème risquait de se présenter : parce que aucun des deux acteurs principaux n'était grand, la production voulait que « le reste des acteurs aient une taille adaptée ». Et, bien entendu, cette consigne s'appliquait avant tout au personnage de Nora – ce qui décourageait par avance Audrey Hepburn. À la fin de l'année 1950, alors que *Young Wives' Tale* touchait à sa fin, l'engagement d'Audrey pour *Secret People* paraissait rien de moins qu'aléatoire.

Le matin du 23 février 1951, une jeune danseuse professionnelle auditionnait donc pour le rôle – c'était la onzième candidate sérieuse. Et, quelques heures plus tard, le réalisateur annonçait son « premier choix, Audrey Hepburn » dans les notes qu'il devait transmettre à la production. « Après son premier bout d'essai, les candidates ont commencé à se regarder les unes les autres assez méchamment ; Audrey avait quelque chose, c'était entendu. Une autre audition a suivi, mais on avait presque l'impression de perdre notre temps en continuant. » Audrey était Nora.

Le scénario appartenait au genre dramatique, avec une connotation politico-morale dans la lignée de Joseph Conrad et Graham Greene. L'histoire mettait en scène deux jeunes sœurs, Maria et Nora Brentano, qui arrivaient à Londres après avoir fui un pays d'Europe centrale sous dictature où leur père avait été exécuté. Devenues adultes, Maria et Nora (respectivement Valentina Cortese[1] et Audrey Hepburn) sont mêlées à un complot contre le despote, assassin de leur père. Mais la tentative échoue et c'est une innocente serveuse qui meurt lorsqu'une bombe explose pendant un récital de danse. Maria (Valentina Cortese), qui a été entraînée dans la préparation de cet attentat par son amant (Serge Reggiani), est accusée et arrêtée mais la police préfère l'utiliser comme informatrice. Son identité est changée, elle subit une opération de chirurgie plastique visant à la rendre méconnaissable, alors que Nora la croit morte. Les sœurs finiront par se retrouver, mais dans un final particulièrement tragique.

Cette année-là, dans *Secret People*, la fameuse « qualité » particulière – le don – d'Audrey crève enfin l'écran pour la première

1. L'admirable actrice italienne Valentina Cortese a travaillé en Grande-Bretagne et aux États-Unis à la fin des années 1940 et au début des années 1950. Elle apparaît parfois sous le patronyme de Valentina Cortesa, comme ce fut le cas dans ce film. Mais c'est son véritable nom, qu'elle préférait, que nous avons choisi d'employer ici.

fois : un mélange d'ingénuité, de franchise, un talent de composition crédible et sans artifices. On distinguait enfin son « inépuisable vitalité », remarquée par la production (notamment lors d'une des scènes de danse, réalisée le 19 mars 1951), et son talent à exalter la peine ou l'émoi, la crainte ou la consternation, l'angoisse ou l'étonnement, en « sous-jouant » paradoxalement ces sentiments – avec un simple geste de la tête, un mouvement des lèvres ou un énigmatique mais naturel assombrissement de ses prunelles. Par moments, certaines hésitations pouvaient laisser croire qu'elle ne récitait pas un texte mais que ses paroles étaient inspirées par un sentiment véritable puisé au plus profond d'elle-même ou par les épreuves de l'existence.

En d'autres termes, sa technique consistait en une totale absence de technique ! Du moins, en apparence… Ainsi, les sentiments exprimés par ses personnages n'avaient rien de délibéré, de calculé ou d'artificiel. On ne saura par exemple jamais si Audrey a exploité son propre vécu à Arnhem pendant la guerre pour se confronter à la scène où une bombe explose pendant son numéro de danse. Cette séquence a pris plusieurs jours, nécessité différentes prises et divers placements de caméra, ainsi que de nombreux essais en studio sur le son pour trouver le bruit produit par la bombe et parvenir à un ensemble crédible. Ce moment n'a certainement pas été agréable pour la jeune femme.

Quelles qu'aient été les ombres qui obscurcissaient parfois l'esprit d'Audrey, elles ne faisaient plus que passer. Elle savait intuitivement de quelles subtiles nuances colorer les sentiments qui devaient être saisis par la caméra. Aucun réalisateur n'a eu besoin de lui donner plus d'une ou deux indications sur un regard ou la manière de capter la lumière ; avant Dickinson, elle avait rarement eu plus d'une ligne de texte à dire, excepté dans le film dirigé par Henry Cass. Dickinson pensait d'ailleurs qu'elle n'avait pas besoin de longs discours. Sa « qualité » particulière s'exprimait toute seule. Il n'avait qu'à la capter avec sa caméra.

Le travail aux côtés d'acteurs aussi aguerris et talentueux que Serge Reggiani (*Secret People* était son vingt et unième film) et

Valentina Cortese (c'était son vingt-deuxième tournage) s'avéra très gratifiant pour Audrey ; elle apprenait énormément à leur contact – par exemple que la promotion doit rester dans les limites du cadre professionnel. Quand un journaliste cherchait à établir une connexion entre son personnage et sa vie privée, Reggiani répliquait : « Ce n'est pas ma vie, c'est mon travail. » Toujours heureux de répondre aux interviews (mais pas de provoquer une discussion) sur son travail d'acteur, il se refusait en revanche poliment mais fermement à tout commentaire sur sa vie privée ou familiale. Ce qui impressionnait Audrey.

Valentina Cortese, qui avait déjà l'expérience de Hollywood, se montrait encore plus catégorique : « Si une actrice est populaire [...] les gens veulent tout savoir d'elle, pour avoir le sentiment de la connaître. Et, parfois, c'est très émouvant. Mais nous devons pouvoir vivre nos propres vies. À Hollywood, ce qui est terrible, c'est qu'ils [les professionnels du cinéma] veulent que vous soyez leur esclave ; il faut être prêt à faire n'importe quoi pour eux, à n'importe quel moment, et pas seulement sur le tournage d'un film. » Et l'actrice d'ajouter à l'intention d'Audrey : « Réfléchis bien à ce que tu fais quand tu signes un contrat sur le long terme, ma chérie. La liberté, c'est encore la plus belle chose au monde. »

La difficulté, Audrey en était consciente, consistait pour elle à décider ce qui était bon pour son image : quelle sorte de publicité était nécessaire et laquelle ne l'était pas, ce qu'elle devait dire et ce qu'elle devait garder pour elle. Par exemple, elle savait qu'il ne fallait pas donner trop d'interviews, sinon le public « allait être écœuré [de moi]. Il valait mieux attendre et avoir quelque chose à montrer, plutôt que risquer un ras-le-bol au moment même où les gens commençaient à remarquer mes premiers pas dans le cinéma. » Bien entendu, c'était très délicat : son contrat pour l'ABPC stipulait – et cela tombait juste la semaine suivant sa conversation avec Reggiani et Valentina Cortese à ce sujet – qu'elle devait se laisser photographier à la campagne en train de nourrir les canards et de faire de la barque dans un petit village pour le magazine *Illustrated*.

Sans aucun doute, *Secret People* était de loin le film le plus important qu'elle ait tourné jusqu'alors. Les critiques, tant en Angleterre qu'aux États-Unis, étaient unanimes : « Audrey Hepburn est à la fois belle et talentueuse. Elle brille tout particulièrement dans deux courtes scènes où on la voit danser. »

Puis arriva le moment où il fallut se rendre aux réceptions réunissant traditionnellement les stars, leurs réalisateurs, les producteurs et toutes les célébrités du show business – de grands raouts auxquels les huiles des studios enjoignaient leurs acteurs de participer. Ces fêtes étaient généralement organisées par les gros investisseurs de l'industrie du film britannique et se déroulaient dans les salles de réception des palaces, dans des clubs hyperchic, voire dans des consulats. En de telles circonstances, les conversations professionnelles se mêlaient souvent aux ragots du jour – et, parfois, à des tentatives de séduction...

Un soir de printemps, en 1951, Audrey se rendit à un cocktail placé sous l'égide de l'ABPC, et fut présentée à un homme au charme absolument torride : grand, avec des cheveux blond foncé ondulés et un sourire carnassier, James Hanson ne passait jamais inaperçu. Il avait alors vingt-huit ans, soit sept ans de plus qu'Audrey, et se trouvait être l'héritier d'une grande fortune familiale réalisée dans les transports par camion sur longue distance, d'abord en Angleterre puis au Canada. Encore fallait-il y ajouter quelques placements dans le pétrole et les transports maritimes. Au moment où James rencontra Audrey, ses biens étaient estimés à plusieurs dizaines de millions de livres sterling. Mais, comme on le remarquera par la suite, au début des années 1950, il « s'intéressait plus à jouer au play-boy qu'à l'homme d'affaires ».

James Hanson n'avait pas de contact professionnel avec le monde des stars de cinéma, et c'est à titre personnel qu'il s'intéressait à cet univers. C'était un fêtard invétéré et un grand séducteur, qui comptait parmi ses relations des femmes aussi illustres qu'Ava Gardner, Jean Simmons et Joan Collins. En 1951, il ajouta le nom d'Audrey Hepburn à la liste de ses actrices préférées. Très rapidement, cette relation se transforma en une sérieuse histoire d'amour qui ne pouvait plus échapper à la presse. Quant à la baronne Van Heemstra, elle approuvait de tout son cœur cette idylle et attendait avec impatience l'union qui apporterait enfin à sa fille la stabilité et la sécurité qui lui avaient tant manqué.

Deuxième partie

Célébrité (1951-1956)

Chapitre quatre

1951

« Stupide », « frénétique », « artificiel », « sans intérêt » sont parmi les qualificatifs les plus sympathiques que les critiques employèrent pour décrire le septième film dans lequel tourna Audrey Hepburn ; fort heureusement, ces articles ne parlaient pas d'elle.

Le producteur et chef d'orchestre Ray Ventura l'avait « empruntée » à l'ABPC afin qu'elle rejoigne la troupe de sa comédie musicale, *Monte Carlo Baby*, hâtivement filmé sur la Côte d'Azur pendant l'été 1951. En fait, c'était deux films en un : aussitôt qu'une scène venait d'être tournée en anglais, on reprenait la même en français. Mais pas avec la même équipe : grâce à son don des langues, Audrey était la seule actrice à garder son rôle en français (pour la version intitulée *Nous irons à Monte-Carlo*). Les deux versions seront pourtant aussi mauvaises l'une que l'autre, en raison d'un scénario faible qui ne servait finalement que de prétexte aux scènes musicales de Ventura. Dans quelques scènes pauvrement écrites, Audrey joue une célèbre actrice dont l'enfant est par erreur confié à un musicien itinérant ; s'ensuit alors une poursuite burlesque débouchant sur l'incontournable happy end… Audrey n'avait pas le rôle principal : cet honneur revenait à Michele Farmer, la fille de Gloria Swanson, dont ce fut la première et la dernière apparition sur grand écran. Les deux versions du film furent tournées avec deux réalisateurs différents, deux équipes de tournage et deux scripts bien distincts. Audrey avait donc fort à faire, mais elle n'en était pas ravie pour autant.

D'abord, James Hanson lui manquait. Ensuite, elle n'avait pas voulu faire ce film, parce que cela l'obligeait à quitter Londres, et qu'elle risquait ainsi de manquer de meilleures opportunités. Elle se confia à Valentina Cortese, qui lui conseilla d'aller tout de même à Monaco – un lieu prestigieux où elle pourrait peut-être nouer quelques contacts intéressants.

Ces prévisions se révélèrent vite exactes. Ce qui devait bouleverser l'existence et la carrière d'Audrey Hepburn arriva d'une manière extravagante, comme seules se produisent les rencontres les plus déterminantes : grâce aux caprices du destin.

C'était une journée du mois de mai, l'équipe de *Monte Carlo Baby* devait tourner des extérieurs devant le somptueux Hôtel de Paris. Audrey, toujours pleine d'énergie, devait jouer une scène stupide, à deux reprises, avec ses deux réalisateurs différents. Pendant ce temps, une femme âgée en fauteuil roulant, avec une opulente chevelure bouclée, revenait à son hôtel après avoir fait un tour sur la promenade. Elle leva soudain une main d'un geste impérieux à l'adresse de l'homme chargé de pousser son engin, alors qu'ils traversaient la foule des badauds attroupés devant les acteurs. Il se pencha vers elle, elle lui murmura quelque chose à l'oreille, et ils s'arrêtèrent pour observer pendant quelques minutes le tournage de la scène ; puis la vieille et majestueuse lady lui fit signe de recommencer à rouler jusqu'au vestibule de l'hôtel.

Cette personne aussi déterminée qu'excentrique n'était autre que… l'écrivain Colette. L'homme debout derrière son fauteuil roulant était son mari, Maurice Goudeket. Colette, auteur de romans et de nouvelles qui avaient fait scandale, s'est toujours inspirée de sa vie et de ses diverses expériences sexuelles : mariée à trois reprises, elle avait passionnément aimé hommes et femmes. Elle avait également derrière elle une brillante carrière d'actrice, de poétesse et de peintre. Colette la garçonne incarnait la femme rebelle dans toute sa splendeur, avec un esprit libre et critique qui ne cessa jamais de s'exprimer.

En mai 1951, elle avait soixante-dix-huit ans et devait rester clouée au lit ou se déplacer en fauteuil roulant, paralysée par l'arthrite. Elle ne pouvait plus se passer d'assistance dans les gestes de la vie quotidienne mais son esprit demeurait vif, ses perceptions très claires et sa perspicacité plus aiguë que jamais. Cette féministe infatigable continuait à accumuler les succès, à pourfendre les conventions morales et à interpeller ses contemporains sur le rôle de la femme dans la société, à travers une œuvre pourtant éminemment populaire. En 1945 était paru *Gigi*, porté à l'écran pour la France trois ans plus tard[1]. Mais, en 1951, la romancière et scénariste Anita Loos était en train de finir une autre adaptation théâtrale de *Gigi* pour les États-Unis, à laquelle le producteur Gilbert Miller portait le plus grand intérêt. Au même moment, Miller engageait George Cukor comme metteur en scène, qui faisait ainsi son grand retour à Hollywood depuis presque un quart de siècle.

Miller a toujours affirmé avoir voulu produire *Gigi* dès la sortie du roman. Lorsqu'il apprit qu'Anita Loos travaillait sur sa scénarisation, il se déclara « enchanté, et je lui en ai fait part. Une semaine plus tard, nous étions tombés d'accord sur la production et j'ai pu partir tranquillement prendre des vacances en Espagne. »

En réalité, ce ne fut pas aussi simple que Miller le raconte.

C'est le directeur général de sa maison de production, le très rusé Morton Gottlieb, qui avait entamé seul la négociation avec Anita Loos à propos de *Gigi*, et annoncé publiquement leur arrangement pendant une des nombreuses absences de Miller de New York. D'après la scénariste, Miller était plutôt du genre à « jouer le play-boy sur Park Avenue[2]. Il délégua la production de la pièce à Mortie. Mais ils étaient tombés sur un os [...]. Après avoir auditionné toutes les “ingénues” de Broadway, on n'arrivait toujours pas à trouver notre Gigi. » Un autre souci se présenta : d'après les termes du contrat signé avec l'auteur, le choix de celle qui incarnerait Gigi devait être validé par Colette elle-même, qui devrait aussi approuver le scénario.

On ne saura jamais par quel miracle Colette donna sans sourciller son accord à Anita Loos pour l'adaptation. Les deux cent

1. Réalisé par Jacqueline Audry, avec Danièle Delorme dans le rôle-titre. (*NDT*)
2. Quartier huppé de Manhattan en bordure de Central Park. (*NDT*)

cinquante pages de son roman étaient écrites dans une langue vive, pleine d'allusions : Gigi est une délicieuse Parisienne de seize ans, élevée par sa grand-mère et sa tante, qui ambitionnent d'en faire – à leur image – une demi-mondaine de la Belle Époque. Elle apprend donc à découper les ortolans et à distinguer les bijoux de valeur... Mais c'est compter sans l'esprit d'indépendance de la jeune fille, qui refuse son destin de grande cocotte, même si l'homme qu'on lui destine comme amant est séduisant, épris et attentionné. Elle finira par épouser le garçon qu'elle aime, au grand désespoir de sa famille.

Du roman de Colette, Anita Loos a tiré une adaptation très assagie, et beaucoup moins dérangeante que la satire sociale initiale ; mais aucune personne de la production, pas même Colette, n'a trouvé à y redire. Toutes les formulations à double sens en français sont dépouillées de leur connotation en anglais, et le texte s'en trouve considérablement affadi.

Alors qu'Anita Loos, Morton Gottlieb et Gilbert Miller tentent de gagner du temps face à la presse et aux propriétaires de théâtres, désespérant de trouver la perle rare qui serait leur Gigi, Maurice Goudeket envoie à Miller un télégramme rédigé selon les instructions de sa femme :

N'ENGAGEZ PERSONNE POUR GIGI TANT QUE
VOUS N'AUREZ PAS LU MA LETTRE.

Quelques jours plus tard suivait la fameuse lettre :

Colette et moi venons juste de voir une jeune actrice anglaise qui tourne actuellement à Monte-Carlo. En la voyant, Colette a dit : « Cette fille serait une très bonne Gigi ! » J'aimerais que vous ne jetiez votre dévolu sur aucune actrice avant de la voir [...]. Je crois qu'elle n'a pas beaucoup d'expérience de la scène, [mais] elle est très jolie et possède ce charme piquant nécessaire au rôle.

Le jour même où ils la remarquaient, Colette et Goudeket invitaient Audrey dans leur suite, « et ils me demandèrent si je voulais jouer le rôle. J'ai répondu : "Je ne peux pas ! Je n'ai jamais été actrice de théâtre, je suis danseuse et je n'ai jamais dit de texte sur scène !" Colette m'a rétorqué que quand on pouvait assumer un travail aussi acharné que la danse, on pouvait assumer ça aussi. » Audrey lut quelques lignes de son texte à Colette mais, pendant l'essentiel de leur rencontre, elles discutèrent surtout voyages, cuisine, musique et amours. À la fin de cette journée, Colette lui dédicaça une photographie : « À Audrey Hepburn, un trésor que j'ai trouvé sur la plage. »

Le matin du 7 juillet, le trésor en question prit le train pour Londres à destination de la gare Victoria et sauta dans les bras de James Hanson, qui l'enlevait pour un week-end à la campagne. La semaine suivante, elle rencontrait Gilbert Miller et Anita Loos – qui étaient venus spécialement de New York pour la voir – dans les salons de l'hôtel Savoy. Laconique, Miller résume l'entrevue : « Après une brève discussion avec Mlle Hepburn, nous l'avons engagée pour être notre Gigi. » Anita Loos gardait une réserve : « Audrey ne me convainquait pas, mais elle fut engagée. » La bénédiction de Colette avait suffi.

« J'avais l'impression de marcher sur un nuage, dit Audrey à propos de ce jour d'été, mais un nuage un peu sombre [...] ! J'étais inquiète parce que j'avais essayé de leur expliquer à tous que je n'étais pas prête pour tenir un rôle principal, mais ils n'étaient pas d'accord – et je n'allais quand même pas m'efforcer de les faire changer d'avis ! »

Désormais, Miller et son équipe avaient leur interprète féminine, mais le retard accumulé leur avait coûté Cukor, qui avait dû entre-temps accepter de travailler sur un autre projet. Le producteur décida alors de le remplacer par le metteur en scène français Raymond Rouleau, qui ne parlait pas un mot d'anglais. Aucun problème, avait dit Miller : Audrey Hepburn parle couramment français et Anita Loos pourrait toujours traduire son adaptation dans cette langue. Pour le moment, tout le monde était donc plutôt euphorique – y compris James Hanson, dont Audrey venait d'accepter la demande en mariage.

Ils annoncèrent leurs fiançailles en septembre, et la cérémonie devait avoir lieu au mois de juin suivant. Aucun des deux ne doutait de pouvoir faire coïncider leurs impératifs professionnels respectifs ; en tout cas, Audrey désirait ardemment subordonner son travail à sa vie de femme mariée et avoir des enfants.

Gilbert Miller paya quelques milliers de livres à l'ABPC en dédommagement du temps qu'Audrey passerait sur son projet. Les gens de l'ABPC avaient fait le raisonnement suivant : si *Gigi* se soldait par un échec, Audrey leur reviendrait avec la volonté encore plus âpre de travailler pour eux ; si elle réussissait, elle serait une star et « vaudrait » bien plus cher. C'est ainsi qu'Audrey – consciente de cet enjeu – put se préparer à partir pour les États-Unis aussi vite que possible, à la fois pleine d'allégresse et un peu anxieuse.

Mais les meilleurs plans doivent parfois être différés. Un matin de septembre, Audrey reçut un appel téléphonique de Robert Lennard, de l'Associated British Pictures, qui venait de parler avec Richard Mealand, directeur de casting du bureau londonien de Paramount Pictures. Mealand avait dit à Lennard que ses supérieurs, à Hollywood, cherchaient l'actrice principale d'un film qui devait se tourner à Rome l'été suivant. Lennard avait une liste d'interprètes sous contrat pour des studios britanniques, et sur son bureau venait justement d'atterrir un magazine dont la photo de couverture était celle de… c'était quoi déjà son nom ?

Il avait fallu plus de cinq ans pour finaliser le scénario de *Vacances romaines*. Un bataillon de scénaristes continuait à s'échiner sur quelques scènes, mais William Wyler en avait lu assez pour accepter d'en devenir le réalisateur et Gregory Peck (qui voulait changer un peu d'image en jouant dans une comédie) avait signé pour le premier rôle masculin. Les agents de Peck avaient obtenu d'ajouter une clause particulière à son contrat : en tant que star hollywoodienne tournant son vingtième film, il aurait un droit de regard sur le choix de sa partenaire féminine.

L'histoire met en scène Anne, une jolie princesse qui ne supporte plus le protocole. Elle craque alors qu'elle se trouve en visite officielle à Rome. On lui administre un puissant somnifère mais, avant qu'il ne fasse effet, elle s'enfuit de l'ambassade et erre dans les rues de la ville. C'est sur un banc public que Joe Bradley (Gregory Peck), jeune et beau journaliste américain, la trouve endormie et l'emmène finir sa nuit chez lui. Il apprend le lendemain par la presse que la princesse Anne, victime d'un malaise, a dû annuler toutes ses réceptions et identifie ainsi sa protégée. À son réveil, Anne se fait passer pour une pensionnaire fugueuse et Joe ne lui dit rien non plus de son métier. Tous deux vont vivre vingt-quatre heures de conte de fées dans la ville italienne. Ils se quitteront très amoureux l'un de l'autre. Anne reprendra ses responsabilités de princesse et découvrira la profession de Joe, qui gardera à jamais le secret de leurs merveilleuses « vacances romaines ».

Peck et Wyler savaient tous deux que le succès du film dépendrait d'une réalisation qui mêlerait adroitement comédie et romance sans tomber dans la mièvrerie. Pour y parvenir, il fallait le faire reposer sur la personnalité et le charme rafraîchissant des deux acteurs principaux.

Les trois précédents films que Wyler avait tournés pour la Paramount – *L'Héritière* en 1949 ; *Histoire de détective* en 1951 ; *Un amour désespéré* en 1952 – avaient été salués par la critique autant que par le public. Méticuleux, incisif et parfois un peu rude avec ses acteurs, Wyler possédait une sensibilité à l'européenne, et pour cause, puisqu'il était né en Alsace, à Mulhouse. Il avait fait ses études à Lausanne puis à Paris, avant de partir pour les États-Unis à l'âge de dix-huit ans. Depuis 1920, il avait dirigé cinquante-neuf films pour Hollywood. Dans le milieu, il était réputé pour son perfectionnisme, ayant même obligé Bette Davis et Laurence Olivier à refaire plusieurs prises jusqu'à obtenir le résultat qu'il voulait – sans d'ailleurs avoir pu leur expliquer ce qu'il attendait d'eux exactement. En conséquence de quoi les scènes en question étaient devenues des morceaux d'anthologie, dans des films dont beaucoup furent oscarisés.

En 1951, Wyler avait deux oscars à son actif (pour *Madame Miniver* en 1942 et *Les Plus Belles Années de notre vie* en 1946), quatorze de ses interprètes avaient été récompensés pour leur propre prestation et trente-six avaient été nominés. À Hollywood, personne ne doutait donc plus que tourner dans un film de William Wyler était une opportunité en or.

Robert Lennard était d'accord pour qu'Audrey rencontre le réalisateur. En dehors de l'avantage financier qui pouvait résulter pour l'ABPC d'un accord la concernant avec la Paramount, Lennard appréciait sincèrement Audrey et se félicitait de pouvoir donner un coup de pouce à sa carrière. Elle se présenta donc à William Wyler à l'hôtel Claridge. En cinq minutes, il s'était fait une opinion sur elle : « Très vive, très intelligente, talentueuse, ambitieuse. » En outre, elle n'avait pas l'accent américain, ce qui ajoutait à la crédibilité de son personnage de princesse européenne. Audrey, quant à elle, a affirmé qu'elle ne savait pas alors ce qu'on attendait d'elle. Elle ne savait d'ailleurs pas vraiment qui était William Wyler, ne connaissant pas ses films : par conséquent, elle ne se sentait pas le moins du monde intimidée ou nerveuse.

Wyler lui demanda de faire un bout d'essai. Rendez-vous fut pris pour le 18 septembre, sous la direction de Thorold Dickinson, son mentor de *Secret People*... Habillée d'une longue chemise de nuit blanche, elle joua une scène de *Vacances romaines* dans laquelle elle confiait son ras-le-bol du protocole à sa femme de chambre (la réplique étant donnée par un assistant, hors champ).

Mais Wyler, un vieux renard du cinéma, avait prévu davantage. Il s'était arrangé avec Dickinson et l'équipe pour que la caméra continue à tourner après la scène. Sa prestation faite, Audrey s'assit avec un large sourire, en entourant ses genoux de ses bras, et demanda avec une totale décontraction : « Alors, comment j'étais ? J'étais bien ? » Pendant quelques minutes, elle badina avec Dickinson et l'équipe, alors que la caméra enregistrait à son insu sa gaieté et la manière dont elle sollicitait la reconnaissance autour d'elle. Son ambition n'était pas calculée, ne relevait pas d'un instinct de séduction ou d'une volonté de manipulation ; elle dénotait simplement la détermination d'une jeune fille à la fois forte et vulnérable, en tout cas très résolue à donner le meilleur d'elle-même.

Dickinson prolongea l'essai avec la jeune comédienne : il lui demanda d'aller se changer et de remettre ses vêtements de ville, puis de s'asseoir de nouveau pour continuer la discussion – toujours sous l'œil de la caméra. « Je suis revenue m'asseoir et j'ai continué à parler », dira Audrey, longtemps après avoir appris la ruse. « Il m'a posé toute une série de questions sur moi, sur mon travail, et même sur mon passé pendant la guerre, en Hollande... Et c'était ça, l'essai. Il voulait me filmer aussi naturelle que possible, et non essayant de jouer. »

La séquence d'Audrey fut montrée à Wyler, qui était retourné à Hollywood. « Le bout d'essai d'Hepburn est très bon, écrivit-il à Richard Mealand le 12 octobre. Tout le monde au studio a été absolument emballé par cette fille et je suis moi-même enchanté. S'il vous plaît, dites à Dickinson qu'il a fait de l'excellent boulot. » Et le directeur de la Paramount, Don Hartman, d'ajouter : « Nous étions fascinés. Personne ne doutait que nous allions la signer immédiatement. »

En effet, un contrat fut rapidement rédigé et envoyé à Audrey. Elle le reçut le 15 octobre à l'appartement qu'elle partageait avec sa mère ; il stipulait qu'elle s'engageait avec la Paramount sur sept films et pour autant d'années. Elle était autorisée à bénéficier d'un an de battement entre deux films, pour faire de la scène ou de la télévision ; la Paramount avait le droit de la « prêter » à un autre studio pour l'un des sept films prévus. Ainsi, Audrey était peut-être la première actrice débutante de l'histoire du show-biz à signer simultanément un contrat pour un rôle principal dans une pièce de Broadway et un autre pour devenir la vedette hollywoodienne d'un film. Ce soir-là, James invita Audrey et sa mère à fêter l'événement au Café Royal de Regent Street ; et le champagne coula à flot, comme il se doit.

Afin de régler une fois pour toutes la question de son engagement à l'ABPC, la Paramount proposa de racheter le contrat d'Audrey pour 100 000 livres. Mais les dirigeants de l'ABPC pensaient qu'il serait plus lucratif de recevoir un cachet sur chacun des films qu'Audrey tournerait pour la Paramount, et d'acquérir le droit de les distribuer en Grande-Bretagne. Cet accord sans précédent fut signé à l'automne. Le principal bénéficiaire de ce marché était l'actionnaire principal de l'ABPC, Jack L. Warner, qui était convaincu qu'un jour Audrey Hepburn travaillerait pour son propre studio.

Quant à la Paramount et à Wyler, ils restaient persuadés que *Gigi* marcherait pendant un mois, peut-être deux au maximum, et qu'Audrey serait tout à eux début 1952, leur permettant d'achever *Vacances romaines* avant les épuisantes chaleurs de l'été italien. Le réalisateur montra le bout d'essai à Gregory Peck, qui eut une réaction très favorable : sa partenaire serait Audrey Hepburn.

Avant la fin du mois d'octobre, Audrey embarqua sur un bateau en partance pour New York. Elle voyageait sans sa mère, retenue à Londres par son travail de décoratrice d'intérieur. Ella viendrait pour la première, à Broadway, et James la rejoindrait bientôt.

Passant du plaisir absolu à l'anxiété ou à la solitude – se combinant à d'autres causes –, Audrey se mit à manger immodérément pendant la traversée. Lorsque le paquebot accosta à Manhattan, elle avait pris environ sept kilos. « Quand Gilbert la vit, il fut effaré, raconte Anita Loos. Il avait engagé un elfe et se retrouvait avec une boulotte. »

La première tâche de la boulotte consista à dénicher un endroit à elle. Ses finances étaient limitées, mais elle pensait pouvoir s'offrir une chambre dans un hôtel cossu pour un loyer raisonnable. Les acteurs avaient leurs habitudes à l'hôtel Blackstone, sur la 58e rue. Audrey demanda à voir le directeur. Il lui montra une suite claire et coquette, mais elle fut étonnée d'apprendre qu'elle lui coûterait 15 dollars par jour. Audrey tenta d'expliquer au patron qu'elle ne pouvait pas dépasser 9 dollars. Bien que sympathique, celui-ci ne voulait pas baisser le prix de la location. Quelques minutes plus tard, il la raccompagnait pourtant à la porte de son établissement en lui tendant un reçu pour la suite, qu'elle venait de réserver pour… 9 dollars.

« Je ne sais même pas comment elle m'a fait changer d'idée, racontera le directeur de l'hôtel. Elle n'a certainement pas marchandé avec moi, Seigneur, non, impossible d'imaginer cette élégante jeune femme s'abaissant à chicaner sur de l'argent ! Elle m'a simplement parlé, m'a souri et s'est mise à rire et, sans comprendre comment, je me suis retrouvé ensorcelé et persuadé que je n'avais aucun droit de lui faire payer 15 dollars. » Le charme d'Audrey était très persuasif, et peu de gens pouvaient y résister.

L'équipe se réunissait tous les jours pour répéter la pièce au Fulton Theatre, qui devait accueillir le public le 24 novembre. Pendant ce temps, la petite boulotte était fermement reprise en main et l'elfe retrouvait sa silhouette grâce au régime mis au point par Morton Gottlieb : deux fois par jour, il accompagnait Audrey au restaurant Chez Dinty Moore – une taverne irlandaise pittoresque jouxtant le théâtre qui servait de la cuisine de brasserie, des bières pression et de généreuses rations de boissons – et lui commandait invariablement un steak tartare : viande crue, jaune d'œuf, moutarde, sauce Worcesterhire, oignons, câpres et épices. Après un mois de cette nourriture exclusive, Audrey était de nouveau svelte. Elle continua de fréquenter Chez Dinty Moore et, quand *Gigi* démarra, elle y retourna souvent avec des amis, appréciant tout particulièrement les œufs pochés sur hachis de bœuf, qu'elle faisait passer avec une lampée de bière belge.

Audrey arrivait à un bon moment dans l'histoire de Broadway, et il y avait de bonnes perspectives pour la pièce de Colette. Si les théâtres jouaient à guichets fermés et proposaient des comédies musicales à succès (*Le Roi et Moi*, *Appelez-moi Madame* et une autre pièce d'Anita Loos, *Les hommes préfèrent les blondes*), peu de pièces restaient longtemps à l'affiche, à quelques exceptions près. Il faut préciser que le lancement de *Gigi* avait été annoncé par Gilbert Miller à grand renfort de publicité.

La plupart des répétitions avaient lieu en français, ce qui ne posait aucun problème à Audrey. L'actrice Cathleen Nesbitt le parlait également couramment et faisait parfois office de traductrice pour les autres interprètes. À la scène, elle jouait la tante de

Gigi, Alicia. Hors de la scène, elle était devenue une sorte de mère de remplacement pour Audrey, à qui elle prodiguait ses conseils professionnels.

Née en Angleterre en 1888, Cathleen Nesbitt avait fait ses débuts au théâtre, à Londres et à New York, en 1910 et 1911. Sur scène et au générique du film produit à New York en 1956, *My Fair Lady*, elle est Mrs. Higgins. Elle avait été l'une des plus belles femmes de son époque et avait eu une liaison « historique » avec le poète romantique Rupert Brooke en 1912, soit trois ans avant la mort prématurée de celui-ci à vingt-sept ans.

L'aide de Cathleen était vraiment précieuse ; en dehors de sa connaissance du français, elle apportait à Audrey le soutien dont elle avait besoin. « J'ai peur », avait confié la jeune actrice à un journaliste le lendemain de la première répétition. « Je n'ai pas l'habitude de la scène. Les autres passent leur existence à travailler avant de monter sur les planches. Alors, je présume que je devrais jouer à l'intuition, jusqu'à ce que j'apprenne. » Cette humilité, ancrée dans le réel, fut un atout. Pendant la dizaine d'années à venir, son jeu fera forte impression en partie parce qu'elle continuera à se considérer comme une apprentie et à jouer en utilisant la puissance de son intuition ; mais, à sa manière très méticuleuse, elle apprendra, étudiera, lira et travaillera toujours plus lors de chaque tournage. Elle développera également un flair certain pour le choix des rôles qui lui conviennent.

On le constate même dans les comédies, où elle incarne des femmes mises à rude épreuve par la vie, mais qui finissent par triompher grâce à leur courage, leur persévérance, leur vivacité d'esprit et leur ingénuité.

« Le rôle de Gigi requérait toute la technique d'une actrice chevronnée », explique Anita Loos, qui assistait aux répétitions. « Lorsqu'elle répétait le dernier acte, alors que Gigi est censée exploser de passion, Audrey ressemblait plus à une adolescente en émoi qu'à une jeune femme plongée dans les affres d'une première histoire d'amour tragique. »

Fort heureusement, Cathleen Nesbitt lui prêta main-forte. « Audrey était effectivement effrayée, se souvient-elle, elle n'avait pas grande idée du phrasé à adopter. Elle ne savait pas quelle contenance prendre, et elle arrivait en bondissant sur scène comme une gazelle. Mais elle possédait cette chose rare, cette emprise sur le public qui l'oblige à garder les yeux rivés sur soi quand on est sur scène. »

Cependant, jusqu'au soir de la première, Audrey n'avait pour tout public que l'équipe, le metteur en scène et le producteur. Et ce qu'ils voyaient les rendait anxieux. Tôt chaque matin et tard chaque soir, Cathleen et Audrey se retrouvaient, répétaient leur texte, travaillaient la diction et leurs personnages, et, progressivement, leurs efforts commencèrent à porter leurs fruits.

En dehors de l'excitation des débuts (et du fait que le succès de la pièce reposait entièrement sur son rôle), Audrey se languissait de sa mère et de son fiancé – surtout depuis cette scène terrible à laquelle elle avait assisté. Un soir qu'elle était rentrée à son hôtel après une répétition en costume et un dîner Chez Dinty Moore, le locataire du huitième étage se défenestra, rebondit sur le rebord de la fenêtre d'Audrey et atterrit, mort, sur le trottoir. Secouée de sanglots, Audrey se précipita hors de sa chambre et frappa à la porte d'à côté, chez l'acteur David Niven ; lui et son épouse aidèrent Audrey à surmonter ce traumatisme et devinrent des amis durables.

Du 8 au 22 novembre, *Gigi* passait en avant-première au Walnut Street Theatre, à Philadelphie, l'une des plus anciennes salles des États-Unis. Le public fut poli mais pas spécialement enthousiaste, et la plupart des critiques se montrèrent indifférents. Miller, Anita Loos, Gottlieb, Rouleau, Audrey Hepburn et Cathleen Nesbitt ne savaient comment interpréter cette réaction. Mais ils convinrent de ne pas faire de changements de dernière minute.

Le matin du samedi 24 novembre 1951, Audrey se leva de bonne heure. Elle passa un coup de fil à son demi-frère Ian, qui venait de se marier et prénommerait bientôt sa première fille Audrey. Elle avala ensuite un petit déjeuner léger, se promena sur la Cinquième Avenue le long de Central Park, relut son texte, envoya un télégramme pour Paris à Colette, puis rejoignit Cathleen Nesbitt pour la grande soirée de première au Fulton Theatre. Aucune des deux femmes ne devait oublier l'état dans lequel se trouvait alors la jeune actrice principale : elle était blême et glacée de terreur.

Elle n'aurait vraiment pas dû.

Si la plupart des critiques réagirent mollement à la pièce, il n'en alla pas de même envers la principale interprète, qui passa en l'espace de deux heures de l'anonymat à la célébrité. Brooks Atkinson, du *New York Times*, évoqua « une jeune actrice pleine de charme et de talent que l'on aurait intérêt à retenir prisonnière en Amérique pour un rôle dans une grande pièce. [... Elle] apporte au spectacle toute sa fraîcheur. C'est une véritable actrice ; dans la peau de Gigi, elle développe toute la psychologie du personnage, des maladresses ingénues du premier acte à l'enthousiasmante apogée de la dernière scène. Elle joue avec finesse et spontanéité, d'une manière lucide et captivante. » Un autre critique remarque qu'elle fait preuve d'une « candide innocence et d'une intelligence de garçon manqué ; [...] sa performance est comme un souffle d'air frais dans un été étouffant. » Un troisième fait l'éloge de son « indiscutable beauté et de son talent. Elle joue avec grâce et autorité, mais avec une grande décontraction. » Quelques voix dissonantes se font tout de même entendre, dont celle de Noel Coward, qui assista à une représentation au printemps suivant. Aussi prompt à encenser qu'à vouer aux gémonies, il nota dans son journal « une surenchère au plan de l'interprétation, et un script vulgaire. Cathleen Nesbitt excelle et est pleine de dignité, Audrey Hepburn [est] inexpérimentée et beaucoup trop bruyante, et l'ensemble mal mis en scène. »

Mais, en fin de compte, l'approbation des critiques ne diminuait pas le trac d'Audrey, qui était pratiquement malade chaque soir ; ce qui ne lui faisait pas oublier qu'elle jouait mal. Son manque d'assurance devait perdurer le reste de sa vie, comme le confirmera son fils aîné des années plus tard : « Elle manquait fondamentalement de confiance en elle, et ce manque d'assurance rendait n'importe qui amoureux d'elle. [... Elle] était comme une étoile, incapable de voir briller sa propre lumière. »

Cette lacune dans sa personnalité – son incapacité à apprécier ses talents à leur juste mesure – provient peut-être de l'enfance, et du manque de soutien parental dans ce domaine. Le traumatisme de la guerre et la conviction qu'il pouvait y avoir quelque chose d'égoïste à se réaliser en tant qu'acteur – alors que la discipline de vie d'une danseuse ne permettait pas, de son point de vue, un tel nombrilisme – n'ont certainement pas atténué ce complexe.

Au bout de la première semaine de représentations, Gilbert Miller fit placer le nom d'Audrey au-dessus du titre de la pièce sur l'enseigne du théâtre. On demanda à l'actrice de visser la dernière ampoule de la dernière lettre de son nom, devant la presse ; au moment où AUDREY HEPBURN illumina le chapiteau, les flashes des photographes crépitèrent et la belle fut auréolée de lumière. « Oh, mon Dieu, murmura-t-elle en descendant de l'échelle, et dire que je n'ai toujours pas appris à jouer ! »

Elle n'avait alors que vingt-deux ans... Accrochée à ses rêves, la petite ballerine au passé difficile était devenue une star en l'espace d'une soirée, comme dans les meilleures comédies sentimentales !

Malgré l'euphorie de la semaine suivante, le champagne et les gerbes de fleurs envoyées par ses admirateurs qui remplissaient sa loge, Audrey était chagrinée que Cathleen Nesbitt et le reste de la troupe demeurent ignorés de la presse et du public. Les chasseurs d'autographes ne poursuivaient qu'Audrey lorsqu'elle apparaissait à l'entrée des artistes, chaque fin de soirée et en matinée.

La fulgurance de sa nouvelle célébrité, aussi colossale que soudaine, donnait à la jeune femme le sentiment que tout cela ne durerait pas. Elle n'était pas confiante et ne pensait pas avoir pleinement mérité ce qui lui arrivait. En réalité, peu de gens connaissaient la véritable Audrey, modeste et pleine d'égards, raffinée, sans prétentions, aux manières dignes mais qui savait aussi faire le clown ou trouver des mimiques irrésistibles, bref une bonne vivante et aussi, comme le poète Milton l'écrivit à propos de Dame Nature, une amante passionnée.

La baronne Van Heemstra arriva comme prévu le 19 décembre. Elle assista à la pièce, se rendit dans les coulisses, décrocha un gigantesque sourire à sa fille et la serra dans ses bras sous l'objectif des photographes. Mais, comme à l'ordinaire, elle ne se fendit pas du moindre compliment. Ou plutôt si, bien qu'il ne s'agisse pas du genre de remarque qu'Audrey aurait souhaité entendre ou dont elle aurait eu besoin à ce moment-là : « Tu t'en es très bien sortie, ma chérie, si l'on considère que tu n'as aucun talent. »

Le 21 décembre, Ella était présente – hors champ – lorsqu'une équipe de télévision vint visiter la loge d'Audrey au Fulton Theatre. C'était dans le cadre d'une émission intitulée *We, the People.* Audrey y raconta la soirée de Noël 1944 à Arnhem, lorsqu'un providentiel colis d'une dizaine de pommes de terre les avait in extremis empêchées de mourir de faim, elle et sa famille.

Il s'était passé tellement de choses, depuis cette époque... Le 24 décembre 1951, l'ardent James Hanson prenait l'avion du Canada – où se trouvaient ses bureaux – pour passer les fêtes de fin d'année avec sa fiancée à New York. Très fier d'elle, il l'emmena dans les plus beaux endroits de la ville, et lui fit quitter l'hôtel Blackstone pour l'installer dans une suite luxueuse du Waldorf Towers. Il n'oublia pas de louer une chambre pour Ella, au même étage. Et, le soir du réveillon, James offrit à Audrey une magnifique bague en or blanc, sertie d'émeraudes et d'un diamant jonquille.

L'existence d'Audrey prenait des allures de conte de fées...

Mais, durant cette période, Audrey avait besoin de la bienveillante présence de Cathleen Nesbitt plus que de tout autre chose. Elle était exactement le genre de femme et de mentor qu'Audrey respectait et aimait, et son affection était payée de retour. À sa manière, Mme Rambert aussi l'avait encouragée, mais seulement jusqu'à un certain point. Avec Cathleen, c'était bien différent : elle était un professeur infatigable et patient, soutenait Audrey sans réserve et faisait tout pour faciliter l'éclosion de son talent. Elle n'hésitait pas à complimenter la jeune femme quand cela lui paraissait nécessaire, pour qu'elle ait la force de continuer à affronter le public, avec ses jugements et ses critiques. Sur scène, Cathleen jouait la tante d'Audrey mais elle était beaucoup plus que cela dans la vie, et son rôle était bien plus déterminant.

Pour Audrey, Cathleen incarnait le succès, l'actrice dans toute sa splendeur, digne et respectable mais sans une once d'affectation ou d'arrogance. Toutes qualités que la grande dame retrouvait chez sa belle protégée... Cathleen Nesbitt avait pris Audrey sous son aile sur le plan professionnel et compensait sur le plan affectif et émotionnel ce qu'Ella, aveugle et dure, ne pouvait lui apporter.

Cathleen avait vécu un long et houleux mariage avec Cecil Ramage, un acteur alcoolique ; elle portait ce fardeau en secret. Leur fille Jennifer, exactement du même âge qu'Audrey, vivait alors en Angleterre et lui manquait certainement beaucoup. Il est aisé de comprendre comment un lien aussi fort a pu se créer entre Cathleen et Audrey, chacune ayant ses raisons propres d'en être heureuse. Cette superbe amitié devait durer jusqu'à la mort de Cathleen, âgée de quatre-vingt-treize ans, en 1982.

Chapitre cinq
1952

« Ma carrière est pour moi un mystère complet », dira Audrey Hepburn de son phénoménal succès. « Depuis le premier jour, la surprise est totale. Je n'avais jamais pensé devenir actrice, je n'avais jamais pensé jouer dans des films, je n'avais jamais pensé que ça arriverait de la manière dont c'est arrivé. »

La gloire était advenue en une nuit. Une nouvelle année commençait et le visage magnifique d'Audrey Hepburn faisait la une des magazines dans toute l'Amérique. *Life* lui consacrait une pleine page et cinq photos, accompagnées de la légende : « Audrey est une bombe. La jeune Miss Hepburn star du premier coup aux États-Unis. Essayez donc. » *Look* renchérissait : « Audrey Hepburn – Une étoile est née. » Les articles se succéderont, innombrables, pendant des années, à grand renfort de formules plus ou moins heureuses et vides de sens.

Par exemple, les journalistes aimaient à la qualifier d'« elfe », bien qu'un elfe soit une créature malveillante et rouée traditionnellement du genre masculin ; on lui donnait aussi de la « gazelle », on la décrivait fougueuse comme un jeune poulain... et ainsi de suite. « Gamine » était une désignation habituelle, qui excluait bien évidemment le côté « vagabond des rues » de son étymologie. L'impropriété des termes utilisés par la presse pour décrire Audrey Hepburn sont pour le moins révélateurs : s'appliquant à elle, le vocabulaire courant ne suffisait pas.

Quoi qu'il en soit, la star en personne charmait à tout coup son public. Même les New-Yorkais les plus mondains et blasés retenaient leur souffle quand cette incroyable jeune femme de vingt-deux ans faisait son apparition dans les cocktails et les réceptions donnés en son honneur. Un cercle appelé le Club de nuit de la douzième heure organisa un petit déjeuner en son honneur… à treize heures, le 18 février ; le club de chasse de Westchester prépara un raout le 13 mai, auquel elle devait assister afin de recueillir des fonds pour la recherche contre le cancer, etc.

Entre deux événements, et jusqu'à la deux cent dix-neuvième et dernière représentation de *Gigi*, au mois de mai, Audrey ne disposa que de rares moments pour elle-même. Gilbert Miller et son équipe chargée de la communication étaient débordés, submergés de demandes d'interviews. Et plus, si possible : « Pourrait-on aussi photographier Miss Hepburn avec son séduisant fiancé ? » Mais de cela, il n'était pas question. La jeune actrice ne dérogeait pas aux limites qu'elle s'était fixées. La presse ne devait pas savoir qu'elle prenait l'avion pour Toronto afin d'y rejoindre son futur époux chaque dimanche matin lorsque la météo le permettait, avant de rentrer juste à temps pour la représentation du lundi, en début de soirée.

Le 10 février, elle fit ses débuts à la télévision, sur le plateau de l'émission de variétés *Toast of the Town*, qui se déroulait chaque dimanche en fin de journée. Elle joua le rôle de Lady Jane Grey pour un extrait de la pièce *Nine Days a Queen.* Juste après, Gilbert Miller la rejoignit pour discuter avec le présentateur, Ed Sullivan. Après ce passage, la promotion de *Gigi* continua à se poursuivre sans problème.

Le 13 avril, on vit de nouveau Audrey sur le petit écran, dans un rôle dramatique d'une demi-heure. Il avait été spécialement écrit à son intention par Meade Roberts, la mise en scène étant signée David Rich. *Rainy Day in Paradise Junction* (« Jour de pluie au carrefour du paradis ») reposait principalement sur le rôle de Virginia Forsyte joué par Audrey.

« Mon père était anglais », explique-t-elle à des gens qui comme elle attendent leur train dans une petite ville américaine. Audrey incarne une jeune fille boiteuse de seize ans qui capte l'attention des clients d'un café en leur racontant son improbable désir de devenir danseuse dans des comédies musicales hollywoodiennes. « Mais, plus que tout, je veux faire partie d'un ballet », ajoute-t-elle avec candeur. « Je sais que vous pensez tous : "Comment diable une estropiée pourrait-elle devenir danseuse ?" » Et elle essaie alors d'entamer une valse avec un des patrons du café... Elle sait pourtant que son rêve restera lettre morte et, à la fin de l'histoire – alors qu'un gros plan révèle un visage digne et mélancolique –, elle monte dans un train qui l'emmène chez sa sœur, à Wichita. Cette réalisation, pleine d'humour et d'émotion, constitua, en dépit de sa brièveté un moment important pour Audrey, qui montrait ainsi qu'elle savait aussi jouer des drames.

Devant l'incroyable succès de *Gigi*, la Paramount avait accepté de repousser *Vacances romaines*. Mais, au printemps, la firme ne pouvait attendre davantage et, en échange d'un montant de 50 000 dollars, Gilbert Miller annonça que la pièce s'achèverait en mai : Audrey devrait alors quitter Broadway pour Rome. Miller avait obtenu la garantie que *Vacances romaines* serait terminé fin septembre, à temps pour qu'Audrey entreprenne une tournée nationale pour *Gigi*.

La préparation du film fut intense et l'emploi du temps très chargé : il fallait finaliser les costumes, concevoir le maquillage de chaque personnage, régler les moindres détails de la logistique concernant l'équipe internationale basée à Rome, obtenir les autorisations et tous les documents légaux pour filmer les extérieurs près des monuments et des *palazzi*, organiser le planning de chaque acteur ; tout devait être parfaitement en place de manière à ce que Wyler, son équipe et ses acteurs n'aient plus à s'occuper que du quotidien, des situations personnelles, des délais à tenir, bref, de la routine d'un tournage.

En février, Audrey prit connaissance de la nouvelle mouture du scénario de *Vacances romaines*, qui n'était pas encore la dernière version. Le scénario ne serait définitif qu'au moment de la première prise.

Ce film avait déjà une histoire longue et compliquée derrière lui. Pour commencer, Dalton Trumbo avait écrit une histoire qui étaient restée non publiée. Puis son récit fut transformé en script par Ian McLellan Hunter, avec la collaboration de John Dighton. Ils n'étaient pas les premiers scénaristes à travailler sur ce sujet. Une équipe s'y était déjà attelée avec Frank Capra en 1946, qui envisageait alors de faire ce film. Ensuite, durant les débuts de Wyler, Valentine Davies et Preston Sturges furent chargés de s'attaquer à quelques scènes épineuses. Mais l'essentiel du script final est l'œuvre du brillant Ben Hecht, qui prit la relève du tandem Hunter/Dighton. Ben Hecht, comme souvent, se préoccupait moins d'être crédité comme scénariste que d'être payé pour son travail : il a ainsi écrit ou récrit plus de deux cents films mais n'apparaît au générique que pour soixante d'entre eux – on ne trouve par exemple pas trace de son nom dans *Autant en emporte le vent*, alors qu'il a rédigé la majeure partie du texte définitif.

Plus tard, alors que *Vacances romaines* était en pleine production, de grands auteurs italiens, Suso Cecchi d'Amico et Ennio Flaiano, récrivirent certaines scènes pour Wyler.

Ce qui ressemblait à une façon d'écrire plutôt brouillonne et inefficace est finalement fréquent dans ce milieu ; d'ailleurs, la plupart des chefs-d'œuvre du cinéma sont issus de ce genre de méthode, avec une bonne dose d'improvisation. Ainsi, le producteur David O. Selznick avait espéré que le script préparé par Sidney Howard et révisé par d'autres serait « bouclé » quand le tournage d'*Autant en emporte le vent* commencerait, mais d'importants remaniements de dernière minute durent être réalisés, et c'est à ce moment-là que le talent et la rapidité d'intervention de Ben Hecht se sont avérés décisifs.

Tandis que le processus de scénarisation et le planning de tournage se mettaient en place, Audrey – encore en train de jouer *Gigi* – devait reporter toute son attention sur d'autres types de préparatifs. En février, Edith Head, détachée des bureaux californiens de la Paramount, parcourait Manhattan avec son portfolio contenant des croquis pour les costumes d'Audrey. Cette Californienne à la vive intelligence, éduquée à Stanford, avait alors cinquante-cinq ans et se trouvait à l'apogée de sa profession. Elle était rigoureuse et ne tolérait pas les comportements capricieux, à l'intérieur ou à l'extérieur de son studio de création. On la voyait toujours chaussée de lunettes noires (l'idéal pour camoufler les signes de l'âge) qu'elle n'ôtait même pas pour les photographes ; sa chevelure noire était agrémentée d'une frange portée haut sur le front, à la manière de Louise Brooks dans les années 1920, et le timbre de sa voix était curieusement strident. Pas spécialement féminine ni très gracieuse, elle avait néanmoins conçu les plus somptueux costumes des grandes actrices hollywoodiennes. En personne ou par l'intermédiaire de son équipe des studios, elle travailla sur plus de sept cents films et reçut l'oscar des meilleurs costumes à huit reprises, un score sans précédent.

Durant sa carrière, qui s'étira sur soixante ans (d'abord pour la Paramount, ensuite chez Universal), Edith n'eut apparemment aucun ennui dans le milieu, peut-être parce qu'elle faisait preuve d'une grande discrétion et ne divulguait jamais rien concernant les stars qu'elle fréquentait et qui se confiaient volontiers à elle. Edith était diplomate (une rareté dans le milieu) et, malgré son côté guindé que beaucoup trouvaient déroutant, elle refusait de calomnier qui que ce soit. On pouvait être déçu qu'elle ne participe pas aux ragots généralement colportés dans les soirées, mais sa loyauté était tenue en haute estime. Pour ses deux premiers films, Audrey travailla main dans la main avec Edith, qui répétait à qui voulait l'entendre qu'aucune actrice ne lui avait jamais rendu la tâche aussi facile.

Audrey arriva la première fois à l'hôtel d'Edith vêtue d'un pull noir avec un col et des poignets blancs, un brin de muguet à la boutonnière, et des gants blancs. Edith estimait que « cette fille se trouvait bien au-delà de la notion de mode [...]. Elle se démarquait délibérément du look des autres femmes et mettait en scène son extrême minceur pour la transformer en un atout capital. »

Edith appréciait l'intelligence et la franchise d'Audrey. Rapidement, elle réalisa que la jeune actrice en savait plus sur la mode qu'aucune autre interprète, à l'exception de Marlene Dietrich.

« Mais ce qui m'impressionnait le plus, c'était son corps. Je savais qu'elle serait le mannequin parfait pour n'importe laquelle de mes créations. La tentation était grande de concevoir des vêtements qui seraient mis en valeur par elle, et non le contraire. J'aurais pu l'utiliser pour faire la démonstration de mes talents et amoindrir les siens. J'y ai pensé, croyez-moi. » Cette attitude témoigne du grand professionnalisme d'Edith Head – et aussi de l'insistance polie avec laquelle Audrey était parvenue à imposer ses propres idées.

Avec son mètre soixante-treize et son tour de taille d'une cinquantaine de centimètres, Audrey était un mannequin idéal. Elle ne portait pas d'épaulettes et refusait de rembourrer son corsage, ce qui n'était pas fréquent à l'époque. Aux croquis que réalisait Edith, elle ajoutait des modifications de son cru, révélant sa prédilection pour les hauts ras du cou, les ceintures larges et les souliers de ballerine. Elle considérait que les costumes qu'elle portait pour les tournages devaient être aussi personnalisés que ses propres vêtements. C'est pourquoi, avec autant de détermination que de gentillesse, elle ferait comprendre à tous les costumiers qui devraient l'habiller qu'elle ne porterait rien qui ne lui convienne pas ou qu'elle n'aurait pas arrangé à son goût.

Quand tout fut réglé avec Audrey, Edith quitta New York, laissant sa place à deux maquilleurs de la Paramount. En 1952, le maquillage prévu pour les films noir et blanc était exceptionnellement complexe et devait être exécuté avec précision ; le choix des cosmétiques et leur application pour chaque scène dépendaient à la fois du type de peau de l'actrice et de la personnalité de son personnage, de la lumière en extérieur ou en intérieur, des vêtements – et, bien entendu, du caractère de l'actrice elle-même. C'était le grand esthéticien italien Alberto De Rossi en personne qui devait s'occuper d'Audrey, tandis que Wally Westmore, de la Paramount, envoyait le matériel et les échantillons qu'il avait sélectionnés, avec des instructions d'utilisation bien spécifiques.

Appliquer d'abord l'anticernes n° 12 Hi Light sous les yeux, puis poudrer. Étaler le fond de teint compact 626-C sur l'ensemble du visage, tamponner l'excédent si besoin. Unifier pour éviter toute démarcation. Mélanger le compact 625-C et l'anticernes n° 12 Hi Light puis appliquer très légèrement sur la zone déjà traitée sous les yeux. Poser l'ombre à paupières bleu-gris et l'étirer doucement. Poudrer sous les yeux avant de continuer sur l'ensemble du visage puis sur les paupières. Attention : *ne pas poudrer trop abondamment. Elle devrait avoir une belle peau lumineuse : le maquillage ne doit pas avoir un rendu plat et terne. Donc, balayer au pinceau l'excès de poudre. Souligner la paupière supérieure d'un trait de crayon brun,* pas noir, *au ras des cils pour les épaissir. Poser un mascara brun sur les cils supérieurs. Appliquer le rouge à lèvres. Couvrir les autres parties du corps exposées à la caméra avec le fond de teint compact 626-C*[1].

Le contrat d'Audrey avec la Paramount était négocié depuis l'automne précédent, mais les détails de sa participation à *Vacances romaines* devaient encore être fixés. Finalement, le 20 mars, tout fut réglé. Audrey devait commencer à travailler le 1er juin à Rome ; son salaire était de 7 000 dollars pour douze semaines (payables à raison de 583 dollars et 33 cents par semaine), et de 250 dollars supplémentaires destinés à couvrir ses frais personnels. À titre de comparaison, la même année, la Twentieth Century Fox payait Marilyn Monroe (vingt-six ans) légèrement moins et sans aucun défraiement ; la Metro Goldwyn Mayer donnait 5 000 dollars par semaine à Elizabeth Taylor (vingt ans) plus quelques avantages en nature. Dans le même film qu'Audrey Hepburn, Gregory Peck, la vedette masculine, touchait un cachet de 100 000 dollars plus 1 000 dollars de frais.

« Je travaillais pour gagner ma vie, parce qu'il le fallait bien », tranchait Audrey, ajoutant cependant : « Mais j'étais une des plus chanceuses. Je faisais un métier que j'aimais et j'avais eu la bonne fortune d'être découverte par William Wyler. À partir de là, je

1. Alberto De Rossi devait apporter différentes modifications à ce mode d'emploi, en fonction de la lumière, de la météo et d'autres contingences. Mais il s'entendit si bien avec Audrey qu'elle le réclama pour cinq de ses films européens les plus importants ; sa femme, Grazia De Rossi, devint sa coiffeuse sur quatre d'entre eux.

tournais dans des films d'une telle qualité que j'acceptais de les faire pour le plaisir. Et j'aurais été folle d'agir autrement ! »

La dernière représentation de *Gigi* eut lieu le 31 mai ; quelques jours plus tard, Audrey partit avec James pour une échappée parisienne. À cause de la pièce, ils décidèrent de reporter leur mariage de juin à fin septembre, après le tournage de *Vacances romaines*. Audrey rentra de Paris le 12 juin et se rendit à Rome tandis que son fiancé retournait travailler à Londres puis à Toronto. Chacun supposait que le mariage aurait lieu dans le courant de l'automne, avant qu'Audrey parte en tournée américaine pour *Gigi*.

D'un point de vue contractuel et financier, *Vacances romaines* était officiellement le premier film américain d'Audrey Hepburn. Quant au tournage, les scènes extérieures étaient filmées à Rome et dans ses environs, les intérieures dans les studios de Cinecittà.

En dehors de la chaleur et de l'humidité qui régnaient sur la capitale italienne cet été-là, l'atmosphère sur le tournage était exceptionnellement agréable pour toute l'équipe, et chacun se plaisait à penser que la nouvelle venue y était pour beaucoup. « Elle fait partie de cette espèce en voie de disparition : une actrice qui étudie son art avec sérieux », déclara Wyler, pourtant peu enclin à se laisser impressionner par les stars montantes. Selon Gregory Peck, sa partenaire « n'avait en elle aucune trace de méchanceté ou de mesquinerie. Elle avait bon caractère, et les gens y étaient sensibles. Audrey ne se laissait pas aller à ces ragots, à ces commérages, aux bassesses qu'on voit dans ce boulot. Je l'aimais beaucoup ; je l'aimais, tout simplement. C'était facile de l'aimer. »

La plupart des gens prenaient cette dernière assertion pour ce qu'elle était – une déclaration d'amitié amoureuse et rien de plus. Mais, pendant des dizaines d'années, ceux-là mêmes auxquels Gregory Peck reprochait leur petitesse d'âme firent courir la rumeur d'une liaison entre lui et Audrey Hepburn. Il n'y avait pas l'ombre d'une preuve mais, malgré le silence des principaux intéressés en la matière, l'hypothèse d'une idylle se propagea de

Rome à Hollywood. Aujourd'hui encore, il se trouve des gens pour soutenir mordicus que c'était vrai, même si personne n'était là pour tenir la chandelle... En réalité, Gregory Peck venait à cette époque de rencontrer et courtisait celle qui allait devenir son grand amour, Véronique Passani, une journaliste française qui serait bientôt sa seconde épouse. En plus de cela, James Hanson s'empressait de venir passer chaque week-end avec Audrey et une partie de la semaine, lorsqu'il le pouvait. Ils consacraient beaucoup de temps, dans leur suite de l'hôtel Hassler, à préparer leur mariage.

Le bon état d'esprit de Gregory Peck et d'Audrey Hepburn, leur collaboration décontractée et leur parfaite entente crevait l'écran, cet été-là. Leur performance était absolument remarquable. Audrey se souvient que son partenaire la mettait « toujours très à l'aise avant de commencer une scène [...]. C'était une bonne équipe, joviale, sans personnalité caractérielle ou difficile à gérer sur le plan émotionnel. J'ai vite appris à me décontracter, en me laissant guider par Peck et Wyler. Je leur ai fait confiance, et ils ne m'ont jamais laissée tomber. » Pour Peck, la plupart des gens ne voyaient Audrey que comme une personne « majestueuse, royale, alors que j'aimais à penser qu'elle avait aussi beaucoup de cran. »

Pendant longtemps, Gregory Peck a répété aux journalistes qu'il avait saisi dès le début du tournage le caractère exceptionnel de la performance d'Audrey, et que ce film devait autant (sinon plus) au talent de la jeune actrice qu'au sien. Or, son contrat stipulait que son nom seul devait apparaître au-dessus du titre. Il tenait à changer cela : Audrey était superbe, elle finirait certainement par décrocher un oscar et son nom devait trouver sa place à côté du sien. L'agent de Peck rechigna, mais l'acteur ne renonça pas et, grâce à sa générosité, le nom d'Audrey fut bientôt accolé au sien en haut de l'affiche.

Gregory Peck, dans sa profession comme dans sa vie privée, jouissait d'une grande considération et avait la réputation d'être un homme très généreux. Beaucoup de gens avaient bénéficié de sa gentillesse et de son soutien ; le cercle de ses amis et de ses admirateurs était très large. Mais sa mémoire est inexacte sur cette histoire d'affiche. En réalité, comme le montrent les dossiers de la production de *Vacances romaines*, c'est Wyler et les gens des studios d'Hollywood qui eurent l'idée d'accoler les noms des deux stars, mais le contrat de l'acteur posait problème à ce sujet.

À la fin du tournage, Wyler retourna à Hollywood pour suivre les différentes étapes de la finalisation du film. Lorsqu'il regarda le premier montage et qu'il fut conforté dans la haute opinion qu'il se faisait du talent d'Audrey, il recommanda à la Paramount de revoir l'affiche. Le 20 janvier 1953, son assistant recevait cette réponse : « Ce que vous recommandez à propos d'Audrey Hepburn et de la manière dont elle devrait être présentée sur l'affiche n'est pas en accord strict avec le contrat que nous avons passé avec Gregory Peck. Nous ne voyons toutefois aucune objection à essayer d'obtenir son accord concernant ce changement, mais il faut son consentement. Expliquez cela à William Wyler ; qu'il transmette à Gregory Peck le document joint afin de valider la nouvelle affiche. »

Avant le 25 janvier, Wyler invitait Peck à déjeuner et lui faisait part de sa demande. L'acteur accepta, avec juste le regret de ne pas avoir eu lui-même cette idée – faute de quoi il arrangera un peu la vérité par la suite... Cependant, son agent, le pointilleux George Chasin, voulait revoir précisément les termes de cette modification du contrat de son client ; il refusait que le codicille entérine la terminologie suivante : « Gregory Peck et Audrey Hepburn, dans... » parce que, dans ce cas, les acteurs auraient tous deux été présentés sur un pied d'égalité. Le résultat de ce bras de fer légal et terminologique ne devait pas laisser planer le moindre doute quant à l'identité de la seule et unique star du film, ni sur la présentation de sa partenaire, débutante bien que brillante. L'affiche serait donc rédigée ainsi :

La Paramount présente
Gregory Peck
et pour la première fois

Audrey Hepburn
dans
une production de William Wyler
Vacances romaines

« Cette fille est vraiment très drôle, dira plus tard Gregory Peck. J'ai toujours pensé qu'elle aurait dû tourner davantage de comédies. Mais on lui accrochait une auréole au-dessus de la tête et cette image lui collait à la peau… En fait, on voulait lui faire jouer [diverses variantes] de *Vacances romaines*. Ce n'est pas qu'elle n'ait pas une belle carrière […] mais j'aurais aimé la voir dans de grandes comédies. » Or le problème ne tenait pas tant à l'image d'Audrey qu'à la piètre qualité des comédies proposées.

En tout cas, cet été-là, tout le monde appréciait l'humour terre à terre d'Audrey. L'équipe avait particulièrement aimé son histoire du chat errant devenu la mascotte du chœur de *High Button Shoes*, quand Audrey y était danseuse. Lorsqu'il commença à devenir entreprenant avec les chattes de certains membres de la troupe, on le fit stériliser. Puis on lui chercha un nom. « C'est facile, avait innocemment avancé Audrey. Il faut l'appeler Demain. Parce que demain n'arrive jamais… »

Audrey n'a jamais trouvé qu'il était facile de jouer. Un tournage est souvent assez chaotique, et elle était très sensible à la bruyante agitation régnant sur le plateau. Elle avait besoin de temps pour se préparer ; pour se concentrer et maintenir son attention, il lui fallait pouvoir s'isoler et se retirer au calme. En d'autres termes, Audrey n'était pas le genre d'actrice qui peut sans transition bavarder ou blaguer puis endosser son rôle et tourner une scène la minute suivante.

Elle aimait faire le clown mais elle aimait aussi tout ce qu'elle découvrait du métier d'actrice cet été-là : travailler dur, patienter des après-midi entiers, endurer de multiples retouches, ne pas se laisser distraire par la foule des Romains et des touristes attroupés devant le lieu du tournage. Elle ne rechignait pas davantage à faire et refaire toutes les prises que Wyler avait l'habitude de demander à ses acteurs. Un jour qu'il avait fait se succéder une cinquantaine de prises, Eddie Albert, également dans l'équipe, entendit le réalisateur déclarer très sérieusement : « C'était bien, mais on dirait que toute spontanéité a disparu ! »

Audrey était vive et exubérante, comme seule peut l'être une jeune femme ayant atteint une gloire soudaine en faisant ce qu'elle aime. Et le fait qu'elle était sur le point d'épouser un homme séduisant, fou amoureux d'elle au point de sauter dans un avion pour la rejoindre dès qu'il en avait l'occasion, ne diminuait certes pas ce bel enthousiasme.

Aujourd'hui encore, *Vacances romaines* n'a rien perdu de son charme. C'est une sorte de conte de fées à l'envers, intelligemment remis au goût du jour, combiné avec les éléments d'une comédie classique, plus un zeste de satire sociale délicatement exprimée. Pendant son escapade italienne, la princesse Anne (Audrey Hepburn), accompagnée par le journaliste Joe Bradley (Gregory Peck), commet d'innocentes et divertissantes « folies » : elle se fait couper les cheveux, fume sa première cigarette, s'achète – elle-même ! – des chaussures, va danser en discothèque et commet un excès de vitesse en apprenant à conduire une Vespa… Mais l'amour impossible de la jeune altesse avec le reporter s'achève avec autant de tendresse que de raison : chacun retourne à ses obligations, assume ses responsabilités et son destin…

On a souvent dit que l'histoire de la princesse Anne était calquée sur celle de la princesse britannique Margaret, qui tomba amoureuse d'un homme divorcé et plus âgé qu'elle, Peter Townsend. Sa famille et les membres du gouvernement la dissuadèrent de l'épouser. Mais leur histoire resta méconnue jusqu'en 1953, donc après le tournage de *Vacances romaines*, et ce n'est qu'en 1955 que les amours malheureuses de Margaret touchèrent à leur fin. « Nous n'établissons aucun parallèle » entre Anne et Margaret, précisait Wyler dans un document daté de 1951. Toutefois, des articles et coupures de presse sur la princesse Margaret avaient été utilisés par les scénaristes pour leurs recherches, afin d'acquérir « un bon aperçu de la vie d'une princesse moderne ». En résumé, ils ne se sont pas inspirés de sa vie privée (pour le peu qu'on en connaissait en 1952) mais de ses activités officielles et de son caractère pétillant. Lorsque le film fut terminé, Margaret avait vingt-deux ans.

Il ne semble pas exagéré de penser que *Vacances romaines* aurait été un fiasco si la performance d'Audrey n'avait pas été si naturelle, crédible, dense, intelligente et poignante. Elle arbore la prestance d'une vraie princesse dans les scènes où on la voit agir en souveraine, mais sait également montrer l'exubérance de la jeune femme qui se cache sous le protocole : elle danse, se désespère et s'émerveille en découvrant la ville avec le parfait abandon d'une adolescente. Dans aucune séquence elle n'apparaît sainte-nitouche, et il est impossible de se douter en la voyant jouer que Wyler lui avait fait tourner de multiples prises, tant elle semble fraîche et spontanée dans chaque scène.

Ce portrait à la fois nuancé et subtil, sans la moindre fausse note, sans une intonation maladroite, qui marque les débuts fulgurants de la jeune actrice, peut se comprendre de la manière suivante : Audrey *est* la princesse Anne. La fille de la baronne Van Heemstra, élevée à l'européenne dans le raffinement de l'étiquette, entraînée à suivre la discipline de fer d'un corps de ballet, éprouvée par la guerre et les privations, peut se reconnaître dans la personnalité d'une princesse Anne : spontanée, parfois nerveuse, une fille pleine de joie de vivre, qui sait profiter de l'existence lorsque l'occasion lui en est offerte. Anne/Audrey fait bien davantage que de lâcher ses cheveux, elle change de physionomie dans une scène inoubliable : lorsque le coiffeur saisit ses longues mèches épaisses et soyeuses puis les raccourcit pour arriver à cette coupe ultracourte qui restera toujours associée à la jeunesse d'Audrey, son visage exprime une émotion incandescente.

D'un certain point de vue, *Vacances romaines* comporte un petit côté burlesque qui rappelle la *screwball comedy*[1] et des films tels que *New York-Miami* (film de Frank Capra, avec Clark

1. Littéralement, « comédie déjantée » : sous-genre cinématographique burlesque dont les plus grands auteurs sont Howard Hanks, Frank Capra et Leo MacCarey. *(NDT)*

Gable et Claudette Colbert, 1934), ou *Vacances* (film de George Cukor avec Cary Grant, 1938). On retrouve d'ailleurs les thèmes récurrents de ce type d'histoires : le snobisme de classe inversé, qui exprime implicitement ou explicitement que les gens ordinaires sont moralement supérieurs aux riches ; le romantisme ; la rencontre entre une personne de riche oisif et une personne du peuple ; des situations rocambolesques ; la vivacité des reparties.

Mais le point d'orgue de *Vacances romaines* est finalement l'émotion : le bonheur est sacrifié au profit du devoir et des obligations envers le pays. Le film s'écarte alors radicalement de la *screwball comedy*, avec une fin qui ne cadre pas avec ce genre : la princesse Anne et Joe le journaliste ne vivront pas heureux jusqu'à la fin de leurs jours ; du moins, pas ensemble.

Cette impression douce-amère est soutenue par une utilisation adroite et drôle du conte de fées inversé. On voit d'abord la princesse, digne et froide, en tenue de grand apparat avec un diadème sur le front, faisant son entrée dans une réception spectaculaire ; elle reste figée dans son rôle pendant qu'on lui présente un interminable défilé de dignitaires venus lui présenter leurs hommages. Mais, pendant ce temps, ses pieds lui font mal, et la caméra glisse vers le sol : elle a retiré un soulier et le cherche en vain avec la pointe des orteils – Cendrillon a perdu son escarpin. Dans une séquence suivante, c'est la Belle au bois dormant (ou Blanche-Neige) qui rencontre le prince charmant, mais il ne parvient pas à la réveiller. À la fin de l'histoire, elle retourne à son palais, sans son prince, pour affronter son destin.

Il arrive parfois qu'un réalisateur parvienne à établir une symbiose parfaite entre un acteur et son personnage – une grâce improbable qui ne peut se prévoir ou se calculer à l'avance. David Wark Griffith a ainsi capté la force et la vulnérabilité de Lillian Gish dans *Le Lys brisé* (1919) ; Josef von Sternberg a saisi la nonchalance érotique et la quintessence de la féminité en filmant Marlene Dietrich dans *Shanghai Express* en 1932 (entre autres) ; Alfred Hitchcock a exalté la passion et l'idéalisme romantique d'Ingrid Bergman dans *Les Enchaînés* (1946) ; Federico Fellini a révélé la simplicité sans fard et la profonde humanité de son épouse, Giulietta Masina, dans *Les Nuits de Cabiria* (1957).

Dans cette lignée de réalisateurs, William Wyler, avec son exactitude et sa minutie, exploite la personnalité d'Audrey et la transfigure dans son rôle de princesse Anne. C'est une vraie révélation, qui va bien au-delà de l'intention du metteur en scène comme de l'actrice elle-même. Dans la plupart des films qui suivront, Audrey utilisera certains aspects de son caractère, que le public pourra ensuite reconnaître à travers ses personnages : son savoir-vivre et sa gaieté, son intelligence et sa subtilité, sa rigueur morale et l'empreinte d'une éducation stricte. Mais, dans *Vacances romaines* comme dans ses autres films, Audrey n'est jamais d'un seul bloc. Elle n'est pas attachée aux valeurs matérielles, elle est éthérée et changeante, comme une nymphe qui saurait tour à tour se montrer grave et royale puis pétillante et insaisissable, majestueuse ou évanescente, selon le moment.

Cependant, en 1952, Audrey Hepburn ne pouvait pas encore être considérée comme une artiste chevronnée. Il arrivait d'ailleurs que certaines scènes posent problème. Par exemple, à l'instar de bien des acteurs, elle n'arrivait pas à pleurer sur commande. En pareille situation, on pouvait toujours avoir recours aux larmes artificielles. Ou à un autre subterfuge...

« Quand nous sommes arrivés à la dernière scène, se rappelle la star, nous étions dans la voiture de Greg, je devais lui dire au revoir et partir pour redevenir une princesse. J'étais censée avoir le cœur brisé. Seulement, je n'arrivais pas à pleurer. Je faisais semblant, mais ça n'allait pas du tout. Je manquais de larmes... Alors on a essayé la glycérine. On a fait prise sur prise, et ça n'était toujours pas bon. Willy [Wyler] s'est planté devant moi et m'a fait vivre un enfer. "Combien de temps crois-tu qu'on va encore attendre ? Tu ne peux donc pas chialer un bon coup, pour l'amour du ciel ? Tu devrais enfin savoir jouer, maintenant !" J'étais tellement secouée qu'il soit si furieux contre moi que j'ai commencé à sangloter. Il a fait la prise, et ensuite il m'a serrée dans ses bras pour me consoler. C'est comme ça qu'on apprend. Il savait qu'il ne servait à rien de m'expliquer comment faire : il fallait juste me faire vraiment pleurer. »

Pendant le tournage, Gilbert Miller envoyait régulièrement des mémos aux bureaux de la Paramount, à Los Angeles et à Rome, afin de rappeler qu'Audrey était contractuellement attendue à New York le 1er octobre 1952 pour commencer la tournée nationale de *Gigi.* La Paramount calcula donc que le 30 septembre serait le dernier jour d'Audrey à Rome et qu'elle pouvait tourner pour eux jusque-là. Quelqu'un s'était même dit que, si elle devait se trouver à New York le 1er octobre, elle pouvait prendre un avion pour s'y rendre depuis Rome le jour même : avec le décalage horaire, elle arriverait effectivement aux États-Unis dans la soirée du 1er octobre… Elle serait bien entendu incapable de travailler à cette date, mais les termes du contrat seraient néanmoins respectés. La Paramount ne prenait pas ses projets de mariage en compte, d'autant que personne n'avait abordé la question lorsque le planning de tournage avait été élaboré fin mai.

Tout cela promettait beaucoup de complications.

Début juillet, James Hanson s'efforça de convaincre la Paramount d'accélérer le tournage. Audrey voulut le dissuader d'intervenir mais ses protestations ne réussirent qu'à le rendre encore plus insistant : il voulait être son protecteur contre la pression venue de Hollywood, et obtenir le temps nécessaire à la préparation de leur mariage.

Le 8 juillet, Hanson écrivit à Henry Henigson, le producteur exécutif de la Paramount sur *Vacances romaines* : « Il semble possible pour Miss Hepburn de repartir pour New York par le *Queen Elizabeth* le 24 septembre. Miss Hepburn souhaite pouvoir prendre le bateau à Southampton, dans la mesure où elle doit régler certaines affaires dans ce pays [l'Angleterre] avant de repartir. » Il se réfère ensuite à une lettre précédente, où il demande que le tournage s'arrête début septembre, ce qui leur aurait permis d'avoir plus de temps pour préparer le mariage, événement que, curieusement, il ne mentionne pas dans cette même missive.

Début août, le planning de fin de tournage est repoussé au 25 septembre, en raison des retards pris et pour l'enregistrement de la bande-son. Ce qui ne laisse plus à James et Audrey qu'une seule petite semaine pour se marier et partir en lune de miel express avant de retourner travailler aux États-Unis.

Si désireuse fût-elle de se marier, Audrey comptait honorer ses engagements professionnels : elle dit à James qu'elle était désolée mais qu'elle n'avait pas la maîtrise du planning de tournage et qu'il comprenait certainement la nécessité d'enchaîner comme convenu sur la tournée de *Gigi*. Pourquoi dans ces conditions ne pas se marier à New York ? lui demanda-t-elle. Il n'était pas d'accord : après tout, sa famille avait certaines attentes sociales.

Durant ces semaines de chaleur étouffante s'ajouta une autre contrariété. Les tabloïdes anglais publièrent des photos du séduisant James Hanson avec diverses belles actrices ou mondaines à son bras, pendant des soirées à Londres ou Paris, ou à la sortie de night-clubs…

Le 12 août, Hanson reprit sa plume et demanda cette fois à Henry Henigson qu'Audrey soit libérée à la mi-septembre afin que leur mariage puisse avoir lieu à Londres avant de retourner à New York pour la tournée théâtrale : « Notre projet est de quitter Rome le 21 septembre pour aller à Londres. » Ce qui, comme il devait bientôt le comprendre, se révélait impossible à accomplir. Cinq jours plus tard, et probablement à son instigation, la presse anglaise relayait l'information suivante : « Audrey Hepburn, l'actrice britannique, et James Hanson, dont la famille possède plusieurs entreprises de camionnage et d'autobus en Angleterre et au Canada, se marieront le 30 septembre prochain. Miss Hepburn, la partenaire de Gregory Peck dans *Vacances romaines*, actuellement en tournage en Italie, a précisé que la cérémonie se déroulerait en la chapelle d'Huddersfield, dans le Yorkshire, en Angleterre. »

À la suite de quoi les producteurs américains de la Paramount – qui n'étaient pas prévenus de tels projets – contactèrent Audrey. On lui proposait de garder, à la fin du tournage, la splendide garde-robe qui avait été conçue exclusivement pour elle, de même que les accessoires, les sacs, les chaussures, les chapeaux et les bijoux de son personnage. Les studios lui demandaient d'accepter tout cela en guise de cadeau de noces.

Très rapidement, la situation prit une tournure telle qu'Audrey Hepburn annonça la rupture de ses fiançailles avec James Hanson. « Nous avons décidé que ce n'était pas le bon moment pour nous marier, dit-elle aux journalistes. Mon emploi du temps m'oblige à tourner un film ici, puis à remonter sur scène, puis à me rendre à Hollywood. James devrait passer la majeure partie de son temps en Angleterre ou au Canada pour ses affaires... Ce serait trop difficile pour nous de mener une vie conjugale normale. » La presse n'ajouta rien de plus.

Les manières autoritaires de James, ses agissements péremptoires et son manque de discernement sur le plan affectif lui avaient coûté sa fiancée. Mais Audrey avait encore d'autres sujets de préoccupation. Ella avait mal choisi ses deux maris, et ses deux mariages s'étaient soldés par des divorces : un schéma que sa fille ne voulait pas répéter. Elle pensait devoir réussir là où Ella avait échoué. Audrey ne voulait surtout pas que ses futurs enfants soient aussi malheureux qu'elle-même avait pu l'être.

Elle débarqua donc seule à New York, le jour convenu. Gilbert Miller et l'équipe (dont certains membres avaient été remplacés par d'autres) remarquèrent son excessive exubérance et son énergie. Audrey affirma qu'elle était heureuse de rentrer, que le tournage à Rome avait été merveilleux, inoubliable... Quant à sa vie privée, elle n'en dit pas un mot.

Les mois suivants, la tournée de *Gigi* l'emmena dans des endroits qu'elle ne soupçonnait même pas, partout à travers le pays. Elle joua à Baltimore, à Pittsburgh, à Cincinnati, à Detroit, à Chicago et à San Francisco.

Une route qui devait la mener jusqu'à Hollywood.

Chapitre six
1953

En 1952, le succès inattendu de *Gigi* à Broadway avait reporté le tournage de *Vacances romaines* et causé aux producteurs des studios Paramount des tracas financiers et logistiques plus importants que la moyenne. Mais ils se détendirent bientôt car la tournée théâtrale – d'octobre 1952 à juin 1953 – coïncidait avec la production définitive du film et la finalisation de l'arrangement musical ; pour cette fois, le timing était parfait aux yeux de la Paramount. Tandis qu'elle parcourait les États-Unis, Audrey en profitait pour prendre de l'avance dans la promotion de son film. Si bien qu'en mars, alors qu'elle s'apprêtait à jouer pendant deux semaines au Biltmore Theatre de Los Angeles, on ne pouvait pas ouvrir un journal ou un magazine américains sans tomber sur la sortie prochaine de *Vacances romaines.*

« Nous étions là pour lui constituer un rempart contre la presse quand c'était nécessaire, ou pour autoriser les journalistes à la voir quand c'était utile », affirme Arthur Wilde, alors chargé des relations publiques pour la Paramount auprès d'Audrey à Los Angeles. « Bien entendu, elle était chic et réservée face au public, elle savait exactement ce qu'elle faisait, et elle le faisait à sa façon. C'était facile de travailler avec Audrey, elle était toujours coopérative et jamais hautaine – en fait, c'était elle, la meilleure RP ! Mais il était évident qu'elle n'avait pas l'intention d'être l'instrument de la Paramount. »

Selon Wilde, la Paramount avait un souci : Audrey avait une poitrine assez plate et un visage presque « gamin ». Elle était une anomalie parmi les stars américaines dominées par Marilyn Monroe et Elizabeth Taylor. « La tâche délicate m'a été dévolue de lui expliquer que les studios lui demandaient de rembourrer son soutien-gorge, à l'écran comme à la ville. Mais elle est restée inflexible, elle ne voulait rien changer à son apparence. Elle serait elle-même ou personne ! Et, bien sûr, elle avait raison. Elle a lancé un nouveau style aux États-Unis et, en 1953, elle était la star qui ne ressemblait à personne. La presse n'avait jamais vu quelqu'un comme elle. »

Cette année-là, la presse s'emballait sur les prochains tournages d'Audrey et se perdait en conjectures. Le réalisateur Joseph L. Mankiewicz, qui avait assisté à une projection privée de *Vacances romaines*, voulait qu'elle soit la partenaire de John Gielgud pour son adaptation de Shakespeare, *La Nuit des rois*. Quant à Gielgud, il se voyait plutôt avec elle dans une adaptation de la pièce *L'École de la médisance*. Au même moment, on annonça qu'elle serait aux côtés de Laurence Olivier, sous la direction de Peter Brook, pour jouer dans *L'Opéra des gueux*. Et aussi qu'elle tiendrait la vedette dans une comédie française, *La Cuisine* ; qu'elle irait à Venise pour donner la réplique à Yul Brynner dans *La Fille à la casquette* ; ou qu'elle serait face à Marlon Brando dans *Désirée*.

Audrey fut aussi amusée de voir qu'on lui proposait le rôle d'une épouse japonaise dans *Sayonara*, également avec Brando. Mais elle répondit sans hésiter : « Il n'est pas crédible que je joue une Orientale. Personne n'y croirait, les gens riraient. Le scénario est charmant [...]. Mais je sais ce que je peux faire ou pas. Et, si jamais vous arriviez à me persuader, vous le regretteriez, parce que le résultat serait désastreux. » Aucun de ces projets plus ou moins fantaisistes ne suscita de vraie négociation avec la Paramount, qui de toute façon avait déjà prévu un second film pour sa nouvelle star.

Les années 1940 et 1950 furent vraiment une période remarquable pour le théâtre. Des membres des studios se rendaient très souvent à New York pour négocier avec les agents du milieu du théâtre, afin d'acquérir les droits de certaines pièces avant même qu'elles aient été jouées. En plus des nombreuses comédies musicales à succès qui étaient adaptées au cinéma s'ajoutaient les films basés sur des œuvres littéraires, comme celles de Tennessee Williams (*Un tramway nommé désir*), William Inge (*Reviens, petite Sheba*), Robert Anderson (*Thé et Sympathie*), Arthur Miller (*Mort d'un commis-voyageur*), Eugene O'Neill (*Le deuil sied à Électre*) et Carson McCullers (*Frankie Addams*), parmi bien d'autres.

Sabrina, une comédie de Samuel Taylor, était programmée pour une première à Broadway en novembre 1953 et, bien avant le début des répétitions à New York, la Paramount s'empressa d'acquérir les droits pour l'adaptation au cinéma. Billy Wilder, un de ses réalisateurs à succès, acceptait d'ajouter *Sabrina* (le titre original, *Sabrina Fair* – « Blonde Sabrina » – ayant été raccourci) à son impressionnante filmographie ; il avait déjà tourné *Assurance sur la mort, Le Poison* et *Boulevard du crépuscule*[1].

Quelques mois avant les répétitions au théâtre, Samuel Taylor avait fait le voyage de New York à Hollywood pour travailler sur le scénario avec Wilder.

Sa comédie en quatre actes raconte l'histoire des Larrabee, richissimes industriels qui vivent dans une fastueuse résidence de Long Island, près de New York. Ils emploient une armada de domestiques auxquels ils n'accordent pas la moindre attention. Mais la fille du chauffeur, la belle Sabrina Fairchild, qui revient d'un séjour de cinq années à Paris, fait soudain sensation. La jeune femme est devenue une « femme du monde » (cette expression sera le sous-titre de la pièce de Taylor) ; les deux frères Larrabee, qui ne l'avaient même pas remarquée avant son

1. Samuel Taylor s'était inspiré d'un poème du XVIIe siècle, *Comus*, de l'Anglais John Milton, évoquant une nymphe…

Blonde Sabrina,
Écoutez d'où vous siégez
Sous la miroitante, fraîche et transparente vague
En nattes tressées de lys s'entremêlant
La libre chute de votre chevelure d'ambre
Écoutez pour l'amour de l'honneur perdu
Déesse du lac d'argent
Écoutez et épargnez !

départ, entrent en compétition pour la conquérir… Qui gagnera son cœur, pour autant qu'elle veuille choisir l'un d'eux ?

Mais le dénouement de la pièce importe moins que son déroulement et les personnages sont tous très travaillés et complexes. (La pièce se prolongera finalement pendant neuf mois, soit 318 représentations au total…)

L'intelligence littéraire de Samuel Taylor, son style élégant, ses préoccupations humanistes et la connotation sociale de *Sabrina Fair* étaient inadaptés à Hollywood. Wilder insista pour une complète révision du texte, que son contrat lui autorisait parfaitement à exiger. Après deux mois de travail avec le réalisateur, Taylor s'aperçut que sa pièce, ses personnages et les thèmes abordés étaient devenus méconnaissables. Il comprenait pleinement quels changements, modifications, suppressions et transpositions étaient nécessaires pour concocter un film à succès, mais il ne pouvait accepter le saccage absolu de sa pièce. (Taylor donnera toute la mesure de son talent de scénariste dans *Sueurs froides*, mis en scène par Alfred Hitchcock, qu'il retravaillera seul après le premier jet catastrophique d'un autre scénariste.)

Taylor avait l'impression, à juste titre, que Wilder voulait rendre sa délicate comédie vulgaire. C'est pourquoi, très en colère mais aussi poli qu'à son habitude, l'écrivain fit ses adieux à Wilder et regagna New York, où il pouvait assister, avec une vraie satisfaction cette fois, aux répétitions de sa pièce.

Ernest Lehman, qui venait juste de terminer le script de *La Tour des ambitieux*, et qui était aussi à l'aise avec les mondains qu'avec les hommes d'affaires, fut alors engagé pour revoir le scénario avec Wilder. Déjà chevronné, il écrirait plus tard d'autres scénarios inoubliables, tels ceux du *Roi et Moi*, du *Grand Chantage* (basé sur sa propre histoire), de *La Mort aux trousses*, de *West Side Story* et de *La Mélodie du bonheur*. Mais il pouvait se montrer tout aussi buté que Billy Wilder et leur relation était souvent difficile, lorsqu'elle ne tournait pas à la franche hostilité. Malgré tout, ils avancèrent cahin-caha sur le texte, encore en phase d'élaboration, lorsque la réalisation démarra enfin, début octobre.

Pendant que Wilder et Lehman travaillaient sur le scénario de *Sabrina* et que la Paramount validait une date de début de tournage à l'automne, Audrey achevait sa tournée théâtrale par une représentation à guichets fermés de *Gigi* à San Francisco. Edith Head débarquait au même moment avec les croquis des costumes pour le prochain film. D'après elle, « Hepburn réalisait maintenant qu'elle était une star, et manifestait plus d'exigence concernant ce qu'elle devait porter » que pendant la préparation de *Vacances romaines*.

Audrey affirmait avec politesse son indépendance – ce à quoi Edith Head, avec son côté très maîtresse d'école, n'était pas accoutumée... Arthur Wilde avait remarqué l'attitude devenue autoritaire de la jeune actrice. Mais elle savait simplement mieux que personne quels vêtements lui convenaient le mieux, ainsi qu'à son personnage. Le choix définitif de sa garde-robe devait attendre un séjour à Paris, où elle désirait voir les dernières tendances de la mode.

Edith apprit dans la foulée que Billy Wilder et le producteur exécutif de la Paramount, Don Hartman, avaient permis à Audrey d'acheter la garde-robe de *Sabrina* à Paris, comme si elle faisait son propre shopping : de cette manière, la Paramount ne serait pas obligée de mentionner des créateurs étrangers au générique du film, ni de payer des taxes ou des frais de douane. Audrey pourrait porter ces vêtements en Europe, et ainsi les faire enregistrer avec elle en tant qu'effets personnels ; les studios rembourseraient tous ces achats dès son retour.

Avant cela, Audrey et Edith s'étaient retrouvées à San Francisco et, pendant une journée de shopping, la jeune star réussit à entraîner la costumière dans une pâtisserie française pour y déguster une douceur...

Le 20 juin, alors que les festivités pour le couronnement de la reine Élisabeth II[1] battaient leur plein, Audrey se rendit à Londres pour la première de *Vacances romaines*. Elle y resta avec sa mère,

1. Qui avait eu lieu dix-huit jours plus tôt. (*NDT*)

qui travaillait dans la capitale britannique. La baronne avait prévu plusieurs réceptions en l'honneur d'Audrey, de William Wyler, de Gregory Peck et de la fine équipe de la Paramount.

Le photographe, créateur et scénographe Cecil Beaton assista à l'une de ces soirées, le 23 juillet ; Gregory Peck était accompagné par l'acteur-réalisateur-écrivain Mel Ferrer, qui confia à Beaton qu'Audrey était « la personnalité incontournable du moment ». Quant à Beaton, il fit une description bien plus originale : « Enfin, la fille [de la baronne] apparut. Un nouveau genre de beauté : une bouche large, des traits mongols fins et plat, des yeux lourdement soulignés, une coiffure en forme de noix de coco, de longs ongles sans vernis, une silhouette merveilleusement souple, un long cou, mais peut-être trop décharné. Le succès cinématographique avait l'air de ne produire qu'une faible impression sur ce délicieux être humain. Elle semble prendre toute cette adulation avec de la gratitude, et non gonflée d'orgueil. Tout était simple autour d'elle et pour elle : pas de domestique pour l'aider à s'habiller ou pour répondre à la porte aux invités qui avaient maintenant commencé à s'éparpiller dans la pièce [...]. En un instant, je découvris son charme spirituel, et cette poignante impression d'enfant abandonnée qu'elle inspirait. »

Beaton devint un de ses admirateurs, et collaborerait avec elle un peu plus tard. En revanche, entre Mel Ferrer et Audrey, l'alchimie fut d'un autre ordre. Il lui dit combien il avait apprécié sa prestation dans *Vacances romaines* ; elle lui répondit qu'elle avait savouré son interprétation dans le film *Lili*[1]. En réalité, ces urbanités ne masquaient qu'à grand-peine l'attirance physique qu'éprouvaient l'un pour l'autre l'ingénue de vingt-quatre ans et le courtois vétéran du grand écran de douze ans son aîné. Ils finiraient par se marier.

Plus d'un mètre quatre-vingts, svelte et attentionné, Melchior Gaston Ferrer est né le 25 août 1917 dans une famille riche et

1. De Charles Walters, avec Leslie Caron, 1953. (*NDT*)

cultivée du New Jersey. Son père était un chirurgien américano-cubain installé à New York et très respecté, et sa mère une grande mondaine. L'une des sœurs et un neveu de Mel travailleraient plus tard comme journalistes pour le magazine *Newsweek*, tandis qu'une autre sœur deviendrait une éminente cardiologue ; un de ses frères, José, serait également médecin. Mel avait quant à lui suivi des études à l'université de Princeton pendant deux ans, avant d'entamer une carrière d'acteur (il monta et joua de nombreuses pièces de Shakespeare) et de danseur. Il avait également fait ses preuves en tant qu'écrivain : après avoir été le rédacteur en chef du journal d'une petite ville de Nouvelle-Angleterre, il avait écrit un livre pour enfants exaltant les liens entre père et fils, *Tito's Hats* (« Les Chapeaux de Tito »), publié en 1940.

En 1953, Mel avait déjà été marié trois fois. En 1927, il avait épousé à l'âge de vingt ans la sculptrice et actrice Frances Pilchard, dont il avait eu deux enfants. Après leur divorce, il s'était marié avec Barbara Tripp, qui lui avait aussi donné deux enfants. En 1942, il divorça de nouveau pour se remarier avec sa première femme, qui était toujours son épouse légitime lorsqu'il rencontra Audrey en ce mois de juillet.

Entre septembre 1938 et décembre 1940, Mel avait joué des rôles de moindre importance dans trois pièces de Broadway. Grâce aux soins de son père et à une grande force de volonté, il était venu à bout d'une attaque de poliomyélite. Il avait ensuite travaillé comme disc-jockey au Texas et dans l'Arkansas avant de revenir à New York, plein d'ambitions théâtrales. Il y avait beaucoup d'appelés mais peu d'élus... Cependant Mel était élégant, parlait bien et avait beaucoup de style, ce qui impressionna Harry Cohn, des studios Columbia. Il l'engagea pour réaliser un film à petit budget en 1945, et le résultat fut désastreux. Par la suite, Mel dirigea à Broadway l'acteur José Ferrer (qui n'était pas un de ses parents) dans *Strange Fruit* et *Cyrano de Bergerac* ; cette dernière pièce remporta un énorme succès.

Ignorant que la mise en scène de *Cyrano* avait été entièrement remaniée par un autre metteur en scène avant la première, le fameux producteur David O. Selznick ramena Mel à Hollywood, où celui-ci joua et réalisa divers films, peu mémorables. À cette époque, il rencontra plusieurs acteurs également embauchés par Selznick, avec lesquels il se lia d'amitié : Gregory Peck, Joseph Cotten, Dorothy McGuire et Jennifer Jones (la seconde Mme Selznick). Ils créèrent une compagnie d'acteurs basée à La Jolla, près de San Diego, où ils présentèrent une série de pièces étonnamment peu convaincantes. Cette entreprise tourna bientôt court[1]. Mais Mel sut utiliser son réseau relationnel et fut engagé par la MGM pour jouer dans *Lili*.

Pendant la semaine de leur rencontre, Mel, avec toute la témérité que provoque un vrai coup de foudre, suggéra à Audrey de remonter sur scène pour interpréter une autre pièce française, mais quelque chose d'un peu plus romantique que *Gigi*, écrit par un auteur un peu plus « mystique » que Colette. Si jamais une telle pièce se présentait, voudrait-elle partager l'affiche avec lui ? Elle était d'accord ! Par la grâce de leur complicité et de leur idylle quasi instantanée, Mel imaginait un futur radieux pour eux deux, avec de grands rôles aux côtés l'un de l'autre, comme Vivien Leigh et Laurence Olivier… Il se précipita chez lui et avoua à son épouse Frances Pilchard, avec une franchise désarmante, dans quel état d'esprit il se trouvait. Ainsi eut-il droit à son troisième divorce.

« C'était fascinant de regarder Mel en compagnie d'Audrey », dira Radie Harris, une journaliste respectée de Hollywood qui le connaissait depuis 1936. « Après leur première rencontre, Mel ne l'a plus laissée partir, et ils sont devenus inséparables. »

Pas autant, cependant, que Mel l'aurait souhaité. Il devait repartir pour Londres afin de terminer le doublage de son

1. La compagnie de La Jolla devait cependant renaître de ses cendres en 1983 sur le campus de l'université de San Diego. C'est aujourd'hui une troupe de théâtre très réputée et une pépinière de talents.

personnage du roi Arthur dans *Les Chevaliers de la Table ronde*, de Richard Thorpe, pendant qu'Audrey et sa mère partaient pour quelques jours de vacances en France, à Saint-Jean-de-Luz, dans le Sud-Ouest. De là, elles remontèrent à Paris afin de choisir la garde-robe pour *Sabrina*. C'est ce choix qui devait fonder le look unique d'Audrey Hepburn, dans ses films comme dans la vie.

Fin juillet, elle se présenta à l'atelier de couture d'Hubert de Givenchy, rue Alfred-de-Vigny, de l'autre côté du parc Monceau. Grand aristocrate très attiré par les stars du cinéma, M. de Givenchy avait été inspiré par les maisons Balenciaga et Schiaparelli ; mais il était très occupé cet été-là à préparer sa première collection. Plein d'énergie, sophistiqué et extrêmement organisé, il était la figure même du patricien, mais sans une once d'affectation et dépourvu de manières pompeuses.

Son assistant lui annonça que Miss Hepburn venait d'arriver pour son rendez-vous. En réalité, il s'attendait à recevoir son homonyme, Katharine, et au lieu d'elle rencontra quelqu'un « qui ressemblait à un animal fragile. Elle avait de si beaux yeux, elle était si mince. Et elle ne portait pas de maquillage ! » Audrey était en pantalon et tee-shirt court, avec des ballerines aux pieds et un chapeau de paille rappelant celui des gondoliers, sur le ruban duquel était écrit « Venezia ». Tout impressionné qu'il était par son charme primesautier, le grand couturier n'avait pas le temps de s'occuper de sa garde-robe pour *Sabrina*. Et pourtant, il le prit… Il lui demanda de regarder sa collection de prêt-à-porter. Sur les portants, Audrey sélectionna un tailleur de laine gris : exactement ce qu'elle cherchait pour la scène où Sabrina revient à Long Island, métamorphosée par son séjour parisien.

Puis elle prit une robe-bustier blanche ajustée, rebrodée d'un motif floral en soie noire, avec une traîne amovible : elle serait idéale pour faire son entrée dans la réception où David Larrabee remarque que Cendrillon est devenue une princesse. Enfin, Audrey choisit une robe de cocktail noire avec un col bateau échancré, maintenu aux épaules par de petits nœuds.

En ce jour d'été, Audrey quitta les ateliers de Givenchy avec des vêtements somptueux pour son film ; elle avait aussi trouvé une amitié qui s'avérerait indéfectible[1]. Durant les quarante années qui suivirent, leur respect et leur attachement mutuels grandirent pour se muer en un sentiment qui allait bien au-delà de la simple relation du styliste et de son modèle, ou du couturier et de sa cliente. Ils se trouvèrent des affinités : ils aimaient les jardins, la bonne chère, les petits plats et le bon vin ; l'amour de la vie leur apportait un raffinement naturel et la notion de style prenait alors tout son sens. « Il y a peu de gens que j'aime davantage, disait Audrey de son ami Hubert. Il est la seule personne que je connaisse qui ait une telle intégrité. »

Le styliste, pour sa part, sentait qu'elle « savait toujours ce qu'elle voulait et quels étaient ses objectifs. C'était une personne très précise, et une professionnelle accomplie. Elle n'était jamais en retard et ne piquait jamais de crise de colère. Au contraire de beaucoup de ses illustres collègues, elle ne se comportait pas en star capricieuse. Elle savait exactement comment façonner une image forte et indépendante d'elle-même. Cela s'étendait naturellement à sa façon de s'habiller ; ainsi, elle personnalisait les vêtements créés à son intention en ajoutant toujours un petit détail intime qui mettait l'ensemble en valeur. »

Le milieu du cinéma et l'industrie de la mode sont notoirement minés par des gens qui privilégient l'artifice et les illusions au détriment de la réalité et de l'essentiel. En créant et présentant les costumes de cette femme si particulière, Givenchy, avec Audrey Hepburn, donnait l'exemple du respect de l'individu. À eux deux, ils incarnaient une élégance épurée qui invitait autrui à rechercher son propre style (sans dépenser nécessairement beaucoup d'argent), et non à imiter aveuglément le leur. À la beauté de l'apparence devait s'adjoindre celle de l'esprit.

1. Après *Sabrina*, Givenchy dessinera pour Audrey les costumes de *Drôle de frimousse, Ariane, Diamants sur canapé, Charade, Deux Têtes folles* et *Comment voler un million de dollars*. En 1954, il fit fabriquer un mannequin à ses mesures, qui restèrent les mêmes jusqu'à la fin de ses jours.

Audrey était à New York le 27 août, pour la première nationale de *Vacances romaines.* Les critiques américaines – bien plus enthousiastes que celles de la presse anglaise – la plaçaient définitivement au plus haut rang de la célébrité : « Une jeune actrice remarquable [...]. La nouvelle star de la Paramount brille avec tout l'éclat d'un diamant magnifiquement taillé [...]. Par la magie de sa présence, Audrey Hepburn hisse le film au plus haut niveau de la comédie [...]. Miss Hepburn est une actrice d'une distinction rare. »

Du point de vue de la jeune femme, la « distinction rare » évoquée par les médias n'avait rien d'évident ; en effet, elle avait développé une grande suspicion face à l'euphorie exprimée par les journalistes. « Je dois essayer de garder mon équilibre à propos de tout cela », disait-elle à cette époque.

« Je veux conserver l'impression que tout cela arrive à quelqu'un d'autre et, en même temps, me faire une juste idée de ma propre valeur et de mon mérite. Vous comprenez, j'ai toujours atteint ce qui était juste au-dessus de ce que je croyais être à ma portée. Si j'ai été capable d'y parvenir, c'est parce que j'ai saisi chaque opportunité qui se présentait et que j'ai travaillé dur pour ça. Rien ne vient facilement. Sur scène, quand je dansais dans des comédies musicales, j'étais cette fille rigide et tendue, entraînée pour faire partie d'un ballet, qui devait regarder les autres pour savoir quoi faire. Au théâtre, dans *Gigi*, j'ai joué sans avoir l'expérience de la scène. La pièce a été un succès aux États-Unis et on a dit des choses gentilles sur moi. Mais, pendant les seize mois de représentations, je n'ai pas cessé d'apprendre. Ce n'est qu'au moment de la dernière représentation que j'aurais été prête à jouer pour la première. Et puis il y a eu *Vacances romaines* – j'y suis arrivée une fois de plus. En dehors de cette vie curieuse des studios, avec les caméras, les lumières, le bruit et l'énervement, je devais essayer de donner à voir une véritable interprétation. »

Et, concernant les divagations de la critique : « C'est un des moments les plus pénibles de ma vie. En ce moment, je ne suis rien d'autre qu'une star de la publicité. J'ai été faite par les journalistes. Mais ce qu'ils ont fait de moi n'est qu'une ombre. Je ne peux prendre corps que grâce à l'approbation du public. »

Comme d'habitude, la presse voulait connaître ses projets de mariage. « Je ne peux pas me marier maintenant. Le mariage est un boulot à plein temps. Cela demande plus de talent que pour jouer. Je ne peux pas faire les deux en même temps et les faire bien [...]. J'ai appris à faire sans. » À propos de Mel Ferrer, qui était son cavalier de tous les instants à New York, pendant les événements liés à la première du film – et qui n'était pas encore officiellement libéré de son troisième mariage –, Audrey répondait froidement qu'elle ne serait jamais Mme Mel Ferrer, et c'est vraiment ce qu'elle croyait. Lorsqu'elle se marierait, ajouta-t-elle, personne n'oserait demander si elle avait déjà été mariée : « Quand je me marierai, ce sera pour de bon. » En attendant, elle n'était pas insensible au charme de Mel, et ils passaient tout le temps qu'ils pouvaient ensemble, en attendant le départ de l'acteur pour un tournage italien. Ella, de son côté, ne se gênait pas pour rappeler à sa fille que James Hanson, au moins, ne présentait pas l'inconvénient d'avoir *déjà* une épouse !

Le tournage de *Sabrina* semblait prêt à démarrer en septembre, mais il y eut quelques contretemps. Wilder et Lehman continuaient à s'échiner sur le scénario, en partie parce que la pièce prévoyait de se dérouler dans différents lieux de Manhattan et de Long Island. Une autre difficulté résidait dans les dialogues pleins d'esprit et d'allusions de Samuel Taylor, certes pertinents pour ses personnages aristocratiques, et parfaits pour le théâtre new-yorkais de l'époque, disait Wilder, mais auxquels manquait l'humour grinçant et sexy tant prisé par le grand public du cinéma.

Les problèmes se multipliaient. Cary Grant avait accepté de jouer le rôle de Linus Larrabee, le fier industriel qui n'avait pas le temps de tomber amoureux… jusqu'à ce qu'il craque pour Sabrina. Et William Holden, qui avait déjà tourné dans plusieurs films de Wilder (*Boulevard du crépuscule* et *Stalag 17*), devait incarner son play-boy de frère, David. Mais Cary Grant, qui avait presque cinquante ans, commença à se rétracter alors que la date approchait, prétextant un engagement pris avant : en réalité, il appréhendait de jouer face à la si jeune Audrey et à ses vingt-quatre printemps. Wilder ne réussit pas à le convaincre. (L'année suivante, Alfred Hitchcock y parvint, et Cary Grant joua avec bonheur dans *La Main au collet*, aux côtés de Grace Kelly, qui avait pourtant le même âge qu'Audrey.)

En plus de cela, le réalisateur prit une décision assez maladroite : il offrit le rôle à Humphrey Bogart, qui avait cinquante-quatre ans mais en paraissait soixante-cinq et n'avait jamais tourné dans une comédie romantique légère. Peu importe, avaient répliqué les agents de Bogart alors que la Paramount hésitait : Bogart était un grand professionnel et, après tout, il était marié à Lauren Bacall, de vingt-cinq ans plus jeune que lui. Mais des lustres d'alcoolisme avaient abîmé ses traits et l'avaient rendu dyspeptique ; surtout, il était atteint d'un cancer de l'œsophage dont il devait décéder quatre ans plus tard.

La production de *Sabrina* s'annonçait donc ardue dès le début. Alors que Cary Grant aurait pu rendre crédible une idylle avec Audrey, celle avec Bogart risquait de paraître perverse, d'autant que, suivant le scénario, la jeune femme se détournerait du beau Holden, âgé de trente-cinq ans, pour lui préférer un Bogart sur le retour… Et les difficultés ne faisaient que commencer.

Tout d'abord, Audrey devait se préparer à chanter pour les besoins du film. Elle passa donc les semaines précédant le tournage à travailler sa diction avec un coach et le chant avec un autre professeur. « C'est indispensable ! expliqua-t-elle alors à un journaliste. À mon premier cours, je n'avais pas de voix du tout. C'était terriblement monocorde, strident et sans inflexion. C'est toujours le cas, mais un peu moins. » Les hommes en costume sombre de la Paramount demandèrent poliment au nouvel agent d'Audrey, Kurt Frings[1], si elle pouvait être un peu moins directe.

1. Qui avait été autrefois champion de boxe poids plume en Europe ; Audrey avait été brièvement représentée par Lew Wasserman chez MCA, mais elle préféra opter pour une agence plus modeste et pour un agent avec une sensibilité européenne tel que Kurt Frings.

Elle avait pris la désarmante habitude de démystifier les choses, au risque de faire disparaître toute magie.

Mais ce genre de petits tracas n'étaient rien en comparaison du reste.

Martha Hyer, une jeune actrice séduisante aux multiples talents, avait été engagée pour interpréter Elizabeth, la fiancée de David Larrabee. « J'ai vite réalisé que le plateau était un vrai champ de bataille », se souviendra-t-elle des années plus tard. « Il y avait une grande tension, des apartés et des intrigues pendant le tournage. Je ne sais pas pourquoi, mais Bogie frisait la paranoïa et pensait que Holden, Wilder et Audrey étaient contre lui. Peut-être parce qu'il ne se sentait pas à l'aise dans son rôle. » Bogart savait aussi que Hepburn et Holden étaient des stars montantes, tandis que sa propre carrière déclinait. Et il n'y a pas pire caractériel qu'un acteur inquiet…

En fait, les choses avaient pris une mauvaise tournure dès le premier jour : Bogart avait offert un pot dans sa loge et invité toute l'équipe, excepté Holden, Wilder et Audrey, qui s'étaient retrouvés dans la loge de Holden pour boire des martinis et papoter. Après quelques jours passés à faire ainsi bande à part, Wilder avait invité Bogart à se joindre à eux, mais s'était fait renvoyer dans les cordes. Après cet échec, les deux camps paraissaient bien marqués, prêts à s'affronter sans pitié. « Bogart pensait qu'un réalisateur devait s'humilier devant Bogart », rappelle son ancien agent, Irving Lazar. « Mais, sur un film de Billy Wilder, il n'y a pas d'autre star que Billy Wilder ! » À compter de ce jour, Bogart ne cessa de se plaindre du réalisateur, de ses partenaires, du scénario et de l'équipe. Son mépris pour le film alla croissant jusqu'à la première, en septembre 1954.

Bogart n'était pas le seul grand buveur sur le tournage de *Sabrina*. Holden avait aussi une bonne descente, comme le confirme Martha Hyer : « Après un déjeuner trop arrosé, il devait se reposer jusqu'à avoir dessaoulé. » Bogart, qui tenait mieux l'alcool, fit remarquer un matin avec satisfaction que Holden « tremblait beaucoup, ânonnait son texte et n'était pas vraiment en condition pour travailler ». Tout de suite, on l'entendit murmurer sur le plateau : « Dix contre un que ce type a abusé de la bouteille. » Immédiatement, le conflit larvé se transforma en guerre ouverte. Il fallut séparer les deux hommes qui en venaient aux mains, et l'équipe des maquilleurs dut intervenir en hâte pour réparer les dégâts. Ils avaient la tâche plus facile avec Audrey, ce qui les soulageait bien, sachant qu'ils devaient chaque jour estomper les cernes bleuâtres de Bogart ou de Holden et masquer la couperose provoquée par l'alcool. Pleine de tact, courtoise et refusant de critiquer qui que ce fût, Audrey acceptait les démêlés de ses partenaires : elle les considérait comme caractéristiques du comportement masculin et allant de pair avec le climat hollywoodien.

Il y avait quand même une autre raison qui la poussait à admettre sans rien dire la conduite de Holden : tout au début du tournage, ils étaient devenus amants, comme l'affirme notamment Martha Hyer : « La plupart du temps, ils se retrouvaient tous les deux en fin de journée après le tournage. » Au même moment, Audrey changeait d'appartement et passait de son hôtel du 3435 Wilshire Boulevard (près des studios de la Paramount) à un deux-pièces meublé au numéro 10368 de la même rue (près de chez Holden), où ils se donnaient généralement rendez-vous. À cette époque-là, et considérant la fameuse « clause morale » inhérente à leurs contrats – un petit paragraphe qui pouvait détruire toute une carrière pour peu qu'un acteur offensât le public avec sa vie privée –, ils avaient tout intérêt à rester extrêmement discrets. L'affaire était d'autant plus délicate que Holden était marié et père de famille. Quant à Mel, Audrey n'était pas encore certaine de savoir où leur histoire allait les mener. Pour l'heure, aucune promesse ni aucun engagement n'avaient été pris, et il était toujours retenu loin d'elle à cause de son travail. En attendant, Holden, avec son caractère enjoué, romantique et attentionné, s'avérait irrésistible.

Né le 17 avril 1918 dans l'Illinois au sein d'une famille prospère, William Beedle était le fils d'un scientifique et d'une mère professeur. La famille déménagea en Californie lorsqu'il avait trois ans. Il suivit des études au collège de Pasadena et fut alors remarqué par un découvreur de jeunes talents de la Paramount. Rebaptisé William Holden par les studios, il fit de la figuration dans deux films mineurs avant de décrocher le rôle principal dans *L'Esclave aux mains d'or* (de Rouben Mamoulian avec Barbara Stanwyck, 1939). Cette interprétation lui valut de devenir aussitôt une star. En 1941, il épousa l'actrice Brenda Marshall, qui avait divorcé de son premier mari pour convoler avec lui. Elle lui donna deux enfants. Leur union devait durer trente ans mais on en sait peu de chose, hormis qu'elle oscillait souvent entre le pathétique d'un feuilleton à l'eau de rose et la comédie de boulevard.

Dès le début, les époux eurent des expériences extraconjugales, l'un comme l'autre étant souvent au fait de leurs aventures respectives. Ces intrigues s'achevaient généralement dans les larmes et la repentance, avant qu'une autre passion éphémère ne pointe le bout de son nez. En 1947, pour prévenir toute complication liée à une éventuelle paternité illégitime, et avec l'assentiment de Brenda, Holden prit la décision de subir une vasectomie. Sa libido ne s'en porta pas plus mal, et le nombre de ses conquêtes ne diminua pas : en vérité, la nouvelle de son opération en décontractait plus d'une.

L'épouse de Holden se montrait généralement complaisante, sauf avec Audrey. Fin octobre, il la ramena chez eux pour le dîner (le mari et la femme avaient pris cette curieuse habitude de faire ainsi les présentations), mais Brenda prit aussitôt leur liaison pour une vraie trahison. Par la suite, elle exigea la rupture, mais les amants décidèrent simplement de continuer à se voir chez Audrey ou… dans leurs loges. « Audrey représentait tout ce qu'il admirait chez une femme », affirme Bob Thomas, le biographe de l'acteur. « Elle était jeune : onze ans de moins que lui. Audrey considérait pour sa part qu'il était le plus bel homme qu'elle eût jamais connu, elle était subjuguée par son charme et la finesse de son humour. »

À l'instar de James Hanson et de Mel Ferrer, William Holden avait cette plus grande maturité qu'Audrey trouvait irrésistible, en plus d'une belle allure et de son côté spirituel. Elle fut complètement conquise lorsqu'il lui promit qu'il divorcerait de Brenda pour se marier avec elle. Dans un délire de bonheur – qui aura un écho dans leurs scènes d'amour à l'écran –, Audrey lui parla même d'avoir des enfants : elle en voulait deux, trois, quatre ou davantage, et elle abandonnerait sa carrière pour s'occuper de sa famille. Pendant quelques semaines, jusqu'à leurs dernières scènes ensemble, Holden trouva le moyen d'esquiver la réponse. Puis il lui avoua enfin qu'il était devenu volontairement stérile.

Sur-le-champ, Audrey mit fin à leur histoire. « J'étais vraiment amoureux d'Audrey Hepburn, soupirait Holden encore longtemps après, mais elle ne m'aurait pas épousé. Alors je suis parti faire le tour du monde avec l'idée de baiser une femme dans chaque pays que je visiterais. » Des années plus tard, la réaction d'Audrey à cette histoire de compensation par séduction tous azimuts se résumait en deux mots : « Oh, Bill... » Toujours pleine de tendresse pour lui et jamais moralisatrice, elle réalisa peut-être néanmoins qu'il était mieux de n'être jamais devenue Mme William Holden. Billy Wilder partageait probablement ce sentiment : « Ils avaient de grandes carrières, mais ils n'étaient pas heureux dans leur vie privée. »

Le tournage de *Sabrina*, raconte Martha Hyer, se passait rarement sans escarmouches. Bogart ne supportait pas plus Holden que Wilder ou Audrey. Un jour, le réalisateur apporta à Bogie un dialogue qui avait été récrit.

– Quel âge a ta fille ? demanda l'acteur en lisant le texte.

– Elle a presque sept ans, répondit Wilder.

Bogart lui balança les pages de texte :

– Est-ce que c'est elle qui a écrit ça ?

La situation atteignit un point critique quand Bogart se mit à singer l'accent de Wilder et à l'appeler « ce nazi de fils de pute » – une insulte d'autant plus insupportable que Billy Wilder, comme chacun le savait, avait perdu sa mère, son beau-père et d'autres parents à Auschwitz.

La fureur de Bogart s'étendait à Audrey, toujours parfaitement préparée pour chaque scène, qui savait son texte au mot près et pour qui la première prise était souvent la bonne. Mais, un matin, juste après qu'elle eut pris connaissance d'un nouveau dialogue, elle prononça maladroitement un bout de phrase. « Tu ferais peut-être mieux de rester chez toi pour travailler ton texte au lieu de sortir tous les soirs », grinça Bogart avec un mauvais sourire. (« Je haïssais ce bâtard, dira Holden. Il essayait toujours de taper là où ça fait mal. ») Audrey se contenta de sourire aussi, pour désamorcer la tension, et ils reprirent la scène. Jouer avec Bogart n'était jamais facile pour elle. Surtout qu'il avait tendance à postillonner en disant son texte. Wilder avait recommandé à l'assistante costumière d'Audrey d'avoir une serviette à portée de main après chaque prise, pour essuyer les vêtements de l'actrice le cas échéant. « Mais faites ça très discrètement. »

À cause de cette fâcheuse habitude de Bogart, le cameraman Charles Lang devait particulièrement soigner l'éclairage, pour que ces petits jets de salive ne se remarquent pas à l'écran. Il eut quelques soucis également pour filmer Audrey avec sa robe-bustier, la difficulté consistant à éviter les ombres sur ses épaules.

Pendant toute la durée du tournage, Wilder souffrit de problèmes de dos… et de scénario. Ernest Lehman, qui préférait l'ordre au chaos et le luxe d'un délai normal à une réécriture des dialogues à la dernière minute, décrit le tournage comme un acte désespéré du début à la fin. « On était encore en train d'écrire et de finaliser le texte quand on a commencé à filmer », selon Wilder. Il comptait sur la gentillesse d'Audrey pour le couvrir. Une longue scène tournée avec Bogart le jour même devrait être entièrement coupée au montage, parce qu'elle n'allait pas. « Je devais trouver un prétexte pour cette journée perdue, continua Wilder, et il me fallait gagner du temps. Alors je suis allé voir Audrey pour lui exposer le problème. »

Risquant sa réputation, elle alla aussitôt trouver l'assistant-réalisateur. « Oh, j'ai une terrible migraine, se plaignit-elle, je vous en prie, laissez-moi me reposer un peu. » Un quart d'heure se passa, puis une heure, puis une demi-journée ; pour le reste de l'équipe, qui ne savait pas ce qui se passait réellement, Audrey succombait à un caprice de prima donna. « Mais elle s'en fichait, d'après Wilder, elle l'a fait, tout simplement. » Grâce à son aide, le réalisateur et son scénariste eurent le temps de résoudre leur problème de script.

« Il n'y en a pas deux comme elle, et on ne peut pas non plus l'abstraire du contexte de l'époque », dira encore le réalisateur à propos d'Audrey. « À l'écran, elle était complètement différente de celle qu'elle était dans la vie. Il y avait tant de choses en elle… Elle pouvait forcer un brin sur son côté sexy, et alors là, il fallait voir ça ! »

Fin novembre, pile au bon moment, Mel Ferrer surgit de nouveau dans la vie d'Audrey, les documents attestant de son divorce dans une main, et le texte d'une pièce dans l'autre. Comme pour effacer toute trace de sa liaison avec Holden et de son aventure hollywoodienne, elle accepta l'offre de Mel pour monter sur scène avec lui à Broadway dès le début de l'année suivante. Ils joueraient dans une adaptation romantique d'une pièce de Jean Giraudoux, *Ondine*. Comme pour *Sabrina*, l'héroïne de cette superbe histoire était un esprit féminin des eaux.

Après avoir complètement terminé le tournage de *Sabrina*, Audrey invita Hubert de Givenchy à assister à une avant-première du film à la Paramount. Mais une mauvaise surprise les attendait au générique : Audrey fut mortifiée et le couturier très étonné de constater que la supervision des costumes était attribuée à… Edith Head. « Mon nom n'apparaissait nulle part », dira M. de Givenchy en se rappelant cette injustice. « Imaginez donc si j'avais été au générique de *Sabrina*, alors que j'étais au début de ma carrière. Cela m'aurait certainement aidé ! Mais ça ne fait rien : quelques années ont passé et, maintenant, tout le monde le sait. De toute façon, que pouvais-je faire ? Et, en réalité, je m'en moquais. J'étais trop heureux d'habiller Miss Hepburn. »

Par la suite, quand *Sabrina* fut nominée pour six oscars, seule Edith Head remporta la récompense, alors qu'elle n'avait dessiné qu'un seul des costumes du film. C'était la cerise sur le gâteau ! Néanmoins, l'imperturbable Edith accepta la statuette sans faire la moindre allusion à Hubert de Givenchy, ce soir-là ni jamais. « Edith a toujours été persuadée qu'elle avait conçu tout ce qui se portait », analyse l'agent de Billy Wilder. « Elle était aussi connue pour ne jamais mentionner le nom d'un assistant, même si elle n'avait rien fait elle-même. »

Pour son deuxième film sous contrat avec la Paramount, Audrey avait perçu un cachet de 1 000 dollars par semaine – soit 11 914 dollars au total. Après que son agent, son avocat et son manager eurent touché leur part, et que diverses taxes furent retranchées de cette somme, il lui restait environ 3 000 dollars. Ses partenaires étaient mieux payés : John Williams, dans le rôle de son père, gagnait 12 000 dollars ; William Holden, 80 000 et Humphrey Bogart, 200 000 dollars.

La période de Noël apporta un beau cadeau à Audrey. La prestigieuse revue *Film Daily* donnait le résultat du palmarès établi par ses journalistes : elle et José Ferrer avaient été désignés plus grandes stars de l'année 1953. Ce qu'on disait de *Sabrina* avant même la sortie du film était très favorable et, quand il parut enfin sur grand écran en septembre 1954, Audrey Hepburn, tout comme le film, était déjà bien au-delà de toute critique. *Vacances romaines* montrait un conte de fées à l'envers, mais *Sabrina* donnait à voir la spectaculaire transformation de Cendrillon en « princesse » très convoitée.

Ses yeux de biche soulignés à la mode de l'époque avec beaucoup trop d'eye-liner noir, les cils étirés et recourbés, le rouge à lèvres impeccablement dessiné, la nouvelle star avait trouvé sa voie et son style, malgré les faiblesses d'un scénario parfois assommant. En dehors de l'erreur de casting concernant Bogart, il était aussi très regrettable que le personnage d'Audrey ait été dépouillé de toutes les excentricités et des forts traits de caractère imaginés par l'auteur, Samuel Taylor ; car c'était précisément ce qui avait captivé pendant quarante semaines consécutives le public de la talentueuse Margaret Sullavan, qui jouait le même rôle dans la pièce new-yorkaise, malgré ses quarante-deux ans.

Grâce à l'inflexion douce mais déterminée de sa belle voix et à son immense pouvoir de séduction naturel, Audrey fait oublier l'incongruité de son duo avec Bogart et la pauvreté psychologique des personnages. Plus d'un demi-siècle après, les cinéphiles continuent de croire à l'histoire que porte à elle seule la charismatique jeune femme. On admire Audrey Hepburn, et cela suffit…

Chapitre sept

1954

Début janvier 1954, à peine quelques heures avant qu'une terrible tempête ne paralyse la ville, Audrey et Mel débarquaient à New York pour commencer les répétitions d'*Ondine*. Pour sauver les apparences et satisfaire aux convenances de l'époque, ils avaient réservé des suites séparées à l'hôtel Gorham, leur premier point de chute pour les six mois à venir. Les journalistes des rubriques de potins avaient cependant relevé qu'ils se déplaçaient ensemble, se rendaient aux mêmes réceptions, et ils se permettaient diverses allusions concernant leurs rôles dans la pièce de Giraudoux. Le grand public avait peut-être accepté de croire qu'ils n'étaient encore que bons amis – Audrey ayant affirmé qu'ils ne faisaient que se « fréquenter » –, mais toute personne liée de près ou de loin au monde du théâtre savait que leur histoire était très passionnelle. En 1954, « se fréquenter » signifiait aller dîner ou sortir voir un spectacle – bref, juste se montrer ensemble dans des lieux publics. « Sortir » avec quelqu'un n'avait pas du tout la connotation que l'expression revêt aujourd'hui, à savoir non pas « aller dehors » mais plutôt « rester à l'intérieur »...

Trois jours après leur arrivée, Ella venait de Londres pour passer les vacances avec eux ; elle s'installa dans le même hôtel que les tourtereaux et Audrey paya sa note. Pendant ces semaines, Audrey et Mel rencontrèrent quelques problèmes d'argent : leurs revenus pour 1953 ne leur permettaient pas d'assurer ce train de vie, et leurs cachets au théâtre étaient moins importants que ceux du cinéma. Il fallait donc faire des économies : le premier poste à être visé était celui des soupers dans les grands restaurants. Désormais, à moins d'être invités, ils devaient se contenter de dîner modestement dans des endroits comme Chez Dinty Moore.

Ondine fut produit par The Playwrights Company, qui comprenait Maxwell Anderson, S. N. Behrman, Elmer Rice, Robert E. Sherwood, Sidney Howard et (la recrue la plus récente) Robert Anderson, dont la pièce *Thé et Sympathie* venait de faire un tabac à Broadway. Le metteur en scène d'*Ondine* serait le très estimable Alfred Lunt, qui jouait au théâtre depuis 1903 et faisait de la mise en scène depuis 1940 ; lui et sa femme, Lynn Fontanne, étaient montés ensemble sur scène dans pas moins de vingt et une pièces classiques et contemporaines, parmi lesquelles des œuvres de Shakespeare, Tchekhov, O'Neill et Coward. À la demande de son mari, Lynn Fontanne assista discrètement aux répétitions d'*Ondine*, qui commencèrent à la mi-janvier au 46 th Street Theatre de Broadway.

Lynn Fontanne devint rapidement un solide soutien pour Audrey, une alliée et une professionnelle de bon conseil, à l'instar de Cathleen Nesbitt pour *Gigi*. Audrey lui semblait « presque paniquée, soucieuse d'être à la hauteur de ce que le public devait attendre d'elle, donc obligée de viser la perfection, ce qui était évidemment colossal ». Audrey attendait de Mel qu'il la soutienne, et c'est ce qu'il fit (jusqu'à être possessif) ; elle en attendait autant de sa mère et elle fut déçue.

Inspirée d'un conte du romantique allemand La Motte-Fouqué (1777-1843), la pièce de Giraudoux avait été traduite et adaptée par Maurice Valency. L'histoire est celle d'une nixe[1] comparable à la Sabrina de Milton, qui sort magiquement de la cascade d'un lac près du Rhin et tombe amoureuse de Hans, un beau chevalier errant (Mel Ferrer). Il répond à son amour, bien qu'il soit déjà promis en mariage à une dame de la cour, Berthe

1. Nymphe des eaux dans la mythologie germanique. (*NDT*)

(interprétée par Marian Seldes). Une malédiction prononcée par le roi des ondins condamne Hans à mourir s'il est infidèle à la naïade (à cause d'un pacte qu'elle a passé pour devenir humaine, mais que le chevalier ignore). Ondine défie les conventions et l'hypocrisie de la société et de la cour médiévale. Elle apprend l'amour de Berthe pour Hans, et disparaît alors pendant six mois. Pendant ce temps, Hans est mis à l'épreuve : une rumeur raconte qu'Ondine le trompe. Il ne lui en faut pas plus pour revenir vers son ancienne fiancée. Lorsque Ondine réapparaît, il est trop tard. L'amour de la naïade pour le chevalier est resté pur, mais Hans, qui l'a trahie, doit mourir. Ondine lui fait ses adieux, sachant qu'elle perdra la mémoire de son amour à l'instant où Hans aura poussé son dernier soupir…

L'héroïne de Giraudoux perd ses attributs surnaturels par amour. Elle incarne le fossé entre l'homme et la femme, la fêlure qui sépare les amants, la différence entre idéalisme et réalité, grâce à une féerie théâtrale où la fantaisie se mêle aux codes de la tragédie classique. Mais, en dehors de ses nombreuses qualités intrinsèques, la pièce repose sur la magie réinventée par la principale interprète féminine.

En 1939, Jean Giraudoux était venu aux États-Unis après la première parisienne et avait demandé aux époux Lunt de reprendre les rôles des personnages principaux. Ils avaient aimé la pièce mais décidèrent avec prudence de refuser cette offre, jugeant à juste titre qu'ils étaient trop âgés pour jouer Hans et Ondine : Alfred et Lynn avaient respectivement quarante-sept et cinquante-deux ans. Mais, en 1954, soit une dizaine d'années après la disparition du dramaturge, ils se retrouvaient de nouveau impliqués dans ce projet, et Alfred Lunt savourait l'idée de pouvoir en assurer la mise en scène.

Robert E. Sherwood supervisait la production pour le compte de la Playwrights Company : « Je pense que Miss Hepburn est absolument idéale pour le rôle d'Ondine », écrivit-il à Alfred Lunt le 4 novembre 1953. « Elle possède une formation de danseuse classique et je pense que c'est extrêmement important, car l'ensemble de la pièce ressemble à un ballet. »

Il ne manifestait pas le même enthousiasme concernant Mel Ferrer, qui avait apporté la pièce à Audrey en pensant qu'elle constituerait leur premier duo d'acteurs. En échange de la participation d'Audrey, la Playwrights devait donc accepter d'engager Mel pour le rôle de Hans. « Nous avions l'opportunité de ramener Audrey à la scène, raconte Robert Anderson des années après, mais le prix à payer, c'était de prendre Ferrer avec elle. Et c'était un prix beaucoup trop élevé. »

Ce « prix » devint évident dès les premières répétitions. Tout d'abord, et sans raison apparente, Mel s'opposa à la présence de Lynn Fontanne dans la salle. Très contrariée par cette attitude, Audrey écrivit immédiatement un petit mot à Lynn : « Grâce à votre patience et à vos encouragements, je suis capable de jouer avec beaucoup plus de bonheur et de confiance en moi que jamais auparavant. » En revanche, on ne sait pas ce qu'elle dit à Mel.

Mais, ensuite, Mel se plaignit du fait qu'Alfred Lunt était trop vieux pour monter la pièce. Il ne dissimulait pas son mépris, critiquait ouvertement les suggestions de Lunt, lui tournait le dos alors qu'il s'adressait à lui. « Il ne suivait pas les indications comme le faisait Audrey, souligne Marian Seldes, et se montrait désagréable [envers Lunt] devant toute la troupe. » Chacun trouvait la situation plus qu'embarrassante. Pour ne rien arranger, Mel contacta Sherwood, en demandant que la pièce soit révisée pour élargir son rôle – une requête qui fut immédiatement rejetée. Mais son arrogance n'en fut pas entamée. « C'était une situation fâcheuse », résume Marian Seldes. Mel avait fait du théâtre en tant qu'acteur et metteur en scène, et il avait aussi travaillé sur des films. Il était arrivé en premier, si l'on peut dire. Mais, désormais, il était clair qu'Audrey lui faisait de l'ombre – pas volontairement, mais par les caprices de la célébrité. Il lui avait apporté la pièce, et il agissait comme s'il avait tout orchestré.

Les répétitions devinrent de plus en plus chaotiques : après chaque journée de travail, Mel donnait à Audrey d'autres indications que celles de Lunt quelques heures auparavant. « Il n'y eut pourtant pas d'éclats, selon Marian Seldes, parce que Alfred était un vrai gentleman. »

Alors que les membres de la troupe trouvaient le comportement de Mel insupportable, ils admiraient Audrey et conçurent une grande affection pour elle. « Je m'asseyais dans la salle pour la regarder répéter, dans l'immense salle du 46 th Street Theatre, dit Marian, et je pensais qu'elle était tout simplement magnifique. Mais, comme beaucoup de grandes beautés, elle ne s'en rendait pas vraiment compte, et elle n'avait pas la moindre trace de vanité. »

Au moment de l'avant-première à Boston, le 29 janvier, Mel était si ouvertement hostile à Lunt et tellement obnubilé par son rôle qu'il menaça de partir et d'emmener Audrey avec lui. « Ce n'était pas de la jalousie, c'était de la stupidité ! » s'emporte Marian. Audrey, quant à elle, désirait que tout se passe bien, mais elle ne voulait pas s'attirer les foudres de Mel.

Les choses en étant arrivées à ce point, Audrey prit un vol du matin pour New York, où elle rendit une visite-surprise à Sherwood. Au bord des larmes, elle lui dit qu'elle avait l'impression d'être la cause de ce conflit entre Mel et le metteur en scène, et proposa de se retirer de la pièce. Sherwood parvint à désamorcer cette catastrophe avec une admirable diplomatie, et redonna confiance à Audrey en évoquant à peine Mel, ce qui permit à la jeune actrice de repartir pour Boston avec un moral regonflé. Après cette entrevue, Sherwood envoya un télégramme à Lunt :

> JE VIENS D'AVOIR UNE CONVERSATION DÉLICATE ET TRÈS UTILE AVEC AUDREY HEPBURN ET VAIS À BOSTON DEMAIN APRÈS-MIDI, SAMEDI, POUR DISCUTER AVEC VOUS, VALENCY, AUDREY ET FERRER DE TOUS LES POINTS QUI RESTENT INCERTAINS [...]. AUDREY M'A DIT QU'ELLE NE POUVAIT DEMANDER MIEUX POUR L'AVENIR DE SA CARRIÈRE QUE DE CONTINUER À ÊTRE DIRIGÉE PAR VOUS ET JE CONSIDÈRE CETTE ASSERTION COMME UNE PREUVE DE SON INTELLIGENCE.

À Boston, les critiques étaient dithyrambiques, en particulier pour Audrey. Et, à la grande surprise de chacun à la production, ni la presse ni le public n'avaient été scandalisés par le costume d'Ondine, très osé pour l'époque, qu'Audrey portait pendant le troisième et dernier acte : une combinaison couleur chair donnant une impression de nudité intégrale avec quelques mailles de filet de pêche et de fausses algues placées aux endroits stratégiques.

Le 18 février se déroulait la première représentation d'*Ondine* à New York, et les critiques, unanimes, ne tarissaient pas de superlatifs élogieux envers Audrey. « Audrey Hepburn fait une interprétation adorablement sensible, écrivit Brooks Atkinson dans le *New York Times*. Tout le monde sait que Miss Hepburn est une jeune demoiselle exquise, et personne n'a jamais douté de son talent d'actrice. Mais le rôle d'Ondine est complexe. Il repose sur des choses impalpables – humeurs et impressions, espièglerie et tragédie. Quelles qu'elles soient, Miss Hepburn est capable de les traduire dans le langage du théâtre, sans artifices et avec profondeur. Elle donne une interprétation vibrante qui n'est que grâce et enchantement, disciplinée par l'instinct des réalités de la scène. »

Un critique du *New Yorker* (qui n'a pas signé son article) semble du même avis : « Le don de Miss Hepburn est tel que tout ce qu'elle dit et fait possède un charme presque irrésistible. La moindre plaisanterie prend une autre dimension de par sa personnalité et devient hilarante ; le mot le plus superficiel et le plus terre à terre devient dans sa bouche un moment de comédie brillant et inspiré. »

Mel ne reçoit pas tant d'éloges : « Sa manière de jouer est singulièrement inintéressante », écrit Richard Watts, qui parle ainsi pour presque tous ses confrères (Atkinson excepté). « Il manque presque totalement de vivacité, de style et d'imagination, ce qui est le plus déstabilisant, car toutes ces qualités sont présentes dans la mise en scène... Si M. Lunt avait seulement quelques années de moins, qu'il aurait été superbe dans ce rôle ! »

Malgré la poésie parfois confuse de la pièce et les rigueurs de cet hiver new-yorkais, il se trouvait peu de sièges vacants dans la salle du 46 th Street Theatre. Dix jours après le soir de la première, Atkinson écrivit un second article critiqué étoffé, continuant de faire l'éloge de la mise en scène et des comédiens. Apparemment emballé, il achevait de porter l'actrice principale aux nues : « Miss Hepburn donne une interprétation magique d'Ondine. C'est une jeune femme d'une beauté renversante, mais il n'y a aucune vanité ni aucun égotisme dans son jeu. Sa manière de bouger semble éthérée, elle est vive, souple et pétillante, elle nous raconte le supplice subi par Ondine dans l'univers des hommes avec grâce et candeur. Nous sommes sous le charme, un esprit affûté est à l'œuvre. Ondine n'est pas seulement une créature ravissante mais aussi une idée éclatante, et l'interprétation ne saurait être plus intelligente ou admirable. »

Quelle que soit l'amitié qu'il portait à Audrey, Alfred Lunt semblait d'accord avec des gens tels que l'auteur et critique Walter Kerr, qui pensait malgré tout que la mise en scène était ratée. Mais, alors que Kerr évoquait les « scories philosophiques » de la pièce et sa pesante « succession de monologues », Lunt pensait que ce fiasco était imputable à Mel Ferrer et à sa façon plate et triviale de jouer face à Audrey. « Bien sûr, le public est déçu par cette histoire d'amour », écrivait le metteur en scène à Robert E. Sherwood ce printemps-là. « Ondine saute sur les genoux du héros et il la tient comme un palmier en pot. Il s'assied à table à côté d'elle et la traite comme une servante fatiguée. Écoute : si, dans certaines scènes, il doit s'étendre sur elle amoureusement, on a l'impression qu'il s'allonge sur une dalle de pierre. Personnellement, je pense que ce spectacle est un putain d'échec. » À une journaliste qui lui demandait s'il avait appris quelque chose en dirigeant des stars au théâtre, Lunt avait rétorqué : « Oui, madame ! J'ai appris qu'on ne sort pas un chevalier errant du cul d'un cheval ! »

Quand Lunt fut reparti pour New York et que les critiques eurent d'autres sujets à traiter, la pièce continua sur la lancée de son succès et, à partir de ce moment-là, plus rien ne put retenir Mel. Aux moments les plus tragiques, il se mettait parfois à imiter Jerry Lewis, qui était alors le comique en vogue à la télévision et au cinéma. Marian Seldes se demandait pourquoi il avait tant tenu à jouer cette pièce, s'il n'arrivait pas à prendre au sérieux le côté poétique de cette féerie. Il continuait à saboter sans vergogne certaines scènes et à vouloir tirer la couverture à lui, interdisant le rappel d'Audrey en solo, qu'Alfred Lunt avait demandé. Mel lui prenait la main pour aller saluer le public à la fin du spectacle et profiter de la salve d'applaudissements, sachant probablement qu'il n'en méritait pas tant pour lui tout seul. Audrey n'aurait pas agi ainsi de son propre chef, car jamais elle n'aurait négligé les directives données par son metteur en scène. Six semaines plus tard, Lunt ayant été prévenu à son domicile du Wisconsin de ce qui se passait, ordre fut redonné – et, cette fois, respecté – qu'Audrey se présente seule pour le rappel.

Mel s'inclina donc, et il avait raison. Le 25 mars, Audrey remporta l'Academy Award en tant que meilleure actrice de l'année 1953 pour son rôle dans *Vacances romaines* ; à cela s'ajoutait une récompense équivalente donnée par l'Académie britannique des arts cinématographiques et télévisuels (et bien d'autres prix encore, mais moins prestigieux). Trois soirs plus tard, Audrey gagnait un Tony Award pour la meilleure interprétation féminine de la saison à Broadway. Lunt reçu la distinction du meilleur metteur en scène, Richard Whorf des meilleurs costumes et Peter Larkin du meilleur décor. En dépit de ce succès phénoménal, Miss Hepburn garde son sang-froid : « Je ne peux pas permettre que tout cela me tourne la tête, dit-elle à un reporter, ni que cela m'incite à relâcher mes efforts pour atteindre le but de ma vie : devenir une grande actrice. »

Mel se montrait enchanté qu'elle récolte tous ces prix ; pas la baronne Von Heemstra. Marian Seldes se souvient qu'« elle est venue voir la pièce. Mais, même si elle agissait comme si elle voulait être l'agent et le manager d'Audrey, elle n'était pas du tout chaleureuse ni maternelle. Elle était très digne, admirablement habillée et coiffée, mais décourageante, intimidante et pas enthousiaste. »

Pour Audrey, le succès n'était pas synonyme de réconfort. Elle disait : « C'est comme lorsque quelqu'un vous donne un vêtement trop grand pour vous, et qu'il faille grandir pour le remplir.

Je ne pourrais pas dire que j'ai enfin appris à jouer. D'ailleurs, je pense souvent que je n'apprendrai jamais rien. Parfois, ce que je fais sur scène me déprime au-delà de tout. » Effectivement, comme la saison avançait, elle devenait plus nerveuse, voire déprimée, et ce, malgré ses récompenses, malgré la célébrité et les propositions de rôles qui s'accumulaient chez son agent Kurt Frings. En avril, Audrey était pâle et frissonnante, et fumait jusqu'à trois paquets de cigarettes par jour. Le médecin de la Playwrights Company déclara qu'elle traversait sans doute une grosse dépression.

L'oscar et le Tony n'étaient pas que des bénédictions : depuis qu'elle les avait, on attendait d'Audrey Hepburn que tout ce qu'elle accomplisse soit couronné de succès, tant sur le plan commercial qu'artistique. Elle n'avait pas encore vingt-cinq ans et elle en était déjà à un degré d'accomplissement professionnel que les acteurs chevronnés n'atteignent souvent qu'au bout de plusieurs dizaines d'années. Comment aurait-elle pu supporter une telle pression sans en subir les conséquences ? C'est pourquoi elle expliqua à la troupe de la Playwrights qu'elle était tellement épuisée par l'expérience d'*Ondine* qu'elle ne monterait plus jamais sur les planches. Et elle tint parole.

Pour Marian Seldes, la situation n'avait rien de surprenant : « Elle subissait une pression énorme, de la part des médias et de Mel ; et, en dépit de toute l'affection et des éloges qu'on lui témoignait, elle n'était pas heureuse. » Marian lui avait envoyé un mot, pour lui proposer son aide, en cas de besoin ou simplement de l'écouter comme une amie. Audrey la remercia et signa sa réponse avec un dessin qui représentait Ondine. Mais jamais elle ne se confia à des collègues.

La pression que Mel lui faisait subir portait maintenant sur leurs projets de mariage ; il venait de lui faire sa demande et attendait impatiemment une réponse favorable. Audrey hésitait. Parallèlement, les journalistes lui posaient continuellement des questions sur les rumeurs affirmant que cette union ne verrait pas le jour ; comme d'habitude, elle se dérobait habilement en énonçant des généralités : « Le mariage est un contrat à long terme. À moins de bien connaître ses sentiments les plus profonds, on ne peut pas se donner à n'importe qui. Et j'en suis encore à apprendre des choses sur moi-même [...]. Je n'en sais pas encore beaucoup, mais ça viendra. C'est pourquoi je ne veux pas perdre ma liberté pour quelque chose, ou pour un homme. »

« Elle avait laissé tomber Hanson, dit Marian Seldes, mais elle n'était pas prête pour Mel. » La mère d'Audrey et ses amies Anita Loos et Cathleen Nesbitt lui déconseillaient de l'épouser.

Comme prévu, la dernière représentation d'*Ondine* eut lieu le 3 juillet. Lors d'une réception, toute la troupe put constater à quel point Audrey était frêle et en mauvaise condition physique. Elle fumait cigarette sur cigarette, avait une toux caverneuse, ses mains tremblaient de façon presque incontrôlable, et elle s'éclipsa tôt dans la soirée après avoir fait acte de présence. Dix jours plus tard, elle quittait New York avec sa mère et Mel pour aller se reposer en Suisse, loin des mondanités new-yorkaises et du stress généré par Hollywood. Quand *Sabrina* sortit en septembre, Audrey n'était pas prête à s'investir dans sa promotion.

Son absence fut bientôt expliquée au public. En Suisse, à Bürgenstock, sur les rives du lac de Lucerne, Audrey Hepburn venait d'épouser Mel Ferrer : la cérémonie civile s'était déroulée le vendredi 24 septembre et un bref service religieux protestant avait eu lieu le lendemain, dans une chapelle privée du XVIIIe siècle. Pour l'autel, elle avait choisi une robe d'organdi blanche avec un col rond (dessinée par Givenchy) et une simple couronne de fleurs également blanches. Seuls quelques amis avaient été invités. Mel avait trouvé ce joli petit village et l'avait choisi pour sa discrétion, son air frais et sain, son accès difficile pour les médias et le grand public. Entre août et septembre, il avait joué dans un film tourné en Italie (*Du Sang dans le soleil*, de Mario Monicelli), ce qui avait résolu momentanément leurs problèmes d'argent.

Mais, en réalité, Audrey ne s'était pas seulement retirée de la vie publique pour préparer son mariage.

Depuis fin juin à New York et pendant tout son été passé en Europe, elle avait souffert d'une profonde dépression nerveuse. Quelques semaines de calme en Suisse n'avaient pas suffi à lui redonner son énergie ou à alléger ce que Marian Seldes et d'autres identifiaient comme un mal-être chronique. Audrey dormait pendant de longues heures – parfois un jour et une nuit d'affilée –, mais cela ne la soulageait pas beaucoup car, ensuite, elle souffrait d'insomnie pendant une période équivalente… Elle se nourrissait correctement pendant un moment puis perdait complètement l'appétit plusieurs jours durant. Comme une enfant anxieuse, elle rongeait ses ongles ; elle n'arrêtait pas de fumer, se mettait parfois à pleurer sans raison de manière incontrôlable. La baronne répondait à sa détresse en lui recommandant de se reprendre en main et de faire des promenades matinales pour respirer l'air frais. Elle rappela à sa fille qu'elles avaient survécu à la guerre : alors, maintenant, qu'est-ce qui pouvait justifier cette dépression ?

Ce n'était pas facile de répondre à une telle question. On peut pourtant imaginer qu'une jeune femme aussi sensible et fragile physiquement qu'Audrey ne pouvait qu'à grand-peine supporter de jouer huit fois par semaine pendant cinq mois, de répondre à de multiples interviews, d'affronter la foule qui s'empressait autour d'elle depuis la remise des diverses récompenses, et la frénésie des mondanités auxquelles elle devait se rendre, sans compter le manque d'intimité et le chamboulement quotidien que tout cela occasionnait. Et il y avait Mel, qui se piquait de vouloir superviser sa carrière : cet été-là, quand il revenait d'Italie pour passer un jour ou deux avec elle, il ramenait des pièces et des scénarios de films à lire dans la perspective d'accepter de nouveaux rôles ensemble. Il acquiesçait lorsque Ella affirmait que le meilleur remède à la mélancolie consistait à se remettre au travail.

Au moment de son mariage, Audrey admit devant un ami journaliste qu'elle avait souffert d'une « grave dépression nerveuse à New York » dont elle était en train de se remettre.

À cause de l'emploi du temps professionnel de Mel, leur lune de miel se limita à trois jours passés dans leur chalet. Puis, le mardi 28 septembre, ils s'envolèrent pour Rome, où Mel retournait travailler. Harcelé par les paparazzis qui voulaient connaître les détails du mariage, Mel s'apprêtait à répondre lorsqu'il fut interrompu au dernier instant par Audrey : « C'est notre mariage, pas celui du public », trancha-t-elle pour mettre fin à toute discussion.

Le jeune couple se retira dans une villa en bord de mer louée près d'Anzio, à moins d'une vingtaine de kilomètres de Rome ; là, Audrey lisait des scénarios, faisait du jardinage, prenait soin de toute une ménagerie de petits animaux, avait sous ses ordres trois domestiques, apprenait à cuisiner des spécialités italiennes, rattrapait son courrier en retard et espérait être bientôt enceinte.

Pendant cette période, elle accepta une seule fois de reparaître en public. Elle se rendit à Amsterdam le 2 novembre pour répondre à une invitation à but caritatif. Puisqu'il s'agissait de lever des fonds en faveur des invalides de guerre hollandais, Audrey était d'accord ; on l'installa à une table, dans un grand magasin, pour signer des autographes. Une file d'abord assez calme ne tarda pas à se former, mais des jeunes gens désireux de voir la star de plus près se mirent à se pousser. La bousculade prit tellement d'ampleur que des piles de marchandises furent renversées, les gens se pressaient, la foule, soudain devenue incontrôlable, s'agitait dangereusement... Audrey et Mel eurent toutes les peines du monde à s'extirper de là et à s'enfuir.

À partir ce jour, Audrey n'accepta plus aucune apparition en public sans que la manifestation ait été dûment planifiée à l'avance, avec un service de sécurité adéquat. Il avait toujours été difficile pour elle d'aller à la rencontre d'étrangers ; dès lors et jusqu'à la fin de ses jours, ce sentiment de timidité se trouverait aggravé par une sorte de terreur larvée.

Pendant qu'ils donnaient *Ondine*, Audrey et Mel reçurent la visite en coulisses de Michael Powell, le partenaire d'Emeric Pressburger avec qui il avait réalisé *Le Narcisse noir* (en 1947) et

Les Chaussons rouges (film musical de 1948), deux flamboyants chefs-d'œuvre du cinéma britannique. Powell évoque le couple à travers l'émotion qu'il ressent chez Audrey : « Elle l'aimait de tout son cœur. C'était le genre de femme qui donne tout ou rien. Je ne sais pas comment il avait fait pour allumer ce brasier en elle, mais Dieu sait qu'il était ardent... »

Powell avait pensé porter *Ondine* à l'écran, mais en s'inspirant de la fable originelle de La Motte-Fouqué plutôt que de la version de Giraudoux : l'un des avantages résidait dans l'absence de droits à payer, le texte du XVIIIe siècle étant tombé dans le domaine public. « Ils ont été emballés par cette idée », affirme Powell, d'autant que le réalisateur avait proposé à Mel de faire une apparition au début de l'année suivante dans un autre de ses films, *Oh, Rosalinda !* (réalisé en 1955, ce dernier connaîtra un succès très mitigé). Mais, avec *Ondine*, Powell comptait avant tout sur Audrey : il pensait que Mel était bien loin d'avoir le charisme de Louis Jouvet, le premier acteur à avoir incarné Hans sur la scène parisienne en 1939. « Lorsque Jouvet faisait une pause, tout le public retenait son souffle. Quand Mel en faisait une, la pièce s'interrompait. C'était Audrey, malgré sa petite voix, qui la portait à elle toute seule. »

En novembre, Powell et Pressburger rendirent visite à Mel et Audrey dans la villa de Rome pour préparer « leur » *Ondine*, qui devait rapporter un gros cachet au couple. Ils dînèrent ensemble et, le lendemain matin, ils s'attelèrent tous ensemble à la tâche, comme l'explique Powell : « Nous avons discuté, écrit, travaillé. Nous étions constamment interrompus par des coups de fil ou par les domestiques en pleine hystérie. Audrey et Mel étaient – avec tout le respect que j'ai pour eux – les pires interlocuteurs au monde. Ils nous coupaient toujours la parole au beau milieu d'une phrase en s'affairant à droite ou à gauche, et personne n'arrivait à finir ce qu'il avait à dire. » Et, pendant qu'ils mettaient le scénario en place, raconte le réalisateur, « Mel dévoilait ses intentions, et sa stratégie n'était que trop évidente : la pièce et rien que la pièce. Chaque idée, chaque scène devenait inextricablement liée à la pièce, et Mel était ce chevalier en armure étincelante qui défend

Ondine, qui la sauve du viol et de la catastrophe, qui l'extirpe de nos mains diaboliques ! Audrey le regardait avec adoration. Ils avaient manifestement eu une longue conversation sur l'oreiller la nuit précédente [...]. Fort heureusement, le chevalier et sa naïade allèrent faire un tour ailleurs, donnant ainsi le temps à Emeric de rassembler ses pensées : "Ils ne semblent pas connaître la différence entre une pièce et un film", me dit-il. "Bien sûr que non, lui répondis-je, ce sont des acteurs. Ils ont appris leur rôle et joué leur texte devant un public, et ça a marché. Ils pensent que ça suffit. Nous devons les éduquer..." »

Leurs hôtes une fois revenus, Pressburger se lança dans une brillante explication de ce qu'il imaginait pour le film, insistant sur le fait que le scénario s'inspirerait directement des écrits de La Motte-Fouqué et non de ceux de Giraudoux. « Mel voyait ses répliques préférées balancées à la corbeille [...]. Audrey glissa sa main dans celle de Mel et ils ne bougèrent plus. » Lorsque Pressburger eut terminé son exposé, ils partirent tous prendre l'air dans les collines, et on changea de sujet de conversation. Mel avait invité deux autres couples à rejoindre leur groupe pour la soirée : le producteur Dino De Laurentiis avec sa femme, l'actrice Silvana Mangano ; ainsi que le producteur Carlo Ponti et Sophia Loren, qui deviendraient mari et femme.

Pendant le dîner, le téléphone se mit à sonner. La Paramount acceptait de financer *Ondine* à plus de 50%, si Mel et Audrey, Powell et Pressburger mettaient la moitié de leurs salaires en dépôt de garantie, jusqu'à ce que le film fasse des bénéfices. C'est alors que Mel lâcha quelque chose de curieux : il conseillait aux producteurs de négocier avec la veuve de Giraudoux pour les droits cinématographiques de la pièce.

« Il veut toujours faire une version filmée de la pièce », dit Pressburger à Powell alors qu'ils partaient pour Paris le jour suivant. « C'est pourquoi on doit voir Mme Giraudoux. S'il pouvait lui-même acquérir les droits, il le ferait. Avec une version filmée de la pièce, il serait certain de sa prestation et de celle d'Audrey. C'est pour ça qu'il veut que nous achetions les droits pour lui, comme ça, il nous met le couteau sous la gorge. »

Pendant que leur train traversait les Alpes, Pressburger eut une idée : celle de transposer le mythe d'Ondine en un film contemporain, avec des costumes modernes, qui se déroulerait à Monte-Carlo. Ils remplaceraient les ducs, les chevaliers et la cour médiévale par des millionnaires, des malfrats, des plongeurs sous-marins, des joueurs professionnels et des stars de cinéma sur le déclin ! Il y aurait des prises de vues sous l'eau et toutes sortes de trucages. Mais, à Paris, Mme Giraudoux, inflexible, rejeta leur projet, et ils quittèrent la capitale sans avoir conclu d'arrangement.

Audrey et Mel arrivèrent à Londres le 31 décembre 1954, pour continuer à parler d'*Ondine* mais aussi parce que Mel devait jouer dans *Oh, Rosalinda !*. Powell et Pressburger les rejoignirent pour le réveillon du jour de l'an, à l'appartement d'Ella : « La baronne était assez collet monté », se souvient Powell, qui quitta la soirée avant minuit.

Le dernier jour de tournage de Mel pour *Oh, Rosalinda !*, Audrey, Powell, Pressburger et lui se retrouvèrent dans les ateliers de Hein Heckroth, qui devait concevoir les costumes et les décors d'*Ondine*. Mel, parlant en son nom et celui de son épouse, expliqua qu'ils n'étaient pas satisfaits des costumes proposés ; il voulait aussi une nouvelle approche de l'intrigue et des grandes lignes du film. Autrement dit, il continuait à vouloir filmer la pièce… « Nous avons réalisé, dit Powell, que Mel avait préparé tout ça depuis des mois et qu'il venait maintenant pour le coup de grâce. Il voulait jouer le rôle du producteur. » Et ce fut la fin du projet.

Le 4 février, Audrey partait pour Paris pour la première française de *Sabrina*, programme lors de la semaine de présentation des collections de haute couture printemps/été.

Les bureaux parisiens de la Paramount, où l'ingénuité française s'associait au génie du marketing américain, lancèrent toutes sortes d'actions publicitaires. Par exemple, les studios offraient divers prix aux mamans qui donneraient naissance à une petite fille le jour de la sortie parisienne du film et la prénommeraient Sabrina. Il y eut également un concours, avec une somme rondelette à la clé, intitulé « Ressemblez-vous à Sabrina ? »… Des disquaires décorèrent leurs vitrines avec les albums de la bande originale du film. Mais le plus important, c'était Audrey Hepburn elle-même, qu'on pouvait apercevoir, entourée d'une sécurité renforcée qui tenait la foule et les journalistes à distance respectable. Elle donna une conférence de presse au Ritz, toujours aussi digne et racée, dans une ambiance digne de *Vacances romaines*. Le même mois, elle fut nominée pour l'oscar de la meilleure actrice, pour son rôle dans *Sabrina* ; mais ce fut Grace Kelly qui fut récompensée, pour son rôle dans *Une fille de la province*, de George Seaton.

En mars, Audrey fit une fausse couche, quelques semaines après avoir appris qu'elle était enceinte. Un choc et une douleur incommensurables pour la jeune femme : « Je n'ai jamais été si près de perdre l'esprit. »

Chapitre huit
1955-1956

Début 1955, Audrey et Mel avaient signé un bail à long terme pour la *Villa Bethania*, cette grande maison en U située en Suisse près de Bürgenstock, sur une colline surplombant le lac de Lucerne. Mais, cette année-là, ils n'y passèrent que de rares moments.

Pendant de courtes vacances à Saint-Moritz, en avril, les Ferrer avaient fait la connaissance de King Vidor, le grand réalisateur américain qui affichait soixante et un films à son palmarès, parmi lesquels *La Grande Parade* (1926), *La Foule* (1928) et *Duel au soleil* (1946). Le jour où Audrey et Mel invitaient Carlo Ponti et Dino De Laurentiis à rejoindre Powell et Pressburger pour dîner, Vidor concluait ses négociations avec la Paramount et ces deux producteurs italiens, pour un projet épique : l'adaptation cinématographique de *Guerre et Paix*, de Tolstoï. Fin mars, le projet était presque bouclé, alors qu'auparavant deux autres films inspirés du même roman et entrepris par David O. Selznick puis par Mike Todd avaient dû être abandonnés.

Ponti et Laurentiis avaient vu *Du sang dans le soleil*, avec Mel Ferrer, et dirent à Vidor qu'il conviendrait peut-être pour le rôle du prince Andrei. La manœuvre était adroite : considérant l'influence de Mel sur Audrey, elle accepterait certainement le rôle de Natacha, dont le personnage concentrait l'essentiel de l'aspect moral et psychologique de l'histoire. Audrey était heureuse que Mel soit engagé pour ce film, mais elle ne partageait pas son ambition : elle aurait été satisfaite de rester paisiblement à la maison en attendant de devenir mère.

« La carrière d'Audrey est toujours passée en second », confirme Henry Rogers, qui fut engagé pour s'occuper des relations publiques de la star cette année-là et devint son ami. « Elle n'a jamais brûlé de devenir et de rester une star de cinéma, contrairement à beaucoup d'actrices. Elle voulait être heureuse, être en paix, avoir de l'amour, des enfants, un mari qui l'aimait et qu'elle aimait [...]. Elle adorait jouer, mais elle souhaitait travailler moins et avoir davantage de temps pour sa vie privée [...]. Elle était pleine d'amour, mais Mel était plein d'ambition, pour sa femme comme pour lui-même. »

C'est Mel qui avait eu l'idée d'engager Rogers mais « Audrey était invariablement mal à l'aise chaque fois que je lui annonçais une interview ou une séance photo. J'ai essayé de restreindre ces séances lorsque je me suis aperçu qu'elle trouvait tout ça déplaisant et gênant. » Il choisit alors de ne la faire participer qu'à des événements importants, mais sentait qu'il y avait un problème de couple derrière ces difficultés : « Entre l'insatiable désir de publicité de Mel pour Audrey et la réticence de son épouse à faire de la promotion », la situation était délicate.

Comme de nombreuses personnes de l'entourage de la jeune star, Rogers ajoute : « Je l'ai rarement vue heureuse. » N'étant peut-être pas au courant de ses difficultés à devenir mère, de son extrême sensibilité et de sa récente fausse couche, il mettait cette tristesse sur le compte d'un mauvais mariage : « Ce n'était un secret pour personne que son mariage avec Mel n'était pas heureux. J'ai eu l'impression qu'elle l'aimait plus qu'il ne l'aimait, ct qu'il était frustrant pour elle de ne pas recevoir le même amour. Elle s'était confiée à moi là-dessus, et l'avait également dit à d'autres amis intimes, à plusieurs reprises. Elle ne se plaignait jamais mais je discernais de la tristesse dans son regard [...]. Pendant les années de son mariage avec Mel, il fut comme son Svengali[1]... »

1. *Svengali* est un film américain des années 1930 dont le personnage éponyme, chef d'orchestre, peut contrôler les femmes grâce à l'hypnose, les mener au suicide ou en faire de grandes chanteuses. *(NDT)*

Il est probable que cette dernière assertion soit exagérée, mais beaucoup de gens partageaient son impression. Après tout, la limite est floue entre quelqu'un qui fait office de mentor et quelqu'un qui cherche à dominer l'autre. De ce point de vue, la relation entre Audrey et Mel peut être comparée avec celle qu'elle avait eue avec James Hanson : même si celui-ci n'était pas lié au milieu du cinéma, il avait tenté de diriger la vie d'Audrey, en arrangeant à sa manière son emploi du temps au moment de *Vacances romaines* – une façon d'agir qui lui avait valu la rupture.

Bien entendu, Mel n'a jamais exercé l'influence malsaine et hypnotique qu'on associe au personnage de Svengali (issu d'un roman de George du Maurier, *Trilby*), et ses intentions étaient certainement très bonnes. Mais, bien souvent, il cherchait à tourner les choses à son avantage. Il paraît ne s'être jamais préoccupé des aspirations profondes d'Audrey, ni du fait qu'elles aient pu s'avérer incompatibles avec les siennes.

« J'avais l'impression qu'Audrey avait besoin que quelqu'un prenne les décisions pour elle, résume King Vidor. Il parlait en son nom. Il savait ce qui était bon pour elle. Il savait combien d'argent elle devait avoir. Et je pense qu'il encaissait les cachets à sa place. »

Pour satisfaire son mari, mais aussi parce qu'ils avaient besoin d'argent, Audrey céda et accepta de jouer le rôle de Natacha. Sans que cela pose de difficultés aux producteurs, Kurt Frings négocia un salaire de 350 000 dollars, plus 500 dollars par semaine pour les faux frais – le cachet le plus important alors offert à une actrice, soit trente fois ce qu'Audrey avait touché pour *Sabrina* (Mel recevrait quant à lui 100 000 dollars). « Je ne vaux pas ça, c'est impossible ! » protesta la jeune femme en s'adressant à Frings. « S'il vous plaît, n'en parlez à personne ! » Mais l'agent, fier de cet accord financier, s'empressa de le clamer dans tout Hollywood. Il fit si bien que la presse publia ce chiffre faramineux. Audrey reçut des messages de félicitations, en premier lieu d'Henry Fonda, qui devait jouer le personnage de Pierre, le véritable amour de Natacha. Fonda avait alors cinquante ans.

La réaction d'Audrey ne peut pas être considérée comme de la fausse modestie. Elle se voyait toujours comme une débutante et n'avait aucune conscience de son don, amplifié par l'expérience, par un travail acharné et par la gravité de sa personnalité. Elle savait qu'elle avait eu de la chance d'avoir de bons rôles pour ses premiers films, tout en ayant conscience de ce qui aurait pu la desservir : elle ne possédait pas les formes opulentes ni le glamour des stars ultrasexy de l'époque et, d'ailleurs, elle n'aurait pas eu la moindre envie d'entrer dans cette catégorie.

Malgré cette allure unique, cette fraîcheur et cette élégance naturelle que le public appréciait de plus en plus, Audrey avait l'impression qu'elle devait à chaque fois refaire ses preuves. Et, maintenant qu'elle était « oscarisée », elle savait que les producteurs et les critiques attendraient encore plus d'elle. Elle venait d'avoir vingt-six ans et se demandait souvent si sa carrière irait beaucoup plus loin. Ce n'était pas une pensée sombre, parce que son métier n'était pas sa priorité. Soit elle choisirait soigneusement ses rôles, soit elle ne choisirait rien du tout.

Ce printemps-là, Audrey et Mel obtinrent le statut de résidents permanents en Suisse, ce qui leur offrait de nombreux avantages fiscaux.

Les problèmes rencontrés sur le tournage de *Sabrina* avaient été causés par des incompatibilités entre acteurs ; ceux de *Guerre et Paix* seraient d'ordre logistique.

Alors qu'ils n'avaient pas encore de scénario en main, Ponti et Laurentiis insistèrent néanmoins pour que le tournage commence le 1er juillet, avec des extérieurs en Italie et en Yougoslavie, et des intérieurs à Rome. Dans l'immédiat, Vidor devait superviser le casting et attribuer plus de 50 rôles, tandis que 15 000 figurants devaient essayer leurs costumes d'époque, fabriqués par 90 tailleurs travaillant contre la montre ; des dresseurs venus de toute l'Europe devaient arriver avec 8 000 chevaux ; 2 876 canons furent exhumés des musées militaires et des dépôts des accessoiristes de théâtre. Les producteurs dirent à Vidor et à son cameraman, Jack Cardiff, de garder leur calme : ils disaient avoir trouvé une bonne méthode pour que le scénario soit bouclé en temps voulu.

Bien évidemment, tout cela dénotait un manque de réalisme. Au grand étonnement de Vidor, Ponti et Laurentiis avaient tronçonné le roman de Tolstoï en quatre parties égales, comme s'il s'agissait d'une vulgaire saucisse, et avaient confié chaque segment à une équipe différente de scénaristes italiens. Ils avaient demandé à chacune d'elles de faire son travail en trois semaines, et les producteurs balancèrent le résultat sur le bureau de Vidor : le script était disparate, les personnages inconsistants et l'ensemble incohérent.

La longueur standard d'un scénario est de 100 à 130 pages ; le premier jet de celui du film *Guerre et Paix* en faisait 506… La Paramount, que le planning rendait nerveuse et soucieuse d'amortir les 6 millions de dollars engagés dans ce projet, valida ce script beaucoup trop long, mais Vidor, lui, frémit d'horreur en lisant tout ce texte impossible à mettre en images. Il rangea ce pavé au fond d'un tiroir et convoqua d'éminents scénaristes – Bridget Boland, Robert Westerby et Irwin Shaw – pour leur confier la rude tâche d'adapter le roman en quelques semaines. Contre toute attente, ils acceptèrent ce challenge.

Les producteurs voulaient quelque chose d'épique, de phénoménal ; ce qui peut se comprendre en 1955, période de véritable panique collective pour les cinéastes et les producteurs qui voyaient le public déserter les salles de cinéma au profit de la télévision. Hollywood tenta de contrer ce phénomène par une débauche de Technicolor, de son stéréophonique et de cinérama, de procédés cinémascope et de vista vision, de gadgets comme la 3D. On avait même tenté – brièvement, heureusement ! – l'odorama et autres films « odoriférants »… Les films à grand spectacle, tels que *Ben Hur*, *Les Dix Commandements* ou *Le Tour du monde en quatre-vingts jours* mobilisaient l'attention des cinéphiles et procuraient cette espèce d'érotisme grandiose que le petit écran, avec son cadre restreint, ne pouvait pas procurer.

Dans cet empressement commercial à fournir du grandiose et du démesuré, on aboutissait souvent à des films à gros budget, colossaux sous tous leurs aspects, très hauts en couleur et vibrants d'émotion. Sur le long terme, cette tendance conduirait aux films à effets spéciaux, privilégiant l'action, agressifs pour les yeux, les oreilles... et l'intelligence. Un « progrès » qu'on peut juger relatif, si l'on considère que la sensibilité et les dilemmes psychologiques de l'âge adulte y sont sacrifiés pour séduire un public plus jeune. Pendant ce temps, certains ont commencé à s'écarter de ces films conçus pour appâter le « troupeau ». En 1955, on n'en était qu'aux prémices de cette réorientation, et Vidor décida de faire ce pour quoi il était payé : il voulait réaliser une saga majestueuse et pleine de grandeur. Mais, depuis le début, il jouait de malchance.

Le roman de Tolstoï, qui est une œuvre monumentale, exalte l'âme russe. Différents thèmes philosophiques et historiques y sont explorés à travers plus de cinq cents personnages de tous niveaux sociaux. L'émotion et l'authenticité avec lesquelles le romancier les fait vivre sont la caractéristique de son génie. En revanche, le film qui en est l'adaptation est un assemblage de scènes de combat, de stratégie militaire, de périples interrompus par l'intervention de personnages creux aux sentiments flous. Même la chronologie des événements est confuse.

Contrairement à ce que Vidor espérait, *Guerre et Paix* est un film de trois heures et demie offrant un spectacle inepte. À l'unanimité, les critiques le jugèrent « curieusement mécanique et émotionnellement stérile ». « Les personnages semblent des gens de seconde zone, banals et sans aucune épaisseur [...]. Ces tranches de vies sont caricaturales et sans profondeur. » Audrey, qui devait assumer un rôle mal écrit et sans envergure, ne pouvait guère échapper aux critiques : « Elle joue l'innocence souriante ou l'innocence éplorée », écrivit un journaliste britannique, qui regrettait que ni l'actrice ni son personnage ne fassent preuve de maturité. Et pourtant, malgré ce désastre, le New York Film Critics Circle (le Cercle new-yorkais des critiques de films) la nomina pour concourir au titre de meilleure actrice de l'année (mais ce fut Ingrid Bergman qui remporta le prix, pour son rôle dans *Anastasia*).

Le tournage dura de juillet à novembre, et les conditions de travail furent désagréables du début à la fin. Au beau milieu de l'été italien avec sa chaleur étouffante, des tonnes de neige artificielle furent apportées pour filmer les scènes de marche en plein hiver, et Audrey et les autres acteurs devaient jouer engoncés dans des fourrures… Les studios de Cinecittà n'étaient pas confortables, car la climatisation était très aléatoire et inefficace. Malgré ses dix heures de travail quotidien, Audrey restait sereine, et sa présence à elle seule constituait un encouragement et un exemple pour le reste de l'équipe. Peu de gens remarquaient que cette sérénité apparente cachait une angoisse constante concernant la qualité de son interprétation.

La scène du bal, par exemple, nécessita de nombreuses prises et prouesses techniques ; il fallait qu'Audrey paraisse à la fois romantique et pleine d'entrain, pendant ce long et complexe moment de tournage. En l'occurrence, elle fit preuve d'une patience à toute épreuve qui ne manqua pas d'impressionner le réalisateur : « Il était absolument inconcevable que quelqu'un d'autre qu'Audrey Hepburn soit Natacha », juge Vidor en se rappelant cet épisode. « Elle était douée d'une grâce, dans ses moindres mouvements, qui aurait fait les délices de tout réalisateur. » Il n'y avait jamais un mot plus haut que l'autre entre eux, ce qui n'était pas le cas avec les deux stars masculines du film. Les deux hommes semblent parfaitement déplacés dans leurs rôles : Fonda joue un Pierre déprimé au lieu d'être introspectif, tandis que Ferrer a un regard particulièrement inexpressif, récite platement son texte, porte mal le costume d'époque, et paraît plus absurde qu'impressionnant.

Mais, malgré sa docilité et sa politesse, Audrey pouvait être très têtue. Pendant cette fameuse scène du bal, elle portait un décolleté qui révélait le haut d'un buste assez osseux. « Elle était vraiment dépourvue de poitrine, elle avait la silhouette d'un mannequin très mince, se souvient Cardiff. Je lui ai donc suggéré de porter un collier ou quelque chose pour étoffer un peu ce décolleté, mais elle m'a répondu : “Jack, je ne suis que moi-même. Je suis telle que je suis, et ça ne m'a pas trop mal réussi jusqu'à maintenant." » Cardiff était anxieux pour cette scène « parce qu'on pouvait vraiment voir ses côtes au travers du tissu ». Ce que ne manqua pas de remarquer Laurentiis, qui fut furieux du résultat, mais la scène était déjà en boîte.

Le couple Ferrer en eut terminé avec *Guerre et Paix* fin novembre. Ils se rendirent à Paris et prirent une suite à l'hôtel Raphaël. Mel enchaîna sur un autre tournage, un rôle dans *Éléna et les hommes*, de Jean Renoir, avec Ingrid Bergman. Le 27 février 1956, soit un mois avant qu'il ait fini ce tournage, Audrey partit seule pour Los Angeles. Si fatiguée fût-elle, elle n'avait pas pu refuser l'opportunité de chanter et danser avec Fred Astaire, dans une comédie musicale romantique intitulée *Drôle de frimousse.* Le scénario était intelligent et lui offrirait sa meilleure interprétation depuis *Vacances romaines.* Il s'agissait encore d'une histoire de Cendrillon, avec des personnages pas très complexes, mais *Drôle de frimousse* exhalait un charme naïf qui opère encore une cinquantaine d'années plus tard. Il reste un des films les plus vivants, inventifs et hauts en couleur des années 1950. Et pourtant, il faillit ne jamais voir le jour, et la production ne se fit pas sans mal.

En 1951, le scénariste Leonard Gershe avait écrit le livret d'une comédie musicale pour Broadway appelée *Wedding Day* (« Jour de mariage »), avec un texte et des chansons d'Ogden Nash et une musique de Vernon Duke. Mais, faute d'avoir trouvé à la produire, Gershe vendit les droits de son histoire à la Metro Goldwyn Mayer. Un des producteurs et compositeurs maison, Roger Edens, qui avait reçu plusieurs oscars en 1948, 1949 et 1950 (pour *Parade de printemps*, *Un jour à New York* et *Annie, reine du cirque*), avait la réputation de produire des films musicaux aussi extravagants que séduisants. On fit donc appel à lui.

Edens et Gershe décidèrent de mettre définitivement de côté la contribution Nash/Duke et d'y substituer des chansons populaires de George et Ira Gershwin. Ils réussirent facilement à persuader Stanley Donen de réaliser ce projet, réalisateur à qui l'on devait les célèbres comédies musicales *Chantons sous la pluie* et *Les Sept Femmes de Barberousse*. L'équipe une fois constituée, il fallait s'atteler à mettre au point *Wedding Day*, qui deviendrait par la suite *Drôle de frimousse* sur une suggestion de Fred Astaire (d'après le surnom qu'il avait donné à sa sœur Adèle).

Le scénario final comprenait plusieurs thèmes : c'était à la fois une satire et une évocation poétique du milieu de la haute couture (Hollywood étant seul capable de montrer ces deux aspects sans qu'ils paraissent antinomiques) ; un pastiche du milieu beatnik et de l'intellectualisme des années 1950 ; un hommage au photographe de génie Richard Avedon. Dans cette histoire, Dick Avery (Astaire) travaille en tant que photographe pour Maggie Prescott (Kay Thompson), directrice du magazine de mode *Quality*. Jo Stockton (Audrey), lectrice férue de philosophie qui travaille dans une librairie de Greenwich Village, est fascinée par l'« empathicalisme » prôné par un certain professeur Flostre. Par hasard, elle est repérée par Dick pour lui servir de modèle de haute couture : « Elle est neuve, elle est fraîche ! » dit-il. Transportée à Paris, la jeune femme est transformée (grâce à Givenchy) en un superbe mannequin et – quelle surprise… – y tombe amoureuse de son photographe-danseur, qui lui retourne la pareille après quelques péripéties.

Le film est ponctué de scènes inventives qui reflètent bien le monde de la mode, grâce au talent créatif de Givenchy ; de magnifiques photographies d'Avedon sont parfaitement intégrées à l'histoire ; les scènes dansées et chantées sont très réussies. Ces dernières sont drôles et variées (dans « Think Pink », on imagine que toutes les femmes sont vêtues de rose), émouvantes et mélancoliques (comme dans « He Loves and She Loves » – Il aime et elle aime), ou teintées d'un romantisme désuet (à l'instar de la chanson-titre du film). L'histoire se déroule dans un Paris idéalement romantique, qui met en scène l'Opéra, Montmartre, Notre-Dame, la place de la Concorde, les jardins des Tuileries et la tour Eiffel (l'occasion de chanter « Bonjour Paris »).

L'équipe du film, supposant que Fred Astaire s'empresserait de signer son contrat si on lui disait qu'Audrey Hepburn devait être sa partenaire, lui prépara un scénario sur mesure. Le danseur venait de remporter deux succès avec *Papa longues jambes* (de Jean Negulesco, 1955) et *Tous en scène* (de Vincente Minnelli, 1953) ; il en était à son vingt-huitième film depuis *Carioca*, de Thornton Freeland, sorti en 1933. Pour s'assurer sa participation dans leur prochain film, les producteurs usèrent d'un subterfuge discutable mais assez classique pour Hollywood.

Le nouveau scénario de Gershe avait été présenté à Kurt Frings, qui était légalement obligé de le soumettre à Audrey, alors à Paris. Mais, après y avoir jeté un coup d'œil, il déclara que c'était trop vulgaire et qu'il conseillerait à sa cliente de ne pas faire le film. Audrey lut le script pendant les vacances de Noël et elle l'adora. Elle le fit savoir à Frings et affirma qu'elle était d'autant plus enthousiaste (et la ruse se situait là) que les producteurs lui assuraient qu'ils avaient déjà signé avec Fred Astaire, ce qui n'était pas encore le cas… Ils prenaient certes un risque avec ce mensonge, mais cela faisait partie du jeu, même si c'était limite sur le plan éthique. En tout cas, leur stratagème fonctionna à merveille.

Astaire et Audrey Hepburn furent donc embarqués dans ce projet, mais d'autres complications devaient surgir. D'abord, Audrey était sous contrat avec la Paramount, qui refusait de la « prêter » à la MGM ; d'autre part, les droits des titres de Gershwin étaient détenus par la Warner Bros. D'âpres négociations s'engagèrent donc entre novembre et février. Finalement, la Warner accepta de vendre les droits des chansons, pour une somme considérable, à la Metro, qui vendit le projet à la Paramount, avec Roger Edens, Leonard Gershe, Stanley Donen, Fred Astaire et Audrey Hepburn compris dans le lot. S'étant délestée de beaucoup d'argent, la MGM avait également obtenu de pouvoir utiliser Audrey pour un autre film durant les trois ans à venir.

Après deux mois de répétitions, de chant et de danse, puis l'enregistrement des chansons (que les acteurs mimeraient en playback pendant les prises), le tournage commença en avril 1956 dans les studios de la Paramount à Los Angeles. En l'absence de Mel,

Audrey faisait preuve d'une force et d'une détermination qui s'exprimaient avec beaucoup moins d'évidence lorsqu'il était dans les parages. Par exemple, elle avait des idées bien précises pour chaque scène, et presque toutes étaient accueillies avec plaisir par le réalisateur.

Il n'y eut qu'une seule querelle à propos d'une scène en particulier. Pour le passage où Audrey doit accomplir un numéro de danse assez long et complexe dans un café parisien, on lui avait demandé de porter un pull noir et des collants noirs ; à cette tenue, elle désirait ajouter une paire de ballerines noires dans lesquelles elle serait nu-pieds. Donen, quant à lui, préférait qu'elle porte des chaussettes blanches, pour qu'on remarque mieux les mouvements de ses pieds sur le sol sombre. C'était son seul numéro de danse en solo, sans Fred Astaire, et le réalisateur tenait à ce qu'aucun pas de la jeune femme n'échappe aux regards des spectateurs. Audrey s'insurgea : « Certainement pas ! Cela va casser la linéarité de ma silhouette noire qui d'un point de vue visuel sera coupée au niveau des pieds ! » Ce à quoi Donen répliqua calmement : « Si tu ne portes pas ces chaussettes blanches, tu te fondras dans le décor, il n'y aura aucune définition de tes mouvements et cette séquence de danse sera fade et insignifiante. »

Elle fondit en larmes et courut se réfugier dans sa loge, mais recouvra sa contenance peu après et réapparut sur le plateau, les fameuses chaussettes blanches aux pieds, prête à reprendre le travail. Après avoir vu les rushes de cette scène, elle écrivit un petit mot à Donen : « Tu avais raison pour les chaussettes. Je t'adore, Audrey. »

« Audrey était quelqu'un de très sérieux, affirme Kay Thompson. La pauvre accomplissait quelque chose de monumental, dans l'urgence. Heureusement, les chansons étaient parfaites pour elle. » Elle chanta « How Long Has This Been Going on ? » de sa voix fragile et vibrante de mezzo – avec un volume sonore insuffisant pour une salle de théâtre, mais en interprétant son air d'une manière étonnamment émouvante. Le public comprenait immédiatement qu'elle n'évoquait pas une romance en train de naître, mais le flot d'émotions brûlantes qui peuvent accompagner un simple baiser.

Pendant que l'équipe continuait de s'affairer sur le film, Audrey fêtait son vingt-septième anniversaire – et Fred Astaire, son cinquante-septième. Un curieux schéma était en train d'émerger, assez peu courant dans l'histoire de Hollywood : pour la troisième fois, la jeune actrice avait pour partenaire un homme assez âgé pour être son père. Cette association faisait un peu penser à certaines représentations de l'art religieux médiéval ou de la Renaissance, dans lesquelles la toute jeune Vierge Marie se tient aux côtés de son époux Joseph, un vieil homme vénérable et barbu, leur relation évoquant une chasteté définitivement débarrassée des désirs de la chair.

C'est précisément ce qui peut expliquer que l'image d'Audrey Hepburn, dans plusieurs de ses films, soit étrangement dépourvue d'érotisme ; pas parce qu'*elle* n'est pas désirable ou séduisante, mais bien parce qu'elle évolue aux côtés d'acteurs trop vieux pour paraître susceptibles de composer avec son énergie exubérante (Bogart, Fonda et Astaire – et plus tard, Gary Cooper[1]). Ce n'est que lorsque Audrey atteindrait la trentaine et que le public réclamerait un peu plus de sensualité (sinon de sexualité) qu'elle serait associée à des acteurs plus jeunes tels qu'Albert Finney, Peter O'Toole et Sean Connery. Quoi qu'il en soit, elle ne s'est jamais exprimée là-dessus, et on peut parier qu'elle n'aurait pour rien au monde critiqué cette situation, elle qui ne voulait jamais froisser les susceptibilités.

Audrey avait au cinéma une apparence un peu glacée, inaccessible ; elle était radicalement différente – par ses traits, sa voix et ses formes – des stars pulpeuses alors en vogue, telle Marilyn Monroe. Lorsqu'elle jouait avec Gregory Peck, leur idylle contrariée était d'autant plus crédible que lui non plus n'était pas un sex-symbol. De même, il était assez difficile de l'imaginer dans des ébats

1. Bien que ce dernier fasse quelque peu exception à cette théorie : leur différence d'âge de vingt-cinq ans n'est pas choquante et passe très bien.

passionnés avec Bogart, Fonda ou Astaire, et même leurs baisers semblaient purement conventionnels.

Billy Wilder avait certainement senti cette chose intriguante car, dans l'une des scènes supposées les plus romantiques de *Sabrina*, il filme Bogart et Audrey Hepburn en train de s'embrasser non pas en gros plan, ni même en plan rapproché, mais avec sa caméra à plusieurs mètres du couple. Pour une fois, sur ce tournage, le réalisateur semble au diapason de ses acteurs : Audrey Hepburn et Bogart manquent littéralement de crédibilité en tant qu'amants ; l'absence d'intimité qui se dégage de ce plan donne l'image de deux personnages lointains filmés avec un joli décor marin en arrière-plan, l'image d'un couple assez incongru. Wilder (toujours cynique) peut avoir voulu montrer que leur relation était vouée au désastre. On les voit de loin ; rien ne nous invite à nous identifier à eux.

Dans la carrière de Fred Astaire, ce qui le résume peut-être le mieux est la fameuse scène du film de Donen, *Mariage royal* (1951) : il danse avec légèreté sur le sol, puis les murs et le plafond, défiant les lois de la pesanteur. Cette scène illustre parfaitement notre perception de son incroyable singularité : il semble doué de dons hors du commun et paraît transcender les normes. Dans tous ses films, ses partenaires sont comme happées par sa magie. De manière assez curieuse, il se situe aussi au-delà de toute contingence physique : Fred Astaire donne l'image d'un grand gentleman à l'écran – à tel point, finalement, qu'il ne dégage pas une once d'érotisme. C'est peut-être très exactement ce qui fait la beauté des dernières scènes de *Drôle de frimousse*, car Fred et Audrey paraissent littéralement flotter au-dessus du sol, personnages féeriques et désincarnés se promenant dans la forêt de Chantilly, filmés dans un halo de lumière douce, entourés de colombes et de cygnes. C'est un conte de fées hollywoodien, avec son charme singulier. Mais, d'une certaine manière, le film est curieusement aseptisé. En d'autres termes, rien n'y est à prendre au sérieux.

Astaire était une sorte de Peter Pan, ignorant des lois physiques de cet univers : il gambade, saute, fait des claquettes sur le chemin qui le mène de film en film. Et, dans *Drôle de frimousse*, Audrey est sa fée Clochette. En le regardant, on a l'impression que le poids du corps ne compte pas, et il accomplit ce qui paraît impossible à tout autre que lui. L'une des images les plus marquantes de sa carrière est la scène finale de *La Grande Farandole*, de Henri C. Potter (1939) : lui et Ginger Rogers entrent dans la légende en dansant bien sûr ! Visuellement, comme l'aurait dit Ben Hecht, c'est beaucoup de poudre aux yeux ; mais c'est surtout irrésistible.

Les contes de fées n'existent qu'au cinéma. Dès le premier jour de tournage, Audrey fut en adoration devant Astaire, et elle travailla deux fois plus pour lui plaire. Quant à lui, il fut immédiatement agacé par la fascination qu'elle suscitait chez le réalisateur, l'équipe technique et les autres acteurs. Il savait que la production était empressée auprès d'Audrey parce que, comme il le disait lui-même, la jeune actrice était « une dame qui irait loin ». Quand le tournage débuta, il s'inquiéta enfin de leur différence d'âge et de la crédibilité de leur romance : l'idée de jouer avec Audrey s'était avérée irrésistible lorsqu'on lui avait demandé d'être son partenaire mais, maintenant, la réalité reprenait ses droits. Elle faisait plus jeune que son âge, et il se sentait plus vieux qu'il ne l'était en réalité. Quand les membres de l'équipe se réunissaient le matin pour un café avec Donen, bavardant avec lui et se congratulant, Astaire arrivait, manifestement irrité, et demandait brutalement au réalisateur : « Bon, alors, qu'est-ce que tu veux que je fasse ? », « Qu'est-ce qu'il [ou elle] fait là ? »

Il s'interrompit à plusieurs reprises alors qu'il était en train de danser avec Audrey. « Qu'est-ce que tu fabriques ? » lui demandait-il d'un ton bourru en haussant la voix. « Fred était impatient, dira Kay Thompson, et il voulait paraître parfait face à Audrey. Vous voyez ces scènes tournées à Chantilly, avec Fred et Audrey traversant l'eau sur une embarcation légère. Eh bien, Fred l'a stoppée quatre ou cinq fois en plein milieu de la scène en lui disant : “Tu fais quoi, là ?” Fred lui a hurlé dessus une ou deux fois [...] et, finalement, la scène fut enfin mise en boîte. » Ce soir-là, Audrey confia à Kay qu'elle trouvait le tournage avec Fred Astaire « un peu épuisant ». Une remarque qu'elle n'aurait jamais répétée en public.

Toute l'équipe de *Drôle de frimousse* s'était fait une joie de tourner les extérieurs cet été-là. Mais, à Paris, les conditions climatiques furent frustrantes : il pleuvait tout le temps, de gros nuages noirs plombaient le ciel ; pourtant, le temps pressait et le budget était en jeu. Il fallait donc se débrouiller, et l'on filma une scène aux Tuileries pendant une éclaircie. Donen devait s'accommoder du climat. Mais les intempéries n'amélioraient pas l'humeur de Fred Astaire.

Tourner en Europe était un grand bonheur pour Audrey. Elle s'y sentait incomparablement mieux qu'à Hollywood. Délicate et drôle dans les scènes new-yorkaises de *Drôle de frimousse*, elle ne semblait cependant pas tout à fait à son aise dans le quartier bohème de Greenwich Village. Elle était plus dans son élément à Paris, et les gens de Hollywood le savaient : en partie ou en totalité, beaucoup de ses films eurent pour cadre la capitale française (*Sabrina, Drôle de frimousse, Charade, Comment voler un million de dollars, Ariane, Deux Têtes folles,* et *Liés par le sang*).

Sa mère, Ella, quitta Londres pour Paris afin d'assister à une partie du tournage. « Elle était de bonne humeur, et Audrey aussi », raconte Leonard Gershe, qui emmena la baronne prendre un verre et se lia d'amitié avec elle cet été-là. « Malheureusement, la mère et la fille ne partageaient pas de tels moments : elles ne riaient jamais ensemble. J'adorais sa mère, mais Audrey ne l'aimait pas beaucoup [...]. Ella jouait le rôle de la mère sévère. Quand elle se mettait à parler d'Audrey, elle devenait une autre personne. Elle la jugeait. Elle prenait son rôle de baronne très au sérieux. D'un autre côté, Ella pouvait être très drôle quand elle voulait, tout comme Audrey. Mais Audrey n'a jamais connu cette femme. Elles n'ont jamais su qu'elles se ressemblaient tellement. »

Selon Gershe, Ella pensait que sa fille était une merveilleuse actrice. Il ajoute :

« Elle ne pouvait pas le lui avouer. Audrey m'a dit un jour qu'elle ne se sentait pas aimée par sa mère, mais, croyez-moi, Ella l'aimait. Souvent, les gens ne savent pas dire leur amour à ceux qui leur sont chers ; alors, ils le disent aux autres. Il est probable que, si j'avais eu une mère comme Ella, je l'aurais haïe. Mais, en tant qu'amie, je l'aimais. »

Le tournage de *Drôle de frimousse* se termina en juillet pour Audrey. Elle prit quelques semaines de vacances avec Mel à Bürgenstock, avant qu'il ne reparte pour deux tournages consécutifs, en Espagne puis en France. Au même moment, Audrey acceptait un nouveau tournage avec Billy Wilder, à la condition que le film se déroule entièrement à Paris, où Mel et elle pourraient se retrouver pendant les week-ends. Elle était d'accord avant même d'avoir lu le scénario, car Wilder lui avait dit que Gary Cooper, incarnation idéale de l'Américain moyen dans toute sa splendeur et sa virilité, serait son partenaire. Une fois de plus, Cary Grant, d'abord sollicité pour ce rôle, avait rejeté l'offre de Wilder.

Ariane, adaptée d'un roman de Claude Anet, est l'histoire de Frank Flannagan (Gary Cooper), un riche et bel homme d'affaires américain, Don Juan impénitent sans conscience ni morale, qui séduit les femmes à travers le monde. Il a réussi jusque-là à esquiver le mariage, et abandonne ses conquêtes dès que la relation devient trop sérieuse. À Paris, il est pris en filature par un détective privé, Claude Chavasse (Maurice Chevalier), pour le compte d'un mari trompé. Chavasse a une fille belle et pure, Ariane (Audrey Hepburn), élève au conservatoire de musique. Elle est fascinée par les photos de Flannagan et tombe amoureuse de lui sans même le connaître. Lorsqu'elle apprend que le mari cocufié veut se venger de lui et peut-être le tuer, elle décide d'aller prévenir Flannagan elle-même… Séduit par la jeune fille, il résistera d'abord aux sentiments qu'il ressent pour elle, puis se ravisera au moment de la quitter, la prenant dans ses bras pour un final heureux.

Grand, félin, réservé et doté d'un sex-appeal dont il affecte de ne pas être conscient, Gary Cooper est resté l'archétype du mâle américain, indétrônable pendant une bonne trentaine d'années. En 1956, il avait cinquante-cinq ans mais en paraissait facilement dix de moins. Quand Cary Grant avait refusé le rôle, Billy Wilder s'était aussitôt tourné vers lui, le considérant comme un choix approprié pour ce rôle d'amant insatiable – avec un chouïa de perversité en plus. Bien qu'il fût marié, on chuchotait en effet à Hollywood que Gary Cooper butinait plus d'une fleur, et l'on citait (entre autres) : Lupe Velez, Barbara Stanwyck, Merle Oberon, Carole Lombard, Paulette Goddard, Marlene Dietrich, Ingrid Bergman et Clara Bow.

Avant de commencer ce nouveau tournage, en septembre, Audrey se rendit à New York pour voir son amie Cathleen Nesbitt dans la comédie musicale *My Fair Lady*, avec Julie Andrews et Rex Harrison.

De retour à Paris, elle retrouva Billy Wilder et s'attela à *Ariane*. Elle était reconnaissante envers la réalisation du succès de *Sabrina*, et c'est aussi ce qui l'avait poussée à accepter un second film avec lui. Elle choisissait ses interprétations avec le plus grand soin et désirait des rôles très variés, mais on voit mal quelles raisons elle aurait eues de refuser cette proposition. Et, en effet, les critiques comme le public étaient très impatients de découvrir ce film, surtout avec le partenaire masculin qui devait lui donner la réplique... Mais, pour la première fois, et malgré la garde-robe dessinée par Givenchy, Audrey semble un peu trop hiératique dans ce rôle, presque figée dans une sorte de perfection glacée. De fait, les tenues d'*Ariane* ne collent pas avec le personnage, et semblent trop apprêtées pour une jeune étudiante avec un père aux revenus modestes.

À l'automne, dès le début du tournage, Billy Wilder rencontra une difficulté technique qu'il ne devait jamais vraiment réussir à aplanir. Il avait supervisé les essais de maquillage et de costumes pour Gary Cooper ; pour la garde-robe, il n'y avait pas de souci majeur car l'acteur était plutôt bien taillé. Mais le réel problème se situait au niveau du maquillage. On avait beau essayer toutes sortes de cosmétiques ou différents réglages de lumière, Gary Cooper avait toujours le visage d'un homme vieillissant et usé par la vie. La situation n'était pas sans rappeler ce qui s'était produit avec Bogart sur *Sabrina*. La chose se corsait pour les scènes d'amour, qui ne pouvaient se satisfaire d'être filmées à distance respectable.

Alors que faire ? On mit des filtres sur les objectifs des caméras, mais ce n'était pas encore suffisant. Pour les gros plans, il fallait un éclairage tamisé, ou bien filmer l'acteur de derrière, ou au travers d'une gaze, ou encore jouer avec les ombres d'un mur, d'un rideau ou d'une porte. Cinquante ans plus tard, les esthètes cherchent un sens cinématographique à ces divers aspects techniques, y voyant parfois une métaphore de la personnalité de Flannagan... Cooper en était à son quatre-vingt-dix-neuvième film depuis ses débuts au cinéma muet, en 1925. Il savait donc parfaitement ce que cela signifiait quand l'équipe multipliait les subterfuges et quand on chuchotait derrière les caméras. De plus en plus mal à l'aise dans son rôle, il donnait tout le temps l'impression d'être pris dans une sorte de carcan invisible. Cooper avait un style flegmatique et une façon presque monocorde d'interpréter son texte qui avaient fait son originalité pendant des années ; mais, en l'occurrence, cela le desservait plutôt.

« Lui et Billy Wilder étaient de vrais bons vivants », préfère se souvenir Audrey. « Ils parlaient gastronomie, vin, mode et art. Je ne me mêlais jamais à leurs discussions. J'avais le plus grand respect pour M. Wilder, mais je ne le connaissais pas très bien, personnellement. Je n'aurais pas pu lui parler de la même manière qu'à King [Vidor]. » Ainsi, en plus de ce malaise latent entre elle et son partenaire, Audrey estimait ne plus avoir avec son réalisateur une relation aussi aisée qu'auparavant ; et cela aussi influençait son interprétation.

L'intention de départ de Wilder, avec *Ariane*, était de rendre hommage à son mentor, le cinéaste Ernst Lubitsch, qui avait su réaliser de splendides œuvres satiriques. Mais, au final, cette nouvelle comédie de Wilder est aussi distrayante qu'un de ses précédents films, *Boulevard du crépuscule* ; c'est-à-dire pas du tout. Mélancolique et triste, *Ariane* s'étire sur deux heures et dix minutes, mais on a l'impression que le film dure quatre heures. La narration manque de clarté, l'aspect romantique n'est pas franchement crédible et il est finalement difficile de croire que Billy Wilder est l'auteur de ce qui au départ devait être une comédie charmante et divertissante.

L'erreur de casting sur Gary Cooper, le côté répétitif et systématique des mouvements de la caméra et l'omniprésence tout au long de l'histoire d'un quartet de musiciens inexpressifs jouant le morceau « Fascination » – le procédé se voulait comique mais, finalement, plombe tout le film – aboutit à un résultat assez ennuyeux.

En outre, le personnage même d'Ariane est ambigu. On n'imagine pas une jeune fille virginale dans une telle situation, avec un tel comportement, à Paris, en 1956. Pourquoi une fille censée être si intelligente tombe-t-elle amoureuse d'un coureur de jupon – Flannagan – qui oublie jusqu'au nom des femmes qu'il séduit ? Dans ce cas, peut-être faudrait-il imaginer une attirance masochiste à la manière des *Liaisons dangereuses*…

À la sortie du film, en 1957, le public aimait trop Audrey Hepburn et Gary Cooper pour remarquer qu'ils incarnaient tous les deux des personnages plutôt troubles. Avec un autre casting et en d'autres mains, le film aurait pu donner une œuvre plus subtile, plus psychologique. Mais ce devait être une comédie de Wilder, une sorte de *Sabrina* bis. Le caractère trop statique des scènes estompe tout l'humour de cette histoire finalement pas très amusante. Comme d'habitude, Audrey garda le silence sur cet échec, et ne se lassa pas d'encenser ceux qui s'étaient engagés dans cette aventure à ses côtés.

La dernière scène est un modèle de cliché hollywoodien. Ariane court derrière un train sur le départ, qui devrait emporter Frank Flannagan loin d'elle et de Paris pour toujours. Ses larmes coulent pendant qu'elle l'assure que tout ira bien, qu'un de perdu, dix de retrouvés, etc. Mais Flannagan n'est pas dupe et son cœur de pierre s'attendrit devant la jeune fille… qu'il attrape au vol depuis le train pour le baiser final.

Pendant les fêtes de fin d'année, épuisée d'avoir tourné deux films en un an, Audrey déclara à Mel qu'elle n'aspirait qu'à une longue période de repos. Mais ils avaient déjà accepté de jouer ensemble pour la télévision américaine. Début 1957, ils s'envolèrent donc pour New York, où devaient se dérouler les répétitions.

Troisième partie

Consécration (1957-1970)

Chapitre neuf
1957

En janvier, alors que les Ferrer et Hubert de Givenchy devaient se retrouver pour un dernier dîner avant que le couple ne retourne à New York, le couturier arriva avec un cadeau pour Audrey. Une petite boîte. Il venait de faire créer un parfum inédit portant le nom d'Audrey, en l'honneur de la jeune star. « *Mais, c'est interdit*[1] ! s'écria-t-elle. Oh, mais vous ne pouvez pas... ! » fit Audrey en découvrant avec émerveillement son luxueux présent. La fragrance imaginée pour elle par Givenchy serait exclusivement la sienne pendant un an. Passé ce délai, le nouveau parfum serait commercialisé juste avant Noël.

L'Interdit était né.

Givenchy avait retenu l'exclamation spontanée et si poétique d'Audrey ; ce nom rappellerait aussi que ce parfum unique avait été interdit à toute autre femme pendant une année. Il évoquait également la transgression, un bouquet si envoûtant qu'il aurait dû être interdit...

Toujours prêt à traiter de sujets concernant sa Russie natale, Anatole Litvak avait déjà réalisé *Tovarich* en 1937, *Pourquoi nous combattons : La bataille de Russie* en 1943 et *Anastasia*, avec Ingrid Bergman (dont l'interprétation lui avait valu son deuxième oscar) et Yul Brynner, en 1956. Vingt ans auparavant, il avait également tourné *Mayerling* (avec Danielle Darrieux et Charles

1. En français dans le texte. (*NDT)*

Boyer dans les rôles principaux), un drame romantique se déroulant en 1889 dans le village autrichien de Mayerling, situé près de Vienne. C'est là que le prince Rodolphe, fils de l'empereur François-Joseph Ier d'Autriche et de l'impératrice Élisabeth (dite Sissi) aurait tué par balle sa maîtresse, la jeune baronne Marie Vetsera, avant de retourner l'arme contre lui-même. Du moins est-ce la thèse la plus fréquemment retenue, mais qu'aucune preuve ne vient étayer. Les historiens ne savent d'ailleurs toujours pas ce qui s'est réellement passé, et d'autres hypothèses ont été également retenues, dont celle d'un double meurtre politique, voire d'une sorte de vendetta familiale...

Quoi qu'il en soit, cette histoire avait déjà fait l'objet de cinq films pour le cinéma quand Litvak suggéra une adaptation télévisée à la National Broadcasting Company (NBC) de New York. Il proposa qu'un vrai couple d'acteurs reprenne les rôles principaux... C'est ainsi que Kurt Frings fut contacté par quelqu'un de la chaîne NBC, avec qui il devait négocier un contrat lucratif pour le couple Ferrer. Pour deux semaines de répétitions et une semaine d'enregistrement durant le mois de janvier, Audrey toucherait 150 000 dollars et Mel 100 000 dollars.

Dans l'après-midi du lundi 4 février, ce drame de quatre-vingt-dix minutes fut retransmis en couleurs, un luxe alors réservé aux programmes exceptionnels. Mais les critiques ne furent pas favorables et on oublia vite ce moyen-métrage, qu'un journaliste avait chroniqué ainsi : « Il est difficile d'imaginer une version plus fade et simpliste de cette histoire. C'est comme si deux gentils jeunes gens étaient propulsés dans un décor d'opérette, mais sans musique ni chanson. » Pourtant, le budget qui avait été alloué était conséquent, et avait permis d'engager une centaine de figurants et d'offrir à Audrey une garde-robe spectaculaire. Mais ce *Mayerling* si luxieux, avec des scènes de bal impressionnantes et une cour au décor flamboyant, fonctionnait mal avec le sujet même de l'histoire : une tragédie intime aboutissant à la mort des deux amants. Bref, on avait tout misé sur le style, mais le film lui-même n'avait aucune substance.

Quant à Audrey et Mel, les critiques trouvaient qu'ils campaient les personnages de Maria et Rodolphe d'une manière étonnamment dépourvue de passion : « Ils ont l'air à mille lieues d'une passion qui tourne au drame. » Certains journalistes et même quelques membres de l'équipe avaient cru discerner une certaine distance entre les Ferrer, voire de la froideur. Mel n'était pas un héros de télévision convaincant, car il semblait maladroit ; et, malgré ses efforts et sa technique, Audrey peinait à interpréter son amoureuse désespérée. Les répétitions s'étaient déroulées sans accroc ni émotion ; il en avait été de même pour le résultat final.

Dès lors, Audrey Hepburn et Mel Ferrer éviteraient de jouer ensemble. Audrey voulait prendre une année sabbatique, loin des caméras de télévision et de cinéma. Elle esquivait la presse et demanda à Henry Rogers de refuser les demandes d'interviews. Pendant ce temps, Mel tourna dans deux films en 1957, dont l'un nécessita qu'il reste un moment au Mexique. Le couple s'installa donc à Michoacan dans une superbe maison entourée d'un jardin luxuriant et qui ne comportait pas de téléphone – à la grande satisfaction d'Audrey.

Durant ces vacances, elle apprit que la première de *Drôle de frimousse* avait remporté un franc succès. « Quels merveilleux articles », écrivit-elle à Roger Edens en réponse à un dossier de presse qu'il lui avait envoyé, avant d'ajouter : « J'ai aussi vu la couverture de *Variety*, qui annonce que c'est un record au box-office !!! Je te suis profondément reconnaissante. Hourra ! Hourra ! S'il te plaît, félicite Kay [Thompson] de ma part pour les fabuleuses critiques qu'elle a eues. Je lui souhaite encore beaucoup d'autres succès… Je te remercie. »

Bien qu'il n'y eût aucun téléphone dans la villa mexicaine, il restait possible de communiquer par télégramme, et c'est par ce moyen que Kurt Frings arriva à joindre Audrey ce printemps-là. Il savait qu'elle se faisait du souci pour son avenir et, aussi, qu'elle avait conscience de l'aspect répétitif de ses rôles : soit elle incarnait la nymphe convoitée par un homme plus âgé (comme dans *Sabrina, Drôle de frimousse* ou *Ariane*), soit une aristocrate en costume prise dans une intrigue politico-sentimentale (*Guerre et Paix*, *Mayerling*). Depuis son oscar pour *Vacances romaines*, elle en était restée à peu près au même point. Toujours très consciente de son image et peu désireuse de jouer dans des films qu'elle jugeait trop grossiers ou agressifs, Audrey n'avait pourtant pas encore l'âge d'endosser des rôles de caractère, et n'était pas à l'aise avec les films des années 1950 qui commençaient à explorer les ressorts de la sexualité.

Quand Kurt Frings lui envoya un message pour lui proposer un rôle complètement différent de tout ce qu'elle avait fait jusque-là, l'adaptation d'un des romans les plus encensés et plébiscités parus en 1956 (un best-seller dans une douzaine de langues), Audrey accepta tout de suite de lire le livre. Elle le reçut trois jours plus tard. La jeune femme fut profondément touchée par cette histoire, par les qualités littéraires du récit, par son honnêteté, son courage et son aspect poignant : elle ne s'y reprit qu'à deux fois pour finir de lire *Au risque de se perdre*, de Kathryn Hulme. Mel fut également très impressionné et lui dit que ce pourrait être le rôle de sa vie… si la Paramount voulait bien la libérer pour qu'elle fasse ce film avec la Warner Bros, qui en avait acquis les droits.

Au risque de se perdre est inspiré d'une histoire vraie. Ce livre raconte la vie de Gabrielle Van der Mal, fille d'un célèbre chirurgien belge, qui entra dans les ordres en 1927. Une fois nonne, elle prit le nom de sœur Luke (d'après le saint patron des chirurgiens, en hommage à son père) et travailla comme infirmière psychiatrique dans un asile. Respectée, dévouée et efficace, elle étudia la médecine tropicale avant d'être envoyée au Congo belge pour secourir les plus pauvres. Pendant neuf ans, elle mit tout en œuvre pour remplir sa mission, puis retourna en Belgique, où elle était rappelée par son ordre. Pendant la Seconde Guerre mondiale, sœur Luke s'engagea dans la Résistance, mais se trouva face à un profond dilemme : en tant que religieuse, elle devait soigner ses amis comme ses ennemis. Elle avait donc le devoir de traiter les nazis blessés avec la même compassion que les Alliés, ce à quoi elle se refusait. Avec la permission de ses supérieurs et des autorités du Vatican, elle fut donc libérée de ses vœux et devint infirmière au service des Alliés.

Audrey éprouva une admiration immédiate pour l'héroïne d'*Au risque de se perdre* et n'eut aucune peine à s'identifier à elle. Comme sœur Luke, elle était née en Belgique ; les deux femmes avaient perdu leur père, et toutes deux avaient eu des frères faits prisonniers pendant la guerre. Mais, par-dessus tout, Audrey était fascinée par la puissante spiritualité de la religieuse et par l'intensité de sa vie intérieure. Le conflit qui l'avait conduite au renoncement à ses vœux ne tenait pas à un manque de foi ni à la morsure du doute, bien au contraire. Sœur Luke et Audrey, tournées vers l'introspection, étaient de plus en plus mal à l'aise avec le monde des apparences. Tout comme sœur Luke n'avait jamais pensé que son habit suffisait à définir sa vocation, Audrey n'avait jamais pensé que l'apparat hollywoodien (malgré tout le talent de son Givenchy bien-aimé) suffisait à définir ce qu'elle était profondément. Ces accessoires faisaient simplement partie de son image...

Dans le roman comme dans la vie, sœur Luke n'avait jamais perdu sa foi catholique ; pas un instant elle n'avait pensé que le fait de quitter la vie religieuse signifiait qu'elle « divorçait » de Dieu ou qu'Il se détournait d'elle. « Le Christ ne m'abandonnera pas si je pars [du couvent], dit-elle à son supérieur. J'ai donné tellement d'eau aux assoiffés en Son nom qu'Il sait que je le ferai toujours, que je continue à travailler pour Lui comme religieuse ou comme infirmière de guerre. »

Audrey n'avait jamais adhéré à une religion en particulier, mais elle faisait assurément partie de ces gens qui possèdent une sorte de foi fondamentale en l'univers : elle était révoltée par la guerre, prenait un grand plaisir à contempler les choses de la nature les plus simples et, à mesure que sa vie avançait, elle subissait des changements profonds résultant d'une introspection et d'interrogations intenses. « Je suis comme sœur Luke à bien des égards », disait-elle. C'était une sage décision sur le plan professionnel d'accepter un tel rôle, mais l'expérience de ce tournage hors normes, ainsi qu'elle l'écrira elle-même, devait radicalement changer sa vie.

Frings informa Audrey que Robert Anderson, un des membres de la Playwrights Company qu'elle avait déjà rencontré pendant la préparation d'*Ondine*, allait s'occuper de la scénarisation d'*Au risque de se perdre.* Dans son télégramme, il ajoutait qu'il pourrait être très utile pour elle de rencontrer à Hollywood le producteur du film, Henry Blanke, en même temps qu'Anderson. Le scénariste devait y glaner diverses informations complémentaires pour la rédaction du texte et s'entretenir avec la romancière Kathryn Hulme à son domicile de Los Angeles.

Kathryn Hulme avait rencontré la véritable sœur Luke. Le vrai patronyme de cette dernière était Marie Louise Habets, et son nom de religieuse, sœur Marie Xavérine. Elle avait été nonne chez les sœurs de la Charité de Jésus et de Marie entre 1927 et 1944, un an après avoir quitté son couvent. En juillet 1945, toutes deux avaient travaillé pour l'UNRRA, qui venait d'être créé. Par la suite, les deux femmes se rendirent à Wildflecken, un camp nazi reconverti en camp de réfugiés et accueillant plus de 20 000 personnes déplacées venues de toute l'Europe, dont beaucoup étaient très malades.

Kathryn Hulme, déjà auteur confirmé, était alors elle-même sur une voie de développement spirituel. Elle avait vécu à Paris durant les années 1930, étudiant la philosophie mystique de Gurdjieff et rejoignant certains groupes inspirés par lui, dont une petite association de femmes écrivains lesbiennes appelée The Rope (« La Corde »). Kathryn (qui préférait qu'on l'appelle Kate ou Katie) se demandait comment concilier sa vie privée, si peu conventionnelle, avec ses aspirations spirituelles et ses ambitions professionnelles.

Marie Louise Habets – « Lou » pour ses amis – avait peu à peu raconté l'histoire de ses dix-sept années de vie religieuse à Kate, lorsqu'elles s'étaient rencontrées après la guerre. Pendant les six ans où elles travaillèrent en Europe, Kate et Lou continuèrent ensemble leur quête spirituelle, à la recherche de leur identité profonde sur le chemin qui les menait vers Dieu. En 1952, elles rentrèrent aux États-Unis. Kate reprit sa carrière d'écrivain, pendant que Lou redevenait infirmière.

D'elle-même, sans aucune pression de la part de sa compagne, Kate se convertit au catholicisme, ce qui les rapprochait encore plus. Peu de temps après, Lou proposa à Kate de s'inspirer de son histoire pour écrire un livre, « parce que cela pourrait apporter quelque chose de bénéfique », lui expliqua Lou. « Ces mots sont ceux d'une religieuse », écrira Kate dans une dédicace du roman destinée à Lou. « Ce sont des mots de foi et d'espoir, éclairés par [...] le désir de partager un trésor durement acquis – une croyance inébranlable – avec tous ceux qui, comme le dit Gurdjieff, ont "soif d'autre chose". »

Effectivement, le résultat était « autre chose », exceptionnel et remarquable. Lorsque *Au risque de se perdre* fut publié en 1956, il s'en vendit trois millions d'exemplaires en anglais et des millions d'autres en diverses langues. Kate Hulme et Lou Habets resteraient à jamais des personnes très importantes pour Audrey Hepburn. Profondément impressionnée par l'une comme par l'autre, elle maintiendrait une relation longue et pleine d'affection avec ces deux femmes[1].

Début juin 1957, Audrey accepta de se rendre à Los Angeles pour les rencontrer et discuter du film avec Robert Anderson.

Robert Woodruff Anderson, tout juste quarante ans en ce mois d'avril, avait exactement le même âge que Mel. Comme lui, il était grand, galant et courtois. Né à New York, il fit ses études supérieures à Harvard et décrocha un doctorat ès lettres avant de rejoindre l'armée lors de la Seconde Guerre mondiale (en récompense de sa bravoure, il fut décoré de l'Étoile de bronze). Avant cela, en 1940, alors qu'il avait vingt-trois ans, il avait épousé la productrice de théâtre et dramaturge Phyllis Stohl, de dix ans son aînée.

1. Lou et Kate vécurent ensemble plus de trente-cinq ans, portées par leur foi et par le besoin d'aider leurs semblables. « Mes voisins disent que je suis toujours une bonne sœur ! » écrit Lou à l'auteur du présent ouvrage en 1984, soit trois ans après la mort de Kate, en 1981. Lou disparut à son tour dix ans plus tard, à l'âge de quatre-vingt-six ans. Son double prénom, Marie Louise, ne comporte pas de trait d'union, contrairement à l'orthographe souvent employée.

Après la guerre, la carrière littéraire d'Anderson trouva à s'épanouir sous la tutelle bienveillante de sa femme : ses pièces, des narrations souvent assez lyriques aux personnages pris dans des dilemmes sentimentaux, furent produites « off-Broadway[1] » et dans des théâtres de la région – du moins jusqu'en 1953, quand *Thé et Sympathie* commença une carrière qui devait durer deux ans à New York, avant une tournée américaine et diverses productions étrangères. Passionné par son travail et réputé pour son professionnalisme sans complaisance, il était en 1957 un scénariste et dramaturge très recherché. Mais son mariage connut une fin tragique. Alors que *Thé et Sympathie* débutait, Phyllis apprit qu'elle avait un cancer ; pendant trois longues années, Anderson prit soin de son épouse, et l'accompagna jusqu'à la mort.

Il ne parvint jamais à se relever de cette terrible perte. Anderson était hanté par la mémoire de sa femme et par leur mariage, il parlait de Phyllis tous les jours : à ses amis et à ses relations, et même aux étudiants devant lesquels il donnait des conférences ainsi qu'aux journalistes qui l'interviewaient. Cette habitude perdura même après son remariage avec l'actrice Teresa Wright, en 1959, dont la carrière (sur les planches, au cinéma et à la télévision), jalonnée de maintes récompenses, avait débuté en 1938 alors qu'elle avait vingt ans, pour se poursuivre jusqu'à sa mort, à l'âge de quatre-vingt-six ans, en 2005.

Phyllis décéda le 28 novembre 1956 et, pendant plusieurs jours, Robert frôla la folie. Au même moment, Ingrid Bergman s'apprêtait à jouer *Thé et Sympathie* sur la scène parisienne. L'agent de Robert Anderson n'était autre que l'éminente Kay Brown, celle qui avait convaincu David O. Selznick de faire venir Alfred Hitchcock d'Angleterre et Ingrid Bergman de Suède, entre autres coups de maître. En 1956, elle veillait à la fois aux intérêts de Miss Bergman et de Robert Anderson.

Plusieurs semaines après le décès de Phyllis, Kay contacta Ingrid, alors à Paris. Les répétitions de *Thé et Sympathie* avaient

1. Dans un circuit en marge de celui des grosses productions de Broadway. (*NDT*)

été quelque peu retardées par l'hospitalisation de l'actrice, qui avait dû subir une appendicectomie d'urgence. Lorsque Kay lui eut parlé de la dépression nerveuse dans laquelle Anderson s'enfonçait à la suite du décès de sa femme, elle décrocha son téléphone pour l'appeler : « C'est Noël et tu ne dois pas rester seul. Avec la pièce, tu auras un but et tu retrouveras une famille. » Elle réserva une chambre pour lui à l'hôtel Raphaël, où elle avait ses habitudes (de même que Mel et Audrey). Le 10 décembre, quand Anderson arriva à Paris, elle l'attendait à l'aéroport.

Elle-même venait de traverser une période difficile : un mariage houleux avec le réalisateur Roberto Rossellini, qui était parvenu au point critique lorsque celui-ci avait essayé d'épouser une actrice indienne, quitte à devenir bigame. Ingrid venait de rompre et de s'installer à Paris. Elle avait désormais toute latitude pour accepter des rôles au théâtre ou au cinéma – toutes propositions que Rossellini la poussait à décliner lorsqu'ils étaient ensemble. Or, ses films avaient laissé Rossellini dans une situation financière délicate (en dépit de leurs mérites artistiques), et le couple avait trois enfants à charge. Ingrid décida immédiatement de subvenir à leurs besoins : elle accepta l'offre de Jean Renoir qui la voulait pour *Éléna et les hommes* (un film avec Mel Ferrer), et la Twentieth Century Fox lui proposa le rôle-titre d'*Anastasia*, réalisé par Anatole Litvak ; ses débuts parisiens dans *Thé et Sympathie* vinrent juste après. À quarante-deux ans, Ingrid Bergman commençait une seconde carrière, aussi brillante que la précédente.

Dans la mesure où Ingrid et Robert étaient engagés dans la même aventure théâtrale et qu'ils avaient tous deux de grandes peines de cœur, il n'est guère surprenant qu'ils aient fini par devenir des amants passionnés. Anderson reconnaîtra lui devoir beaucoup : « Un critique français aimait Ingrid mais n'avait guère apprécié *Thé et Sympathie*. Alors il écrivit dans son article qu'"Ingrid Bergman sauvait la pièce". J'ai envoyé un petit mot à Ingrid, en ajoutant : "Ingrid Bergman a sauvé la pièce, et l'auteur de la pièce aussi." » Robert disait qu'il était amoureux fou d'elle mais Ingrid, plus lucide, savait que leur histoire aurait bientôt une fin : « J'ai vite réalisé qu'il perdait pied [...] et j'ai fait tout ce que j'ai pu pour l'aider à survivre. À cette époque-là, il était très proche de moi. Et peut-être que moi aussi, j'avais besoin de ça. Je savais que cette relation était importante pour nous deux. » Elle savait aussi qu'il devait retourner aux États-Unis et que Hollywood le courtisait ; ces projets professionnels l'aideraient à guérir sur le plan émotionnel.

Elle s'apercevait aussi que leur relation était en grande partie fondée sur un besoin mutuel et désespéré : « Je veux que tu te reprennes en main tout seul, lui écrivit-elle le 26 janvier 1957. Je ne peux pas t'aider. Maintenant, tu dois lutter seul. Revenir à Paris [avec moi] reviendrait à te cacher avec quelqu'un. Mais tu sais bien que ce serait pire ensuite. Il te faudrait un jour ou l'autre affronter la solitude. »

Officiellement, Ingrid était encore Mme Rossellini, et il se passerait encore bien du temps avant qu'elle soit libre de se remarier. En outre, sa vie professionnelle, comme celle de Robert, nécessitait qu'ils se séparent longtemps, elle parcourant l'Europe, et lui se trouvant à Hollywood. Quand leur idylle prit fin, elle se transforma en une indéfectible amitié.

Pendant qu'il était à Paris, Robert découvrit le roman *Au risque de se perdre*. Phyllis l'avait lu peu de temps avant sa mort, et lui avait dit que ce serait bien s'il en écrivait le scénario. Au même moment, Kay Brown essayait de trouver le maximum d'engagements pour Ingrid, et elle pensa évidemment à elle pour le rôle principal de cette histoire. Pendant les fêtes de fin d'année, Ingrid et Robert lurent le livre ensemble. Il aimait beaucoup l'histoire et saisit immédiatement le parti qu'il pouvait en tirer sur le plan dramatique. Mais Ingrid déclara aussitôt qu'elle n'était plus assez jeune pour jouer sœur Luke.

À sa place, elle suggéra Audrey Hepburn. Robert transmit l'idée à Kay, Kay contacta Kurt Frings, qui envoya un télégramme à Audrey. En janvier, Kay avait conclu l'accord pour Robert, et Frings négociait avec la Warner, enchantée que la Paramount, qui se remettait des pertes de *Guerre et Paix*, n'ait

Audrey à l'âge de sept ans
(1936). Droits réservés

Lors d'un spectacle
de danse en Hollande
(1943). Droits réservés

Avec sa mère
(1945). Droits réservés

En répétition à Londres, avec Babs Johnson (1948).

Dans *Sauce piquante*, à Londres (1950).

Posant pour une publicité (1951).

Dans le rôle d'Eve Lester, dans *Young Wives'Tales*, avec Helen Cherry, Nigel Patrick et Derek Farr (1950). © British film Institute

Dans *Secret People*, elle joue le rôle de Nora Brentano (1951). © British Film Institute

Avec James Hanson (1952).

Une pause pendant *Vacances romaines* avec Gregory Peck (1952).

: William Holden pendant le tournage de *Sabrina*.
l'aimable autorisation de l'Academy of Motion Picture Arts and
ces

Photo promotionnelle avec William Holden.
Avec l'aimable autorisation de l'Academy of Motion Picture Arts and Sciences

Avec Billy Wilder et William Wyler (1953).
Avec l'aimable autorisation de l'Academy of Motion Picture Arts and Sciences

Avec Mel Ferrer dans *Guerre et Paix.*
Avec l'aimable autorisation de l'Academy of Motion Picture Arts and Sciences

Répétition pour la scène du bal dans *Guerre et Paix.*
Avec l'aimable autorisation de l'Academy of Motion Picture Arts and Sciences

Avec Fred Astaire et Mel Ferrer, qui examine les photos promotionnelles d'Audrey pour *Drôle de frimousse* (1956).
Avec l'aimable autorisation de l'Academy of Motion Picture Arts and Sciences

Dans *Drôle de frimousse*, elle est Jo Stockton.
Avec l'aimable autorisation de l'Academy of Motion Picture Arts and Sciences

Avec Mel Ferrer (1956).
Avec l'aimable autorisation de l'Academy of Motion Picture Arts and Sciences

Photo promotionnelle (1957).
Avec l'aimable autorisation de l'Academy of Motion Picture Arts and Sciences

Avec Hubert de Givenchy (1957).
Avec l'aimable autorisation de l'Academy of Motion Picture Arts and Sciences

Avec le producteur Henry Blanke, Kathryn Hulme, Robert Anderson et Fred Zinnemann, en pleine discussion pour *Au risque de se perdre* (1957).
Avec l'aimable autorisation de Robert Anderson

Elle est Gabrielle Van der Mal et sœur Luke dans *Au risque de se perdre* (1958).
Avec l'aimable autorisation de l'Academy of Motion Picture Arts and Sciences

Pendant le tournage des scènes d'intérieur à Rome (1958).
Avec l'aimable autorisation de l'Academy of Motion Picture Arts and Sciences

Avec Mel Ferrer, préparant *Vertes Demeures* (1958).
Avec l'aimable autorisation de l'Academy of Motion Picture Arts and Sciences

Audrey chante « Moon River » dans *Diamants sur canapé* (1960).
Avec l'aimable autorisation de l'Academy of Motion Picture Arts and Sciences

Avec le réalisateur George Cukor, Mel Ferrer, le producteur Jack Warner, son partenaire Rex Harrison et sa femme Rachel Roberts, et le créateur Cecil Beaton pour les débuts de *My Fair Lady* (1963).
Avec l'aimable autorisation de l'Academy of Motion Picture Arts and Sciences

Avant une scène de *My Fair Lady*.
Avec l'aimable autorisation de l'Academy of Motion Picture Arts and Sciences

Dans *Voyage à deux*, elle tient le rôle de Joanna Wallace (1966).
Droits réservés

Avec Albert Finney pendant le tournage de *Voyage à deux.*
Droits réservés

Avec Andrea Dotti à Rome (1972). Droits réservés

Avec William Wyler, qui reçoit la récompense de l'American Film Institute pour l'ensemble de son œuvre, et l'actrice Merle Oberon (1976).
Avec l'aimable autorisation de l'Academy of Motion Picture Arts and Sciences

Avec Robert Wolders et Lawrence Bruce, président du comité américain de l'Unicef, transportant des céréales en Éthiopie (1988).
© UNICEF/HQ88-0090/John Isaac

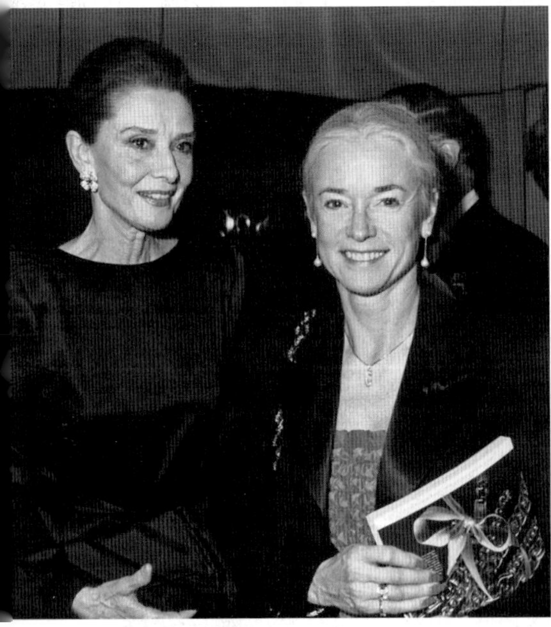

Avec Christa Roth, à un gala de l'Unicef (1989).
Avec l'aimable autorisation de Christa Roth

Parmi les enfants pauvres du Viêtnam (1990).
© UNICEF/HQ90-0081/Peter Charlesworth

Avec des enfants du Bangladesh (1989).
© UNICEF/HQ89-0476/John Isaac

Avec des enfants réfugiés dans des camps de personnes déplacées, à Baidoa en Somalie (1992).
© UNICEF/HQ92-1184/Betty Press

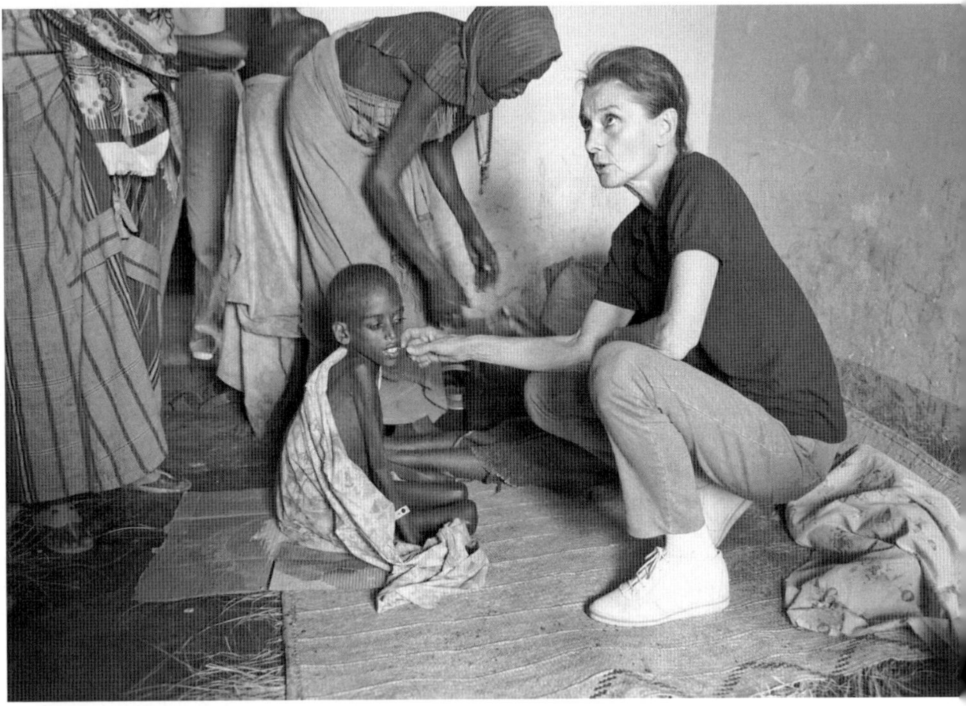

Avec un enfant sous-alimenté, dans un centre de secours en Somalie (1992).
© UNICEF/HQ92-1193/Betty Press

Cet enfant mourra de faim dans ses bras quelques instants plus tard.
© UNICEF/HQ92-1199/Betty Press

pas pu se lancer dans *Au risque de se perdre.* La Paramount pensait que le film nécessiterait un tournage dispendieux en Europe et en Afrique, c'est pourquoi elle acceptait de « prêter » Audrey à la Warner, mais elle leur devrait un film supplémentaire.

Tout s'enchaîna très vite. Au printemps 1957, Robert Anderson venait juste de terminer le script de *Femmes coupables*, de Robert Wise. Il partageait son temps entre son domicile de New York et des visites à Hollywood pour la préparation d'*Au risque de se perdre.* Warner signa avec Fred Zinnemann pour qu'il en soit le réalisateur. Zinnemann avait commencé sa carrière en Europe et, après son arrivée aux États-Unis, il avait continué sur sa brillante lancée, avec par exemple *C'étaient des hommes* (le premier film de Marlon Brando, en 1950), *Le train sifflera trois fois* (1952) et *Tant qu'il y aura des hommes* (1953). Il avait déjà reçu deux oscars et en récolterait encore deux de plus durant sa longue carrière. Zinnemann était un cinéaste méticuleux, attentif au moindre détail. Il avait la réputation de traiter les acteurs avec une grande courtoisie, d'avoir une profonde sensibilité avec un fond de sophistication à l'européenne très marqué.

Fin avril, Jack Warner, Henry Blanke, Fred Zinnemann et Robert Anderson attendaient d'être fixés sur la participation d'Audrey. La Paramount donna son accord mais un autre problème surgit : Audrey avait promis à Mel d'être son héroïne pour un film produit par la MGM dont il serait le réalisateur, *Vertes Demeures.* Toutefois, Mel devait d'abord honorer ses engagements d'acteur, puis faire des repérages au Mexique et en Amérique du Sud pour *Vertes Demeures*, avant de fixer une date de tournage. En définitive, on parvint à s'entendre : Audrey pourrait tourner dans *Au risque de se perdre* avant de travailler pour Mel.

Début juin, Audrey se rendit à Los Angeles pour rencontrer l'équipe. Robert Anderson, qui revenait de Belgique où il avait fait des recherches concernant plusieurs couvents, l'attendit à l'aéroport, comme Ingrid l'avait attendu à Paris quelques mois plus tôt… L'histoire de Robert avec Ingrid s'était terminée aussi tendrement que possible. Cet été-là, à Los Angeles, c'est une longue et intense idylle qui commença entre Audrey Hepburn et Robert Anderson.

Pendant plusieurs années, Robert confia quelques détails de cette histoire à l'auteur du présent ouvrage, en lui demandant de ne rien écrire là-dessus avant la mort d'Audrey. « Mon roman, *After* [publié en 1973] raconte ce qui s'est vraiment passé avec Audrey », dit-il. En effet, ce livre est un témoignage un peu codé de leur intimité, comportant même quelques détails assez directs sur leur sexualité.

After relate l'histoire d'un écrivain d'une quarantaine d'années (Robert en avait cinquante en 1957), Chris Larsen. Dans les premiers chapitres, il soigne et accompagne jusqu'à la mort sa femme atteinte d'un cancer – comme Robert l'a fait pour Phyllis. Chris rencontre ensuite Marianne, une actrice de vingt-deux ans. Audrey en avait alors vingt-huit et venait d'interpréter le rôle d'Ariane. Lorsque le romancier décrit Marianne, on croit voir Audrey : « La première chose qu'on distingue chez elle, c'est son "style". Elle était grande et mince et se tenait avec grâce, presque comme une danseuse. Ses cheveux sombres étaient coiffés à sa façon, qui n'avait rien à voir avec la mode de l'époque [...]. Je voyais ses grands yeux ténébreux [...]. Sa personne tout entière provoquait un vrai choc. Elle était racée, possédait un don, un style. »

Dans *After*, Marianne est vêtue à la manière d'Audrey en Californie cet été-là, et comme elle s'est toujours habillée en privé, toute sa vie durant : « Elle portait des jeans et un pull à col roulé pastel. » Dans les mots de Chris, on retrouve l'attitude de Robert à l'égard d'Audrey : « Je ne pensais à rien d'autre qu'à cette fille extraordinaire qui venait de surgir dans ma vie. Elle incarnait la vie, pas la mort, et, pour une raison que je ne parviens pas à m'expliquer, je réagissais merveilleusement bien avec elle sur le plan sexuel. »

Robert et Audrey se donnaient rendez-vous chez une amie à elle, absente pour tout l'été. « C'était une fille très ordonnée, écrit-il à propos de Marianne/Audrey, elle nettoyait tout après le petit déjeuner, toute la cuisine y passait. » Mais il se souvient surtout qu'« elle était triste ; belle, triste, et romantique ». Cette description n'aurait pas été désavouée par le fils d'Audrey, qui évoquait des années après « la tristesse qu'elle avait toujours eue au fond d'elle ».

Dans plusieurs passages, Robert fait parler Audrey d'elle-même : « Il n'y a pas grand-chose que je veuille dire. Très tôt, j'ai eu des idées arrêtées sur le mariage [...]. Je n'ai jamais vu mon père. Bien sûr, j'ai vu des photos de lui. Il était très beau. De bonne famille [...]. Ma mère m'a parlé d'un mariage et d'un divorce rapide, et de l'argent qui a changé de mains. Elle ne s'est jamais remariée. Elle avait une piètre opinion des hommes [...]. Mon père, d'après ce que j'ai compris, est un peu devenu ermite. Étrangement, je ne ressens pas d'amertume envers eux. Ma mère disait souvent combien il était horrible, mais, comme je ne pouvais pas la comprendre, je prenais instinctivement la défense de mon père. Son image était très importante pour moi. J'aime bien imaginer qu'il est quelque part en Europe, à vivre seul, écrivant jour et nuit quelque chose d'important, et qu'un jour il viendra frapper à la porte de ma loge. »

Audrey et Robert parlaient chaque jour de sœur Luke, et il se souvient de son admiration pour ce roman. « Ce que je veux, fait-il dire à Marianne, c'est consacrer ma vie à quelque chose ou à quelqu'un. Complètement, entièrement. Le sacrifice. Quand j'étais petite fille, je songeais à devenir religieuse. La concentration et la dévotion de ces femmes me fascinaient. J'éprouve la même chose face à certains danseurs, musiciens ou artistes. Renoncer à tout pour faire quelque chose de bien, et ne faire payer personne d'autre pour ce sacrifice. »

La réaction de Chris/Robert fut immédiate : « Je l'adorais. J'étais subjugué par son talent et par son dévouement à ce talent. »

Depuis l'enfance, Audrey avait toujours aimé les bicyclettes, et c'est par ce moyen qu'elle se rendait aux studios et sillonnait les rues de Beverly Hills cet été-là. C'est pourquoi le vélo est un élément récurrent dans le récit d'*After*, le moyen par lequel

Marianne se rend chez Chris et en repart. Comme Audrey, Marianne avait « un vélo rouge avec un panier ». En souvenir de cette période, Robert écrivit plusieurs scènes pour sœur Luke et sa bicyclette dans *Au risque de se perdre*. Des années plus tard, il se rappelait ces beaux moments et leur conclusion poignante.

Robert Anderson parlait de sa relation avec Audrey en privé et n'écrivait à ce sujet que sous la forme fictionnelle et de manière codée, mais avec une franchise désarmante.

« Nous ne devrions jamais être séparés », lui dis-je après une longue journée d'intimité. Elle se retourna et me regarda avec une moue interrogative, puis vint contre moi et posa sa tête sur mon épaule. Elle était aimante et passionnée mais, je pense, avec une certaine réserve. »

Anderson l'avouera des années plus tard, « c'était Audrey ».

Cet été de 1957, Audrey réalisa (comme Ingrid peu de temps avant elle) que la passion de Robert pour cette femme pourtant mariée se fondait sur une terrible solitude. On retrouve les mots d'Audrey dans une lettre d'amour que Marianne adresse à Chris, en réponse à une missive qu'il lui a envoyée : « Tu ne me connais pas [...]. Tu penses ressentir cette adoration à cause de la situation qui est la tienne, mais tout cela n'a rien à voir avec moi. Quand on aime à ce point d'adoration, on remet sa vie entre les mains de l'autre [...]. La situation dans laquelle tu te trouves est si inhabituelle. Tu es si sensible. Tes sentiments sont adorables, mais je ne pense pas que ta lettre m'était adressée : elle répondait à un terrible besoin de combler le vide, l'isolement. Au besoin d'appartenir à quelqu'un de nouveau. »

À bien des égards, *After* est autant un travail d'introspection de l'auteur et un bilan de ses états d'âme consécutifs au décès de sa femme – et de l'obsession qui l'accompagne – qu'un récit lucide sur sa liaison vouée à l'échec avec Audrey. Mais, à la fin de l'été, leur romance n'était pas terminée.

Début juillet, Audrey revint vers Mel pour de brèves vacances en Europe ; finalement, elle signa son contrat à la fin de l'été avec un Jack Warner absolument ravi. Elle devait toucher 250 000 dollars, plus 10 % des recettes du film, ce qui lui rapporterait finalement presque 4 millions de dollars sur les quatre années à venir. Robert l'accompagna jusqu'à New York, où ils restèrent quelques jours à son appartement, situé dans l'East Side sur la 72e rue. Elle rejoignit ensuite Mel, pendant qu'Anderson finalisait le premier jet d'*Au risque de se perdre* et se préparait à partir en Afrique afin d'y faire des repérages pour Zinnemann et son chef opérateur Alexandre Trauner.

Conscient qu'il y aurait divers changements et modifications, Robert continuait à correspondre avec Kate et Lou, leur demandant mille détails sur la manière dont une jeune femme belge, vers 1927, décidait de quitter sa famille pour prendre le voile ; comment les nonnes entraient dans les ordres ; comment se déroulait la cérémonie lors de laquelle on coupait les cheveux de la novice ; comment on vivait le fait d'endosser ces habits ancestraux ; quelles règles et quels codes régissaient le quotidien de ces femmes ; comment les prières, le silence et leur travail d'infirmières rythmaient les journées.

« Essayer d'adapter votre magnifique roman pour l'écran est un grand défi, écrivit Robert à Kate. En fait, votre récit est si remarquable et si dramatique que l'essentiel de mon travail se résume à inventer des dialogues à la place des scènes descriptives. Vous avez écrit ce roman avec un tel sens dramatique que la plupart des scènes sont déjà définies. Notre seul souci reste de les faire "fonctionner" en termes d'action et de dialogues. » Anderson élabora un scénario très fidèle au livre, et presque tous les dialogues du film se retrouvent dans les pages du roman. Il a cependant le mérite d'avoir su extraire les scènes susceptibles de « coller » au support cinématographique.

Avec *Au risque de se perdre*, Audrey espérait être impliquée dans chaque étape du processus de création du film. Fin septembre, elle rencontra donc Zinnemann et Anderson à Rome, où ils effectuaient des recherches pour le film. Ils revenaient tout juste de

Stanleyville[1], au Congo belge, où ils avaient prospecté pour trouver des lieux de tournage et des locaux et dispensaires susceptibles d'être utilisés pour évoquer le contexte médical des années 1930. Zinnemann était un perfectionniste et, sous sa houlette, Audrey apprit précisément quels instruments chirurgicaux étaient utilisés à l'époque d'*Au risque de se perdre*, et s'informa sur tous les détails de la vie dans une communauté religieuse. L'esthéticien Alberto De Rossi devait lui aussi relever un grand défi, en supervisant le maquillage d'Audrey et d'une douzaine d'actrices qui devaient jouer ses coreligionnaires : l'intense éclairage requis par le procédé du Technicolor exigeait qu'elles soient maquillées, mais il ne fallait surtout pas que cela se voie[2]. Audrey assista également aux rendez-vous avec Trauner, qui supervisait les décors aux studios de Cinecittà.

De retour en Californie, elle loua la maison de Deborah Kerr (qui tournait alors en Angleterre), au 685 Elkins Road, dans le quartier de Brentwood à Los Angeles, tout en haut des collines surplombant Sunset Boulevard. De là, elle rendait fréquemment visite à Lou et Kate, leur posant des tas de questions et apprenant la façon de se vêtir des religieuses, leurs rituels et leurs gestes : comment marcher, s'agenouiller et s'incliner, ainsi que diverses habitudes propres aux couvents. Mais le lien d'amitié qui devait se nouer entre elle et les deux femmes ne se fit pas facilement.

« Au début, elle ne voulait pas vraiment me questionner, expliqua Lou. Elle pensait que cette histoire était d'ordre trop intime. Alors elle restait assise là et me regardait sans rien demander. » Lou et Kate durent mettre Audrey à l'aise, en lui posant des questions sur sa propre existence, sur sa carrière, et en lui parlant un peu de la Belgique. Bientôt, Audrey se détendit, et les trois femmes partagèrent une telle chaleur et une telle familiarité que leurs amis ne tardèrent pas à les appeler « le club des trois H ».

1. L'actuel Kisangani. (*NDT*)
2. Audrey demanda pour habilleuse Adelia Buonis, qui avait travaillé avec elle sur *Guerre et Paix*. Elle demanda également que son premier assistant, Carlo Pierfederici, soit son chauffeur sur *Au risque de se perdre*. « Il a besoin de travailler et c'est une perle », écrivit-elle à Henry Blanke.

À Los Angeles, Audrey lut la seconde mouture du scénario, avec les indications suggérées par Zinnemann. La réponse qu'elle lui fit à ce sujet témoigne de sa compréhension du rôle et de son extraordinaire intuition quant à la manière de rendre son personnage crédible et plein d'empathie, tout en restant fidèle à la véritable histoire.

« Je pense que nous avons une conception légèrement différente de sœur Luke, lui écrivit-elle le 19 novembre. Je suis préoccupée par le fait que sœur Luke parle d'"échec" à la fin de l'histoire. Elle est trop intelligente pour faire preuve de ce qui m'apparaît comme de la fausse modestie. Je pense qu'elle veut dire qu'elle a échoué en tant que nonne, mais que ses espoirs et sa foi ont été régénérés à la pensée d'être capable de vivre comme une personne libre, donc susceptible de davantage de sacrifices qu'auparavant. En fait, je crois que la fin de l'histoire évoque quelque chose de nouveau et de puissant, et certainement pas un sentiment de défaite, ni une sorte d'artificielle allégeance à la congrégation. Comme vous, je pense que la situation est "fifty-fifty", de sorte que ni la congrégation ni la religieuse ne deviennent le "vilain" de l'histoire. »

Audrey faisait preuve de pertinence, et les changements appropriés furent apportés selon ses remarques. Dans le film une fois achevé comme dans le livre, il est évident que le départ de sœur Luke (qui avait toujours trop exigé d'elle-même) ne relevait pas plus de l'échec que du péché. Malgré tout, à la sortie du film, beaucoup de gens et de journalistes évoquèrent l'histoire d'une religieuse dont la vocation aboutit à un échec.

Mais cette histoire n'est pas celle d'un échec ; c'est celle d'une métamorphose.

« Il faut que vous appreniez à ployer un peu, ou bien vous romprez », explique mère Christophe (interprétée par Beatrice Straight), la supérieure de sœur Luke à l'asile d'aliénés. Sœur Luke pensait que sa vocation première consistait à vivre au sein de l'institution religieuse. Après dix-sept ans de travail pour la congrégation, elle était une femme dont la mère supérieure, mère Emmanuelle, disait : « Vos sœurs vous aiment, les médecins vous font confiance et vos élèves vous respectent énormément. » Lorsqu'elle remit tout cela en cause pour aider la Résistance durant la guerre, sa seconde vocation l'entraîna hors du couvent, mais ne l'écarta pas pour autant de la voie altruiste dans laquelle elle était engagée.

À la fin de l'année, Audrey se préparait à tourner le rôle le plus ambitieux de sa carrière – le plus difficile, le plus éprouvant physiquement et le plus épuisant. Ce que Kate et Lou appelaient la « chère âme » d'Audrey était sur le point de se révéler et de s'épanouir, et ce certainement bien au-delà de ce qu'elle pouvait imaginer.

Chapitre dix
Janvier-juin 1958

« Nous nous sommes retrouvés pour parler du personnage de sœur Luke », en janvier 1958, se souvient Fred Zinnemann. Audrey, Robert Anderson et lui étaient à Rome pour les deux premières semaines, afin de visiter des couvents et des hôpitaux psychiatriques. Ils conversaient avec les religieux qui avaient été engagés à la fois comme conseillers techniques et comme experts pour parer à l'éventualité que certains catholiques s'offusquent de cette histoire d'une nonne libérée de ses vœux. « Nous essayions de comprendre comment sœur Luke avait évolué, et comment elle pouvait réagir par rapport aux autres personnages. Cela nous prenait des heures, à discuter des plus infimes détails. On essayait aussi de savoir ce que sœur Luke pensait [...]. Progressivement, Audrey s'est mise à vivre sur ce mode, et elle voyait son rôle se concrétiser lorsqu'elle observait les nonnes au couvent. »

Warner, Blanke et Zinnemann ne cherchaient pas seulement à reproduire fidèlement les rites catholiques et les détails de l'existence dans une communauté religieuse : ils désiraient aussi éviter toute velléité de censure et tout risque de rejet du film, parce que le sujet pouvait prêter à controverse.

En ce début d'année, Zinnemann et Anderson firent donc lire le scénario à des prêtres éminents et hautement respectés, tel le révérend Harold C. Gardiner, jésuite et rédacteur en chef de l'hebdomadaire *America*. Ni lui ni les autres religieux consultés ne soulevèrent d'objection, bien au contraire : ils pensaient que cette histoire profondément spirituelle ne pouvait qu'aboutir à un film important. En outre, le Bureau du cinéma, à Rome, chargé des relations avec le Vatican – demandes d'approbation tacite, conseils, etc. –, envoya un groupe de prêtres dominicains prêts à travailler main dans la main avec la production du film. Pas vraiment réputés pour leur complaisance – en particulier concernant l'image du clergé –, les dominicains furent surpris de constater que seuls un ou deux détails nécessitaient leurs commentaires. « Finalement, ajoute Zinnemann, la prudence a été bonne conseillère ; elle nous a ouvert la voie de la confiance et, finalement, nous a fourni l'aide la plus généreuse de la part de dominicains, sans lesquels le film n'aurait pas pu voir le jour. »

Pendant ce temps, des acteurs de renommée internationale étaient engagés par la production : Dame Peggy Ashcroft, Dame Edith Evans, Peter Finch, Mildred Dunnock, Beatrice Straight, Patricia Collinge, Ruth White, Margaret Phillips, Niall McGinnis, Lionel Jeffries, Barbara O'Neil, Colleen Dewhurst et Stephen Murray. Les archives de la production précisent que tous ces interprètes se sont empressés de donner leur accord pour tourner dans ce film. Deux raisons expliquent cet enthousiasme : l'opportunité de jouer des rôles forts et la perspective de tourner avec Audrey. Peggy Ashcroft raconte qu'elle acceptait « peu de films à l'époque, mais je ne pouvais pas refuser celui-là. J'admirais énormément Audrey Hepburn, et je trouvais le scénario irrésistible. »

Zinnemann s'employa aussi à trouver des interprètes susceptibles de constituer une communauté des sœurs parfaitement harmonieuse et crédible ; il interrogea personnellement plus de 700 femmes et sélectionna 109 d'entre elles, pour leur comportement digne et naturellement réservé. « Vingt danseurs venus du corps de ballet de l'Opéra de Rome furent dirigés par deux sœurs dominicaines, dont l'une était professeur à l'université. Pour les gros plans de nonnes, il nous fallait des visages de caractère et de vraies personnalités. Nous avons trouvé ce que nous cherchions dans l'aristocratie romaine : des princesses et des comtesses arrivaient sur le tournage en Mercedes ou en Rolls Royce à cinq heures du matin. Une fois habillées en religieuses, elles convenaient à merveille. » Les véritables religieuses qui avaient appris à ces « sœurs » de cinéma à agir comme elles étaient si satisfaites des comédiennes qu'elles les donnèrent en exemple à leurs propres novices : « Vous pouvez faire mieux que cela... Les nonnes de M. Zinnemann sont parfaites ! »

Patricia Bosworth était une jeune actrice de New York qu'Anderson avait recommandée pour jouer le rôle de sœur Marie-Christine, une novice qui part la veille de prononcer ses vœux. Elle rejoignit Audrey et d'autres actrices pour une préparation tout à fait singulière : « Fred Zinnemann avait organisé pour nous des visites de couvents à Rome ; nous devions également étudier comment les sœurs soignaient les patients de l'hôpital international Salvator Mundi. » La comédienne se rappelle également qu'un prêtre était omniprésent sur le plateau pour apporter ses conseils, et apprendre aux « nonnes » de Zinnemann à marcher, bouger et faire leurs génuflexions.

Après deux semaines à Rome, les actrices se rendirent à Paris, où toute une organisation avait été mise sur pied pour parfaire leur « éducation religieuse » via un séjour de plusieurs jours dans une communauté. Zinnemann explique ainsi qu'« un ordre religieux français avait accepté d'accueillir chacune de nos principales actrices dans un couvent pendant plusieurs jours. Elles participaient à tous les rites de la journée, en commençant par les premières prières, le matin à 5 h 30, jusqu'au grand silence signalant la fin du jour. J'ai réparti chacune de mes "nonnes" dans différents couvents [...]. J'allais les voir pendant la journée pour savoir comment elles allaient ; nous étions à la mi-janvier, l'hiver était rude et les couvents, plutôt mal chauffés. J'arrivais bien au chaud dans mon taxi et elles sortaient du cloître, la peau rougie par le froid, mais complètement fascinées par ce qu'elles étaient en train de vivre et par la manière dont elles étaient préparées pour interpréter leurs personnages. »

Cette période de préparation était, selon Zinnemann, « un voyage intérieur, une découverte de soi et une fantastique expérience personnelle » pour tous ceux qui travaillaient sur *Au risque de se perdre.*

Une fois que toute l'équipe eut été vaccinée contre diverses maladies tropicales, ce fut le grand départ pour le Congo belge, où le tournage devait se dérouler du 28 janvier au 23 février 1958. Divers lieux de tournage avaient été prévus : la vieille gare ferroviaire de Stanleyville, un marché, un hôpital, une école créée par les missionnaires, plusieurs villages et une île peuplée de lépreux. Tous les figurants étaient des Africains recrutés sur place ; beaucoup d'entre eux étaient déroutés par le déploiement de tout l'attirail cinématographique, mais tous étaient très motivés pour participer à cet étrange projet. La chaleur et l'humidité étaient oppressantes, des insectes géants et des serpents venimeux peuplaient les lieux de tournage.

« C'était très dur, pas du tout glamour, raconte Audrey, et parfois dangereusement épuisant. Mais c'est mon meilleur souvenir de tournage, grâce à notre étroite communion d'esprit au Congo. » Un autre problème survint pendant les scènes filmées à Rome : le 23 mars, à Cinecittà, Audrey s'évanouit, prise de douleurs aiguës. On diagnostiqua une sévère crise de calculs rénaux, et il fallut la mettre sous morphine pour la soulager. Pendant toute une journée, on pensa qu'elle devrait subir une opération dans l'urgence et, de surcroît, assez risquée. Finalement ce ne fut pas nécessaire, car les calculs furent évacués. La production dut s'arrêter plusieurs jours, mais Audrey se remit vite d'aplomb pour reprendre le travail.

Dans une longue lettre adressée à Kate et Lou, Renée, la femme de Fred Zinnemann (présente pendant tout le tournage), leur fit un récit détaillé des conditions de travail au Congo pendant ce mois de février. Plusieurs scènes comportent des opérations chirurgicales pratiquées dans un hôpital indigène : « Les filles [Audrey et les autres actrices] et Fred ont assisté à des opérations assez horribles, par exemple l'ablation d'une tumeur cancéreuse et une césarienne qui se termina par la mort du bébé. Ce fut une expérience traumatisante pour tous, parce que personne n'avait jamais vu d'interventions chirurgicale auparavant, excepté Fred. »

Fred Zinnemann devait chérir pour toujours le souvenir de son héroïne : « Il s'est écoulé vingt-cinq ans depuis ce tournage, et je suis toujours bouleversé par la subtilité et la ligne directrice en constante évolution du jeu d'Audrey. Une qualité d'indépendance dirige inconsciemment tous ses actes. Lorsqu'elle arrive en retard dans une scène où les novices sont attendues dans leur chapelle, on sent que sa hâte prend le pas sur le calme intérieur qu'elle devrait développer. Ou encore, lorsque les nonnes se prosternent sur le sol face à la mère supérieure, Audrey ose lever un œil sur elle, parce que la curiosité l'emporte sur le reste. »

L'interprétation d'Audrey fourmille de ces moments où la frontière entre l'actrice et son personnage devient imperceptible.

De Hollywood à New York, puis à Rome, à Paris, à Bruxelles et au Congo, Robert Anderson avait continué à vivre sa passion avec Audrey. Après tout, c'était un homme digne de son admiration : il était cultivé et séduisant, et c'était un scénariste, un dramaturge et un écrivain aussi sérieux que respecté. Il lui avait apporté le meilleur script de sa carrière. Il était attentionné et courtois, sans faire preuve d'une déférence exagérée, malgré son adoration manifeste pour Audrey.

C'est alors qu'une poignante et ironique répétition du passé choisit de faire irruption dans la vie de l'actrice…

Un soir du mois de mai, Audrey confia à Robert son immense désir de maternité. Mel ne fut pas évoqué dans la conversation, mais Robert eut clairement l'impression que le mariage d'Audrey était profondément et peut-être irrémédiablement remis en question. Il comprenait qu'elle voulait tellement avoir des enfants qu'elle était peut-être prête à quitter Mel pour lui. Et c'est avec beaucoup de tristesse qu'il fut obligé de lui annoncer qu'il ne pourrait jamais être père : il était stérile. Il est probable que revint alors à la mémoire d'Audrey l'épisode cruel qu'elle avait vécu avec William Holden.

Ainsi s'acheva une belle histoire d'amour qui aurait pu les mener au mariage. Il n'y eut pas de longue et houleuse discussion, pas d'explication douloureuse ni de récriminations. « Nous nous sommes embrassés pour nous dire au revoir. Puis je me suis exilé à Londres pour m'atteler à l'écriture d'une pièce de théâtre », raconte Anderson. Contrairement à Ingrid Bergman, Audrey était parvenue à une rupture nette ; elle ne devait revoir Robert Anderson qu'une seule fois. La révélation qu'il lui avait faite l'avait si profondément bouleversée qu'elle ne pouvait même pas supporter l'idée qu'ils restent simples amis. Elle voulait clore ce chapitre de sa vie, et peut-être l'oublier tout à fait. Dans une lettre assez triste adressée à Kate et Lou, Robert écrit : « Si vous voyez Audrey, embrassez-la pour moi. Je suis toujours désireux d'avoir de ses nouvelles. Elle était fabuleuse. Une grande actrice et une personne pleine de vie. Elle a connu l'enfer. »

En dehors de sa réflexion sur la notion de conscience, *Au risque de se perdre* montre un type de vie religieuse particulier qui était la norme dans certaines congrégations, mais qu'on ne retrouve plus que rarement dans l'Église catholique romaine. La pratique de l'humiliation, l'abolition de la personnalité, la volonté de mettre de côté les sentiments humains normaux et les efforts surhumains déployés pour faire abstraction de son propre passé : depuis le XVIIe siècle en Europe (et un peu plus tard aux États-Unis), tout cela était considéré comme une voie nécessaire pour parvenir à la sainteté. Aujourd'hui, presque toutes les congrégations ont abandonné ces pratiques, avec les encouragements du Vatican lui-même. Dans *Au risque de se perdre,* Audrey, l'incarnation de sœur Luke, montre ce qu'il en était à l'époque sans tomber dans la complaisance gratuite ni, à l'inverse, dans la critique acerbe.

À la sortie du film, un des « conseillers techniques », sœur Marie-Edmond, écrivit à Zinnemann depuis son couvent parisien, après avoir vu le film avec ses coreligionnaires. Ses commentaires sont représentatifs du jugement global émis en 1959 par l'ensemble des religieuses, en Europe comme aux États-Unis : « La discipline imposée aux novices paraît exagérée [...]. Et tout semble orienté dans une perspective de perfection personnelle plutôt que vers l'amour de Dieu. Audrey Hepburn interprète son rôle si difficile de manière admirable et avec un parfait savoir-faire. Elle n'est jamais ridicule ni aucune autre actrice au film, alors que de nombreux autres films ne parviennent pas à éviter cet écueil [...]. Mais sœur Luke et les autres sœurs donnent l'impression de vivre une contrainte permanente : elles répriment tout ce qui est simplement humain et ne semblent vivre qu'au travers des formalités et de la routine (sauf au Congo). Elles ont du mal à avoir des relations amicales. C'est en partie vrai concernant la vie religieuse, qui impose nécessairement certaines contraintes aux novices, mais c'est totalement faux s'agissant du reste de notre existence. »

L'interprétation d'Audrey était en effet « admirable ». En fait, elle se révèle rien de moins qu'inspirée. Pour capter l'attention des spectateurs, elle n'était pas aidée par une garde-robe somptueuse, issue des ateliers de Givenchy ou choisie par Edith Head. Seuls son visage remarquable d'expression et ses mains délicates étaient visibles. Au lieu d'être inondé d'une lumière destinée à la rendre encore plus séduisante, son visage n'est illuminé que par la pureté de ses propres traits : elle compose un personnage aux prises avec ses angoisses spirituelles, mais également intègre et plein de maturité, et elle accomplit cet exploit par la seule grâce de son regard et par les nuances de ses expressions. Presque tout est intériorisé.

Cette expérience est bien supérieure à tout ce qu'elle avait fait auparavant et à tout ce qu'elle interpréta ensuite. On pourrait même avancer que sa composition de sœur Luke est une des plus grandes performances de l'histoire du cinéma. Pas seulement parce que le personnage lui-même est le plus profond auquel elle a été confrontée, mais aussi parce qu'on retrouve des correspondances étonnantes entre l'actrice et son personnage, qui révèlent certainement beaucoup plus d'elle que ce qu'elle avait imaginé. Audrey Hepburn plonge dans ses propres profondeurs, et redécouvre ce qu'elle vit de plus intense et de plus grave dans sa propre existence.

Presque toujours, quand le public est captivé par un film, il essaie de faire abstraction du fossé qui sépare l'acteur de son rôle. Mais, la plupart du temps, nous regardons des comédiens qui prétendent « être » leurs personnages ; et, même inconsciemment, nous ne pouvons totalement oublier que l'interprète n'est pas celui qu'il incarne. Nous voyons quelqu'un « jouer » (le mot est assez significatif en lui-même), donc qui affecte d'endosser l'identité de quelqu'un d'autre, et nous admirons (ou pas) sa technique, ses trucs, ses mimiques, les fausses larmes, l'éclairage, la mise en scène, la musique grandiloquente, bref, tous les artifices employés dans un film pour nous faire croire à l'authenticité de ce que nous regardons. Notre manière d'estimer la performance s'avère en réalité assez simple : on dit qu'un acteur est efficace « en tant que » tel ou tel personnage. En d'autres termes, on admire l'imposture, c'est-à-dire le « jeu ». Hormis quand il s'agit de documentaires, on admet rarement que la personne qui bouge sur l'écran et le personnage du récit ne font qu'un. Cela n'arrive que très exceptionnellement, lorsqu'on est en présence d'artistes ayant un vrai don.

En l'occurrence, il se passe quelque chose de très rare dans le cas d'Audrey Hepburn/sœur Luke. En dernière analyse, on s'aperçoit qu'on ne la regarde pas en train de faire semblant. On découvre sa réalité en l'accompagnant pas à pas dans son difficile et admirable cheminement : Gabrielle Van der Mal devient sœur Luke et s'engage dans une aventure spirituelle qui va la conduire à la métamorphose et à une connaissance plus profonde d'elle-même. Dieu oriente son destin et détermine son existence tout entière. On s'aperçoit alors que toute distinction entre l'actrice et son rôle est effacée.

« L'idée de rester confinée dans un cloître répugne à celles qui croient que cette vie terrestre est le but de l'existence terrestre, à laquelle elle donne sa valeur », écrivit le critique Stanley Kauffmann à la sortie du film. « Mais la force du film, soutenue par l'interprétation de Miss Hepburn, est telle que même un incroyant ressentira une pointe d'envie pour ceux qui croient. Et c'est justement là toute l'histoire de sœur Luke. »

Les similitudes extérieures entre Audrey et sœur Luke, que l'actrice avait découvertes en lisant le roman, le scénario et en se liant avec Lou, lui ont certainement offert un bon point de départ pour découvrir qu'elle partageait des traits de caractère essentiels avec la religieuse. Audrey tout comme sœur Luke étaient nées en Belgique ; toutes deux avaient quitté tôt le giron familial pour débuter leur carrière. Toutes deux étaient des étrangères à la conquête d'un nouveau territoire ; elles avaient été capturées par les Allemands et avaient perdu leur père. Une correspondance s'était esquissée entre elles dès le début, une coïncidence entre les différents événements de leurs vies, qui unissaient par un lien très puissant l'actrice et la véritable héroïne de l'histoire. « Ma mère m'a toujours répété qu'on devait se rendre utile aux autres, disait Audrey, et qu'il était plus important de donner de l'amour que d'en recevoir. Cela m'a beaucoup aidée de repenser à cela quand j'étais dans la peau de sœur Luke. J'ai aussi senti qu'il se passait quelque chose de particulier quand j'endossais cet habit de religieuse. C'est un geste qui marque. »

« Audrey a accédé à une nouvelle maturité », écrit Zinnemann à Kurt Frings vers la fin du tournage. « Je n'ai jamais vu une personne plus disciplinée, plus gracieuse et plus dévouée à son travail qu'Audrey. Il n'y avait pas d'ego, aucun caprice ; et elle manifestait la plus grande considération envers le reste de l'équipe [...]. Elle a prouvé qu'elle était une grande actrice avec ce rôle si difficile, exigeant tant d'exactitude. » Lui et plusieurs autres membres de l'équipe (dont Peggy Ashcroft) échangèrent des lettres pendant les années qui suivirent, dans lesquelles ils évoquaient l'empathie presque surnaturelle d'Audrey avec son personnage.

Pendant le tournage, après le départ de Robert Anderson, Audrey était devenue plus silencieuse, de plus en plus introvertie à mesure que les semaines passaient. Elle se fiait totalement aux maquilleurs et n'utilisait plus de miroir ; elle n'écoutait plus la radio, ni de disques, « parce que sœur Luke n'aurait jamais fait de telles choses ». Audrey ne jouait pas à la nonne : une part d'elle-même correspondait à cela. Quelques lignes d'un dialogue l'ont plus particulièrement marquée jusqu'à la fin de ses jours, l'extrait d'une conversation entre sœur Luke et mère Christophe (la supérieure de l'asile d'aliénés), où elles parlent de la vie dans la communauté religieuse :

SŒUR LUKE : Je pensais qu'on atteignait une sorte de lieu de paix, où l'obéissance serait naturelle et où la lutte prendrait fin.
MÈRE CHRISTOPHE : Il n'y a pas de lieu de paix, jamais. Mais vous devez apprendre la patience envers vous-même.

C'est ce qu'Audrey ferait pour elle-même, s'appropriant ces paroles, et ne parlant pas d'obéissance mais plutôt de courage ; toute sa vie durant, elle s'efforcerait de se départir de sa peur paralysante et de son total manque d'assurance.

Audrey avait bien besoin de courage en ce mois de janvier, car elle devait tenir debout et travailler malgré un épuisement extrême. « Audrey est presque de toutes les prises », écrivit Zinnemann à Steve Trilling, un des cadres de la Warner. « J'ai essayé de forcer le pas et d'allonger les journées de travail une ou deux fois, mais même Audrey, avec sa fantastique endurance et toute sa discipline, n'a pas pu résister au-delà de sept heures du soir sans se sentir très mal le jour suivant – et cela se voyait à la caméra. De toutes mes années passées dans le cinéma, je n'ai jamais vu un tel dévouement. »

Audrey avait été élevée dans une culture protestante mais ne s'était pas engagée personnellement dans cette voie. Pourtant, elle se montra plus que réceptive aux réalités transcendantes d'une authentique foi dédiée au Christ qui étaient au cœur du roman de Kate Hulme. Qu'Audrey témoigne d'un grand respect face aux simples manifestations de la nature était déjà une chose comprise par tous ceux qui la connaissaient… On savait également qu'elle éprouvait de la compassion pour ceux qui souffrent ; qu'elle ne se considérait pas meilleure que n'importe quelle femme ordinaire ; qu'elle n'était jamais snob avec quiconque mais toujours pleine d'égards et d'apparence sereine malgré ses propres angoisses ; que les choses matérielles et la sexualité lui importaient, mais qu'elle n'en dépendait pas, pour être heureuse. Ses proches et les gens qui travaillaient avec elle lui reconnaissaient ces diverses qualités. En outre, cette année-là, elle avait

« soif de quelque chose de plus », désigné sous le terme trop souvent galvaudé de *spiritualité.* « Le rôle de sœur Luke correspondait à ma propre nature », dira Audrey à la presse.

Audrey Hepburn et Fred Zinnemann avaient été très émus par la foi des religieuses rencontrées à Paris et en Afrique. « Une merveilleuse sérénité » guide leurs devoirs et leur dévouement. Celles qui prodiguaient leurs soins aux plus démunis, se rappelle-t-il, « vivaient elles-mêmes dans les conditions les plus rudimentaires ». Il se souvient également d'une clinique pour les lépreux, dirigée par une nonne hollandaise très âgée qui avait travaillé avec les parias pendant trente-cinq ans : « Elle était la joie de vivre incarnée, même lorsqu'elle passait ses journées parmi les mourants. Je lui ai demandé s'il lui était arrivé de revenir en Europe. Elle me regarda avec amusement : "Pourquoi devrais-je rentrer ? Je n'ai jamais été malade !" Pour elle, c'était la seule raison valable d'être obligée de retourner là-bas. Une telle sérénité, tant de force, de volonté et de dévotion étaient admirables à observer, en particulier pour un réalisateur. »

Audrey aussi était bouleversée. « Après avoir vu de l'intérieur un asile d'aliénés, visité une léproserie, parlé à des missionnaires et regardé leur travail, j'ai trouvé une nouvelle sorte de paix intérieure. »

Effectivement, l'actrice avait été changée par son rôle, et elle le savait. Le 7 avril, Audrey écrivit à Kate et Lou depuis Rome, où étaient tournés les intérieurs du film.

> *Tout ce que je peux vous dire, c'est que toute ressemblance entre l'Audrey Hepburn d'aujourd'hui et celle d'avant le 1er janvier 1958* [avant que le tournage commence] *est purement fortuite. J'ai tellement vu, entendu, appris, et je me suis enrichie de tant d'expériences que je suis et me sens une personne différente* [...].
>
> *À force de m'immerger dans le cœur et l'esprit de sœur Luke, je suis également allée loin en moi-même. En me labourant un peu l'âme (si je puis dire), les graines de toute cette expérience sont tombées sur un sol bien préparé, et j'espère que la moisson permettra de récolter une meilleure Audrey* [...]. *J'espère que*

l'image n'est pas trop fleurie, mais je crains que mon vocabulaire ne soit insuffisant pour décrire d'une manière appropriée les grandes joies et la gratitude de votre heureuse novice [...].
Avec beaucoup d'AMOUR,

Audrey

Dans un télégramme envoyé à Pâques, Audrey leur écrit : « Joyeuses Pâques de votre sœur Audrey, toujours aimante. »

Un critique déclara dans la presse qu'il espérait que cette interprétation ferait « taire pour toujours ceux qui pensaient moins à Audrey Hepburn en tant qu'actrice que comme le symbole de la femme-enfant. Dans *Au risque de se perdre*, Miss Hepburn fait preuve d'un talent exceptionnel : elle projette dans son personnage des sentiments intérieurs à la fois profonds et complexes avec une telle habileté qu'on doit revoir le film deux ou trois fois pour arriver à percevoir comment elle parvient à cela. » Dans *Variety,* publication connue pour son absence de complaisance, on salue « un film lumineux dans lequel Audrey Hepburn joue le plus exigeant de ses rôles et donne la plus accomplie des interprétations[1] ».

Du début jusqu'à la fin, *Au risque de se perdre* garde sa ligne directrice, sans perdre de vue la profondeur de son sujet. Une équipe médiocre, un mauvais réalisateur, un mauvais scénariste ou un piètre casting d'acteurs auraient pu sentimentaliser sœur Luke à outrance, ou la montrer avec condescendance, ou encore la rendre trop dramatique. Mais le film reste un modèle de fidélité, à la fois au roman littéraire et méditatif de Kathryn Hulme, et à la véritable histoire de la femme remarquable qui l'a inspiré.

1. Audrey, son réalisateur et d'autres membres de l'équipe furent nominés aux oscars, mais c'est *Ben Hur* qui devait rafler cette année-là le prix si prestigieux : un film « religieux » traditionnel à la sauce hollywoodienne et à grand spectacle, qui manquait pourtant de profondeur à côté du film de Zinnemann. Simone Signoret remporta l'oscar de la meilleure actrice pour *Les Chemins de la haute ville*, de Jack Clayton. Audrey Hepburn, pour son rôle de sœur Luke, se vit remettre d'autres récompenses en 1959, par la British Film Academy et le New York Film Critics Circle.

Le film est aussi impeccablement structuré. Il commence par montrer Gabrielle Van der Mal se préparant à quitter son foyer pour entrer au couvent : on la voit en gros plan retirer de son doigt une bague, gage d'amitié ou peut-être même de fiançailles ; elle place l'anneau à côté de la petite photo encadrée d'un jeune homme prénommé Jean (l'équivalent français de Ian, le demi-frère d'Audrey, dont c'est le véritable portrait). Elle boucle sa valise et se coiffe d'un chapeau-cloche. À la fin du film, on voit sœur Luke ôter son anneau de religieuse, ranger un chapeau dans sa valise et la refermer.

Le film est bourré de petits détails très significatifs qui requièrent une grande attention. Lorsque Gabrielle descend l'escalier pour partir au couvent, elle voit son père dans le vestibule. Il se tient distraitement à côté d'un piano, jouant avec un doigt les premières notes de « Voi che sapete », l'aria de Chérubin dans *Les Noces de Figaro*, de Mozart. Elle avance lentement vers lui marche après marche, puis, se tenant à ses côtés, continue la mélodie. Repris avec différentes orchestrations, cet air intervient à des moments-clés du film, grâce à la composition musicale puissante et évocatrice de Franz Waxman. Le texte de l'aria cristallise le cœur de cet opéra mais aussi du film. Chérubin chante pour la comtesse et Suzanne ; d'une manière similaire, Gabrielle peut demander aux nonnes : « Vous, mesdames, qui savez ce qu'est l'amour, voyez si c'est ce que j'ai dans le cœur. »

La fin du film est déchirante. Alors que Gabrielle sort lentement du couvent et s'apprête à revenir vers le monde, Audrey offre au film un final inoubliable. La caméra s'attarde – et nous avec elle – dans le lieu dont sœur Luke s'éloigne. Mais celle-ci ne peut pas tourner d'un seul coup le dos aux dix-sept années qu'elle vient de passer : alors qu'elle va sortir du couvent, elle se retourne pour serrer dans sa main l'étoffe d'une des longues robes noires qu'elle a si longtemps portées. Puis elle hésite brièvement, réalisant qu'elle porte à présent sa nouvelle tenue « civile », une robe courte et un manteau. Finalement, elle reprend sa route. Moment d'autant plus percutant que l'actrice est filmée de dos, de loin, en silence. On entend ensuite le son d'une cloche, et le film se termine comme il a commencé.

Robert Wolders, qui était très proche d'Audrey dans les dernières années de sa vie, trouvait ces images très difficiles à regarder après sa mort. « Je pense que le film qui ressemble le plus à Audrey est *Au risque de se perdre*. En dépit de sa grande gaieté, elle était extrêmement introspective, comme sœur Luke. Ce que je vois dans le film et dans le personnage est très proche d'Audrey dans ses moments de grand trouble, quand elle était confrontée à quelque chose qu'elle ne pouvait pas résoudre. » Sean, le fils d'Audrey, se souvient de ce que sa mère disait du film et de son rôle : « Je pense que c'est d'*Au risque de se perdre* que ma mère était la plus fière. Le scénario était merveilleux, très sérieux, pas du tout léger, et elle pensait qu'il s'agissait d'un film important. »

Audrey fêta ses vingt-neuf ans sur le tournage. Elle semblait, comme l'avait dit Kathryn Hulme, avoir « soif de quelque chose de plus ». Dans le rôle de sœur Luke, l'actrice a ressenti cette « soif » – et aussi que son existence menait bien quelque part, même si le but et la direction restaient encore flous.

Une chose au moins était certaine : Audrey devait savoir ce qu'il était advenu de son père, dont la rumeur de la mort avait circulé parmi les amis d'Ella. Elle écrivit à Mel, lui demandant s'il connaissait un moyen d'en savoir davantage, et d'agir sans alerter la presse. Il répondit qu'il allait contacter un ami de la Croix-Rouge internationale, un homme qui avait déjà localisé plusieurs proches disparus de plusieurs collègues à Hollywood.

Est-ce une coïncidence que cette requête d'Audrey et son envie d'en savoir plus sur son père soient survenues presque exactement au moment où elle tourna deux des dernières scènes du film ? Il y avait eu des scènes touchantes entre ses précédents personnages et leurs pères, dans *Sabrina, Guerre et Paix* ou *Ariane*, mais rien d'aussi sensible que ce qu'elle avait interprété pour le film de Zinnemann.

– Adieu, père, dit Gabrielle lorsqu'elle entre au couvent. Je vais faire de mon mieux, je veux que tu sois fier de moi.

– Je ne veux pas être fier de toi. Je veux que tu sois heureuse, lui répond-il.
– Je suis heureuse, affirme-t-elle.

Les acteurs ont les yeux voilés de larmes, la voix tremblante. Vers la fin du film, on assiste à un rappel tragique de cette scène : sœur Luke reçoit une missive lui annonçant que son père a été fusillé sur une route par les nazis, alors qu'il secourait des blessés. Seule dans la cellule de son couvent, elle se met à hurler : « Père ! Père ! Père ! » sur un ton à chaque fois plus fort et désespéré ; puis la scène s'efface et on retrouve sœur Luke en grande conversation avec le chapelain du couvent : elle envisage de quitter les ordres. Elle poursuivra le combat de son père en tant que Gabrielle Van der Mal. Sa perte ne sera pas la seule raison de son départ, mais sa mort pèsera pour beaucoup dans sa décision.

Ces scènes ne donnent pas les raisons pour lesquelles Audrey désirait contacter son père. Mais aucun acteur, et certainement pas une personne de sa sensibilité, ne peut mettre de côté sa vie privée et la trame de ses souvenirs, ni les laisser à la porte des studios avant de jouer un rôle. Le père d'Audrey avait subitement disparu de son existence, et cette inexplicable absence restait une source d'angoisse, une blessure toujours à vif qu'il lui fallait absolument chercher à soigner.

Chapitre onze
Juillet 1958-décembre 1960

Le tournage d'*Au risque de se perdre* se terminait fin juin. Pendant six mois, Audrey avait travaillé en permanence, excepté lorsqu'elle avait été malade à Rome et pendant les trajets en Europe et vers l'Afrique. Mais, alors que le mois de juillet s'annonçait, il s'avéra bientôt qu'il n'y aurait pas de vacances, aucun repos pour elle. Elle avait promis à Mel qu'elle jouerait le rôle principal de *Vertes Demeures*. Après des recherches et des repérages en Afrique du Sud, il était prêt à tourner à Los Angeles dès le 15 juillet. Audrey n'avait pas travaillé à Hollywood depuis *Sabrina*, cinq ans auparavant ; elle n'était pas pressée d'y retourner. En route pour la Cité des Anges, elle s'accorda un détour à leur maison de Bürgenstock, où elle remplit une douzaine de valises avec des effets personnels et des bibelots, afin de se sentir un peu chez elle dans sa résidence temporaire en Californie.

Mel était probablement au courant de son histoire avec Robert Anderson. Il y a peu de secrets bien gardés dans le milieu du cinéma, sans compter que l'équipe de tournage était au courant des moindres faits et gestes d'Audrey et de Robert. Fred Zinnemann savait aussi, puisque Robert et lui étaient bons amis et qu'ils se faisaient confiance ; mais d'autres connaissaient la situation. D'ailleurs, il était assez inhabituel qu'un scénariste soit présent pendant presque tout le tournage, à moins que le script ne pose problème et ne nécessite des réécritures et des modifications au jour le jour, ce qui était loin d'être le cas sur *Au risque de se perdre*. Anderson et Zinnemann avaient terminé leurs repérages bien avant le début du tournage, et le scénario était quasiment au point : pour presque tout le monde, il était donc évident que la présence de son auteur était liée à Audrey.

En outre, Audrey donnait à Anderson l'impression qu'elle et Mel avaient un accord tacite (peut-être même explicite) concernant leurs relations extraconjugales lorsqu'ils devaient se séparer pour de longues périodes. Leur mariage, en 1959, avait deux motifs : donner à Mel toute légitimité de collaboration professionnelle avec Audrey ; permettre à cette dernière de pouvoir être enceinte d'un homme qu'elle savait normalement fertile. À vingt-neuf ans, elle avait subi au moins une fausse couche et commençait à ressentir une grande inquiétude à l'idée de ne peut-être pas pouvoir devenir mère. Par-dessus tout, elle pensait qu'un enfant apporterait à son mariage ce qu'elle se croyait incapable de lui offrir.

Le choix de Mel concernant l'œuvre qu'il avait choisi d'adapter au cinéma était à la fois incompréhensible et bizarre. Publié en 1904, *Vertes Demeures* était l'œuvre majeure de W. H. Hudson, un naturaliste et romancier né en Argentine de parents américains. Il décida d'opter pour la nationalité britannique lorsqu'il eut atteint soixante ans, et écrivait essentiellement sur les mystères de la nature : *Vertes Demeures* a séduit des générations successives de lecteurs, et surtout de jeunes gens. L'histoire parle d'Abel, un réfugié politique qui rencontre Rima, une mystérieuse jeune femme, dans la forêt tropicale d'Amérique du Sud. Son lieu de vie a amené celle-ci à développer une sorte de communion mystique avec le monde naturel, mais elle ignore l'amour, jusqu'à ce qu'Abel tombe amoureux d'elle. L'attrait de ce récit réside indubitablement dans sa fin tragique : Rima est tuée par un groupe d'indigènes.

Dans les années 1930, divers producteurs de Hollywood avaient pensé qu'une adaptation luxuriante de *Vertes Demeures* pourrait avoir du succès, mais leurs projets avaient à chaque fois été contrariés par de mauvais scripts. En 1959, les droits étaient de nouveau disponibles, mais l'histoire paraissait si convenue qu'aucun réalisateur ne se déclarait intéressé. En revanche, Mel pensait que ce projet était idéal pour Audrey : sa candeur et son ingénuité, son image d'innocence seraient parfaites pour cette histoire d'amour maudit et exotique en pleine jungle. Et c'est ainsi que ce projet fut choisi pour être le film qui clôturerait les obligations contractuelles d'Audrey avec la MGM (dans la mesure où les droits de *Drôle de frimousse* avaient été cédés à la Paramount). « Je suis devenue très dépendante des goûts de Mel et de ses directives », lâchera-t-elle alors sans autre explication.

Trouver le héros masculin de son histoire n'était pas très difficile pour Mel : il engagea Anthony Perkins, vingt-six ans, enchanté d'avoir la chance de donner la réplique à Audrey Hepburn. Dégingandé, franc et un peu bizarre, Perkins avait joué des rôles de jeune homme sensible, parfois trouble ou carrément dérangé, à Broadway et à Hollywood[1]. Au même moment, Dorothy Kingsley, auteur maison de la MGM, était embauchée pour s'occuper du scénario ; elle avait déjà travaillé avec Bob Hope et Edgar Bergen, et écrit le script de sept spectacles aquatiques pour Esther Williams. Il est probable que l'adaptation de *Vertes Demeures* relevait de la gageure, mais choisir Dorothy Kingsley pour la mener à bien était une grosse erreur. Son script, validé par les studios et remis à Mel, était aussi impénétrable que la jungle qui en était le décor. Mais Mel ne devait pas s'arrêter à cela, persuadé qu'il pourrait combler les lacunes du texte et pallier les longues plages de silence grâce à ses images. Avant même que la première bobine soit en boîte, *Vertes Demeures* tombait de Charybde en Scylla sur le plan commercial et créatif.

Le script était donc bouclé tant bien que mal, l'équipe choisie et les repérages en Guinée britannique et au Venezuela terminés. Mel pouvait commencer à filmer Audrey, Anthony Perkins et les autres acteurs dans la forêt primitive de son histoire. Pour ce faire, il ne choisit pas l'Amérique du Sud, ni même le Mexique ou la Floride… mais le studio 24 de la MGM, à Culver City, en Californie !

1. Le rôle qui marquera sa carrière sera celui du psychopathe Norman Bates dans *Psychose*, de Hitchcock, en 1959.

« Beaucoup de gens me demandaient comment une situation aussi saugrenue sur le plan artistique avait des chances de bien tourner, raconte Audrey, et je leur répondais qu'on ne pouvait pas savoir tant que le film n'était pas fini. Avec le recul, je peux dire que c'était agréablement dépourvu de complexité. Me laisser diriger par Mel était aussi naturel que de me brosser les dents. » La remarque d'Audrey sur le caractère « agréable » et « peu complexe » de cette expérience et sa comparaison avec un geste hygiénique est significative. Si elle avait voulu dire que ce projet était gratifiant, qu'il faisait avancer sa carrière ou qu'il présentait un défi quelconque, elle l'aurait dit clairement. On ne peut interpréter sa formulation qu'en termes d'indifférence pure et simple...

L'expérience de *Vertes Demeures*, avec Mel dirigeant Audrey, fut la première et la dernière du genre. Le film se solda par un cuisant échec commercial et d'estime. Les critiques soulignèrent le manque de suspense, les dialogues laborieux, le ton général emprunté. Exemple : Rima (Audrey) : « C'est l'amour que je ressens... Maintenant, je sais cela. » De même, il est assez insupportable d'écouter les déclamations hystériques de Rima s'adressant à Dame Nature... Pieds nus pendant tout le film, elle porte une tunique diaphane et une perruque de longs cheveux noirs : on a plus l'impression d'observer une hippie qu'une fille de la forêt. Plus épouvantable encore, la jungle factice reconstituée en studio et l'absence totale de magie entre les acteurs principaux. Anthony Perkins ne parvient pas à rendre crédible la plus courte des scènes d'amour : quand il embrasse Audrey, il semble aussi froid qu'une banquise. Sans compter qu'ils se cognent le nez... Reste à savoir si Mel n'avait pas envie de saborder cette scène, parce qu'il n'acceptait pas de voir Audrey simuler l'amour, fût-ce avec un partenaire aussi timide. Surtout, Mel ne semblait guère à sa place en tant que réalisateur : la progression est molle, le film tout entier manque d'émotion.

Entièrement tourné en studios, un film peut facilement être bouclé en six semaines ; en l'occurrence, le tournage s'étira du 15 juillet au 6 novembre. Le premier jour, alors qu'Audrey roulait vers les studios et qu'elle approchait de l'angle formé par Beverly Drive et Santa Monica Boulevard, une autre voiture déboucha de la gauche et l'obligea à braquer violemment. Elle perdit quelques instants le contrôle de son véhicule qui percuta le pare-chocs de la voiture d'une autre jeune actrice, Joan Paladini alias Joan Lora. Aucune des deux ne fut grièvement blessée, mais, quelques jours plus tard, l'avocat de Miss Paladini engageait des poursuites contre Audrey, sous prétexte que sa cliente souffrait de douleurs dorsales et cervicales. Le procès devait durer deux ans. Le 25 octobre, Audrey fut convoquée devant le tribunal pour présenter sa version des faits. L'affaire finit par être classée… mais, à partir du 14 juillet 1958, date de cet accident, on ne vit plus jamais Audrey au volant d'une voiture, sauf au cinéma.

Vertes Demeures fut enfin terminé début décembre ; les attachés de presse et les publicitaires de la MGM se demandaient comment faire pour vendre ce film si médiocre… En désespoir de cause, ils décidèrent d'accrocher le public avec un simple détail : dans sa forêt primitive, Rima est constamment accompagnée par un petit animal. Pour s'assurer que ce chevreau resterait à ses côtés dans chaque scène, elle l'avait élevé et nourri avant le début du tournage. Elle l'avait ensuite gardé tout le temps avec elle, l'emmenant partout sur le plateau et en dehors des studios. Les magazines en profitèrent pour faire de charmantes photos de la star avec Ip : le petit animal avait été baptisé ainsi à cause des petits couinements qu'il émettait.

La MGM avait décidé de faire passer *Vertes Demeures* en avant-première au Radio City Music Hall de New York, le 19 mars 1959. Pendant la projection, la moitié des 6 200 sièges disponibles étaient vides. Heureusement, l'impact de ce flop retentissant fut éclipsé par le triomphe remporté par *Au risque de se perdre*, dont la première eut lieu au même endroit trois mois plus tard, le 18 juin. « Tout le monde était très excité en arrivant au Music Hall hier », écrit Robert Anderson à Kathryn Hulme et Marie Louise Habets le lendemain du grand jour. « Pendant presque toute la journée, il y avait une file d'attente qui se prolongeait jusqu'à la Cinquième Avenue, et des milliers de gens qui renonçaient. C'était une des premières les plus énormes [...]. Fred [Zinnemann] et moi étions assis l'un à côté de l'autre à la séance du soir. Bien sûr, *Au risque de se perdre* ne sera jamais fini pour nous. »

Pendant un mois, les gens se placèrent dans de longues doubles files se déroulant jusqu'à l'angle du Rockefeller Center et attendirent parfois cinq heures pour acheter leurs billets. Le film sortit dans toutes les salles du pays en juillet et, lorsque la Warner Bros put calculer ses bénéfices, il apparut clairement que ce film était le plus rentable de toute son histoire.

Les Ferrer passèrent Thanksgiving avec les enfants de Mel en Californie. Ils se rendirent ensuite à Bürgenstock pour les fêtes de Noël. Audrey venait d'apprendre qu'elle était enceinte. Elle était apparemment ivre de joie mais, en privé, sa réaction était plus compliquée. En effet, cet heureux événement était inopportun : en janvier, Audrey devait partir au Mexique pour tourner un film physiquement assez éprouvant, un western. Elle avait donné son accord pour les scènes à cheval mais c'était avant d'apprendre sa grossesse... qui tombait donc au plus mauvais moment, bien qu'elle fût si ardemment désirée.

Contrairement à ce qu'on a souvent écrit, Audrey était en fait très partagée sur la question de sa maternité à ce moment précis de sa carrière. D'un côté, elle était résolue à interpréter des rôles aussi divers que possible : après avoir incarné une nonne puis une sauvageonne, elle acceptait maintenant de jouer dans un western réalisé par John Huston, et c'était son troisième film en moins d'un an. D'un autre côté, elle disait désespérer de tomber enceinte, tout en s'efforçant de planifier les choses soigneusement. Audrey confiait souvent à ses proches qu'elle se dépêchait de remplir ses obligations contractuelles afin d'être libre de se retirer pour fonder une famille. La grossesse qui s'annonçait fin 1958 était probablement une vraie surprise pour elle, puisqu'elle avait pris divers engagements jusqu'à la fin de l'année 1959.

John Huston avait à son actif une vingtaine de films (parmi lesquels *Le Faucon maltais, Le Trésor de la sierra Madre, Quand la ville dort, L'Odyssée de l'African Queen* et *Moby Dick*) et était un des cinéastes les plus susceptibles de diriger une grande épopée ayant pour cadre l'ancien Far West. Pourtant, quelque chose allait de travers : comme souvent, c'était le scénario qui posait problème. Le script était confus, embrouillé, s'attardant beaucoup trop sur l'ambiance de l'histoire mais pas assez sur la personnalité et les motivations des personnages.

Peu de temps avant le début du tournage, Burt Lancaster, qui était prévu pour le rôle principal, envisageait même de tout annuler. Après mûre réflexion, il décida qu'il ne pouvait pas se permettre d'abandonner : se rétracter aurait été trop lourd de conséquences sur le plan commercial et personnel.

Lillian Gish, l'égérie du cinéma muet et la muse de D.W. Griffith, venait de passer le cap des soixante-six ans ; elle savait presque tout ce qu'on doit savoir sur le cinéma. Et pourtant, comme les autres membres de l'équipe, elle restait perplexe devant le titre du film dans lequel elle allait jouer : *The Unforgiven* (littéralement : « L'impardonné »), sorti sur les écrans français sous le titre *Le Vent de la plaine*.

Tous les acteurs avaient accepté leurs rôles après lecture d'un synopsis assez court ; par-dessus tout, ils voulaient travailler avec Huston. Ce dernier leur avait promis que le scénario serait au point avant le premier jour de tournage au Mexique, dans le désert de Durango, à environ trois cents kilomètres de Mexico.

Il n'y eut jamais de scénario digne de ce nom. L'écrivain Ben Maddow avait collaboré avec Huston en d'autres occasions, et tous deux travaillèrent d'arrache-pied jour et nuit à partir du roman d'Alan Le May pour redresser le texte bancal, sans y parvenir de manière satisfaisante. Huston aurait voulu faire un film différent de celui que Maddow avait vendu à la MGM. Audrey et Lillian essayaient de museler leurs doutes en rivalisant d'humour noir à propos du film – au grand dam du réalisateur.

Le sauvetage du projet était quasiment impossible. Audrey, qui avait d'autres chats à fouetter que de se préoccuper des déboires d'un tournage, semblait faire les frais d'une erreur de casting : on la voit mal dans ce rôle d'une fille de la plaine apprenant subitement qu'elle est une Indienne Kiowa. Elle avait beau faire ce qu'elle pouvait pour prendre l'accent rugueux du Midwest, cela sonnait faux. C'était toujours la jeune fille policée, tout droit sortie d'un collège britannique, qu'on entendait. Pour ne rien arranger, son maquillage est plus que bizarre : tantôt sa peau est hâlée comme celle d'une Indienne, tantôt elle est aussi rose et pâle que celle d'une Anglaise. Dans *Le Vent de la plaine*, des personnages apparemment importants apparaissent et disparaissent sans logique ; plus étrange encore, un troupeau de bovins semble surgir de terre par-dessus le toit d'une maison, puis s'évanouir aux abords d'un précipice. Les passages où Lillian Gish joue du Mozart sur un antique piano pour défier les tam-tams des Indiens sont tout aussi rocambolesques et surréalistes...

Un terrible accident interrompit le tournage le 28 janvier. Huston devait filmer une scène dans laquelle Audrey amène son cheval près de la caméra puis en descend. Après plusieurs tentatives pour trouver le bon angle, la monture et sa cavalière arrivèrent près de la caméra. Un membre de l'équipe sauta devant le cheval en agitant les mains en l'air pour obliger l'animal à s'arrêter au bon endroit. Au lieu de s'immobiliser, le cheval se cabra ; Audrey fut projetée à plusieurs mètres et retomba par terre avec un bruit mat. Elle avait très mal, et l'idée qu'elle risquait de perdre son bébé l'épouvantait ; les autres craignaient qu'elle ne reste paralysée.

Il n'arriva rien de tel, mais Audrey était grièvement blessée. Transportée d'urgence à l'hôpital de Durango, elle y attendit son mari et un médecin qui devaient venir par le prochain vol depuis Los Angeles, où Mel était en train de tourner *Le Monde, la Chair et le Diable*, de Ranald MacDougall. Les deux hommes étaient accompagnés de Marie Louise Habets, à qui Mel avait téléphoné et qui avait immédiatement proposé de servir d'infirmière. Elle assisterait Audrey avec tendresse pendant tout un mois, au Mexique et en Californie.

Pendant plusieurs jours, Audrey passa des tests à Durango. Elle avait quatre vertèbres fracturées et une cheville foulée. Le

2 février, elle était évacuée par avion jusqu'à un hôpital de Beverly Hills pour y être soignée et se reposer. « Je pourrai remonter à cheval avant la fin du tournage », affirma la jeune femme souriante aux journalistes. À son immense soulagement, elle n'avait pas perdu le bébé.

Sans se plaindre ni demander aucun traitement de faveur, Audrey retourna au Mexique le 5 mars pour reprendre son rôle quatre jours plus tard. Elle avait promis qu'elle remonterait à cheval. Vingt ans plus tard, John Huston, encore très marqué par l'accident d'Audrey, l'évoque avec son franc-parler : « Finalement, le pire de tout ça, c'est le film que nous avons fait. Certains de mes films me laissent indifférent, mais *Le Vent de la plaine* est le seul que je déteste [...]. Le ton général est prétentieux et grandiloquent [comme la bande-son de Dimitri Tiomkins, aurait-il pu ajouter...]. Je l'ai revu un soir à la télévision, récemment, et je n'ai tenu qu'une dizaine de minutes avant d'aller éteindre ce foutu truc. C'est insupportable. »

Les critiques et le public partagèrent ce sentiment quand le film sortit en avril 1960. « Grotesque », « faible » et « déconcertant » étaient les adjectifs récurrents utilisés par les journalistes américains. Quant aux Anglais, ils avaient trouvé *Le Vent de la plaine* « pompeux ». Audrey n'échappait pas à la curée : « Elle est à peine moins incongrue que le piano au milieu de la plaine », pouvait-on lire dans une revue britannique. « Mais les chevaux sont superbes », faisait observer imperturbablement le *New York Times*.

Ayant rempli son contrat, Mel quitta le Mexique le 11 mars pour faire la promotion de son insipide *Vertes Demeures*. Audrey rejoignit son époux à New York. Ensemble, ils retournèrent en Suisse pour y attendre la naissance de leur bébé.

Depuis des années, Audrey rêvait de jouer dans un film d'Alfred Hitchcock. Elle avait adoré *Fenêtre sur cour, La Main au collet, L'homme qui en savait trop* et *La Mort aux trousses*, qu'elle avait vue en avant-première à New York juste après la projection d'*Au risque de se perdre,* au Music Hall. Depuis novembre 1958, Hitchcock planchait avec Samuel Taylor (l'auteur de *Sabrina*) sur une adaptation cinéma d'un roman de Henry Cecil, *No Bail for the Judge* (« Pas de caution pour le juge »). C'était l'histoire d'un magistrat de Londres, accusé à tort de meurtre mais sauvé in extremis de la potence par sa fille, qui débusquait le vrai criminel dans le demi-monde des prostituées londoniennes.

Ayant eu vent du souhait d'Audrey de travailler avec lui, Hitchcock (qui, par une heureuse coïncidence, était lui aussi sous contrat avec la Paramount) peaufina son projet en pensant à elle pour le rôle de la fille loyale et débrouillarde. En février 1959, après avoir lu le synopsis, Audrey signa son contrat. Au même moment, Laurence Harvey consentait à jouer son complice énamouré ; quant à John Williams, son père dans *Sabrina*, il acceptait de reprendre un rôle similaire en endossant le personnage du juge. Le tournage devait commencer l'été suivant à Londres, et Audrey devait rejoindre l'équipe aussi rapidement que possible, c'est-à-dire fin août ou début septembre, après avoir mis son enfant au monde[1].

Audrey se reposait chez elle en Suisse, à la *Villa Bethania*, lorsque, le 11 mai, Kurt Frings envoya un télégramme au vice-président de la Paramount, Y. Frank Freeman, pour lui confirmer que l'actrice « se plierait à ses obligations contractuelles » pour apparaître dans *No Bail for the Judge* à la fin de l'été. Frings envoya une copie de ce message à Audrey.

C'est alors qu'elle fit quelque chose de tout à fait inhabituel pour elle. Parce qu'elle ne souhaitait pas s'engager sur un prochain film alors que la naissance de son enfant approchait, et qu'elle voulait profiter pleinement de ses premiers jours de maternité, Audrey informa Frings, le 19 mai, qu'elle n'apparaîtrait pas du tout dans le film d'Hitchcock. Frings raconta à la presse que les médecins lui avaient prescrit un repos complet avant et quelque temps après la naissance du bébé... Ce qui était vrai, du moins en partie. Car il y avait un autre souci.

1. La différence entre ce récit et ce que je dis dans mon livre sur Hitchcock *La Face cachée d'un génie : la vraie vie d'Alfred Hitchcock* (1989), s'explique par le fait qu'en 2004 divers détails concernant *No Bail for the Judge* sont devenus accessibles au public aux archives de la Paramount.

Depuis *Sabrina*, Audrey avait acquis un droit de regard sur les scripts de ses films avant le tournage. Aux alentours du 15 mai, la Paramount lui avait envoyé le premier jet de *No Bail for the Judge*, dans lequel son personnage était presque étranglé avec une cravate. Ce passage l'angoissait beaucoup : elle avait envie de tourner des films variés, mais elle était révulsée par la violence. « Lorsqu'elle a lu ça, dira Herbert Coleman, le producteur associé d'Alfred Hitchcock, c'était fini. Le film d'Hitchcock était quasiment annulé à partir de cette minute. » Au lieu de demander à Frings de négocier ce détail avec Hitchcock, elle décidait tout simplement de se rétracter. Sans doute se disait-elle que c'était une scène-clé du film et que Hitchcock n'avait pas pour habitude d'écouter les conseils de ses acteurs[1]. Quand le réalisateur apprit la défection d'Audrey, Laurence Harvey se retira également, et Hitchcock annula purement et simplement le tournage.

Pendant des années, on raconta – Hitchcock en premier – que le départ des deux acteurs principaux était la raison pour laquelle le cinéaste avait abandonné son projet. Mais ce n'était pas le cas. Hitchcock avait souvent « perdu » des acteurs qu'il comptait employer, l'exemple le plus proche concernant *Sueurs froides*, qu'il avait prévu pour Vera Miles. Quand celle-ci s'était désistée parce que sa grossesse l'obligeait à tout arrêter, le réalisateur avait offert le rôle à Kim Novak. La décision d'abandonner *No Bail* avait une autre cause, d'après Samuel Taylor. De nouvelles lois britanniques punissaient très sévèrement les prostituées qui s'adonnaient au racolage. Or, plusieurs scènes très importantes de *No Bail*, qui donnaient à voir ce genre de pratiques, n'étaient du coup plus crédibles dans ce nouveau contexte législatif. Hitchcock voulait filmer ces scènes dans Londres même, mais la Paramount fut informée en 1959 par les autorités qu'elle n'obtiendrait pas cette autorisation de tournage. C'est donc tout un concours de circonstances, plutôt que la décision d'Audrey seule, qui sabordait ce film.

1. Le meurtre ou la tentative de meurtre d'une femme par strangulation advient dans une bonne douzaine de ses films, ainsi que dans divers projets jamais réalisés.

Quelques jours plus tard, Audrey entra en travail, mais l'issue fut épouvantable : l'enfant était mort-né. Cette perte la plongea dans une dépression si profonde que Mel eut peur pour sa santé mentale. Elle fumait plus de trois paquets de cigarettes par jour, rongeait ses ongles jusqu'à la chair et pesait à peine plus de quarante kilos. À trente ans, elle en paraissait soudain beaucoup plus. « Il faut juste que je me repose au lit plus longtemps, écrivit-elle à la journaliste Hedda Hopper au mois de juin, mais je suis pleine de gratitude car je pourrai avoir d'autres enfants. J'en suis heureuse pour mon mari, si tendre et gentil. »

Avec l'approbation de ses médecins, elle se rendit à la première d'*Au risque de se perdre*, en juillet. « Audrey est magnifique mais elle a l'air un peu faible », écrivit Zinnemann à Kate et Lou. De là, les Ferrer partirent en Irlande, où, après une année d'efforts, le contact de Mel à la Croix-Rouge internationale avait finalement retrouvé la trace du père d'Audrey.

Un arrangement fut convenu pour rencontrer Ruston à Dublin, où il vivait désormais avec sa femme, Fidelma Walshe. La réunion, dans le hall de l'hôtel Shelbourne, se déroula de manière très maladroite, sans chaleur ni larmes, ni même aucune volonté de réconciliation. Selon les termes de son petit-fils, le père d'Audrey était « totalement déconnecté, comme il l'avait été pendant toute sa vie [...]. C'était un handicapé de la réalité et du sentiment. » Quand ils se rencontrèrent enfin, « elle réalisa soudain que, s'il avait été là, il n'y aurait eu aucune différence. C'était un homme bloqué sur le plan émotionnel, et il n'avait jamais été le genre de père qu'elle voulait. Elle fit donc la paix avec cela. »

Audrey repartit de ce rendez-vous en sachant qu'elle ne pourrait pas renouer une relation qui n'avait jamais existé. « On peut rentrer à la maison, maintenant », dit-elle tranquillement à Mel en repartant de l'hôtel. Mais ses efforts et sa générosité envers cet homme ne cessèrent jamais : elle lui fournit une rente mensuelle jusqu'à la fin de ses jours ; elle adressa des lettres à son père et à Fidelma pendant plusieurs années ; elle lui rendit visite peu de temps avant sa mort.

Audrey avait accepté d'apparaître en guest-star dans un numéro spécial de *Harper's Bazaar*, et prit donc l'avion de Dublin pour Paris. Elle devait y être photographiée par Richard Avedon, revêtue de dix-huit tenues différentes, dessinées par Dior, Guy Laroche et Pierre Cardin (l'absence de Givenchy s'expliquant seulement par le fait qu'il ne devait pas apparaître dans le numéro de septembre). Le couple retourna ensuite à la *Villa Bethania* avant de rouler vers Montreux, sur les rives du lac Léman, où Mel devait rencontrer Dorothy Kingsley pour discuter d'un projet de film qui ne devait jamais voir le jour. Lorsqu'ils rentrèrent chez eux, Mel répondit le 14 août à une lettre de Kate et Lou. « Audrey a sacrément besoin de reprendre son souffle », soulignait-il. C'est justement ce qu'elle était en train de le faire quand les Zinnemann, qui l'aimaient beaucoup, arrivèrent pour une petite semaine ; Renée s'occupait de la routine quotidienne et Fred détendait l'atmosphère pendant que Mel filtrait les appels téléphoniques et essayait de confirmer plusieurs arrangements professionnels pour l'avenir. « Audrey est bronzée et paraît maintenant en bonne santé », écrivit Renée à Lou et Kate le 23 août.

En novembre, les Ferrer étaient à Los Angeles, où Mel s'efforçait de trouver des films à réaliser alors même qu'il travaillait en tant qu'acteur pour la télévision. « Audrey a l'air superbe, écrivit Kate aux Zinnemann, et elle semble apprécier cette période de repos momentané, sans tournage en vue. »

Ce répit devait se prolonger sur ordre des médecins : à Los Angeles, Audrey apprit qu'elle était de nouveau enceinte. Mel et elle regagnèrent la *Villa Bethania* pour Noël, et elle y restera pratiquement recluse.

Le 4 avril 1960 – au moment de la remise des oscars – Audrey écrivit une lettre de cinq pages, dans son langage clair, destinée à Marie Louise Habets :

Très chère et précieuse Lou,
Demain est le grand soir et vous saurez tous le résultat quand nous serons encore en train de sommeiller [...]. *Aucune nou-*

velle ne saurait être plus glorieuse pour moi, cependant, que celle qui me confirma que je jouerais le rôle de Lou/Luke, ou quand vous m'avez dit que vous alliez venir pour soigner mon dos brisé (et moi) [...].
Je m'attends à de nombreuses félicitations pour Fred. Il a travaillé si dur, sans se soucier de la fatigue, avec tant de dévouement, mettant toute son âme et son talent dans quelque chose dont il avait eu la vision, sans s'arrêter à la pression venue de la Warner Bros ni permettre à qui que ce soit d'obscurcir ou de pervertir cela. Quant à vous deux, mes anges, aux âmes charitables et spirituelles, personne ne saura jamais à quel point vous avez donné du sens à tout cela, ni ce que vous avez été pour le film et pour nous [...].
Avec tout, tout, tout mon amour,

Audrey

Le message suivant à Lou et Kate était un télégramme de Mel, daté du 17 juillet 1960, et envoyé depuis la maternité de Lucerne :

UN GARÇON, SEAN, NÉ À 2 H 40 CET APRÈS-MIDI. 2,5 KG. AUDREY AUX ANGES. AVEC TOUT NOTRE AMOUR. MEL.

Les deux femmes répondirent immédiatement :

NOUS AVONS ENVOYÉ SEPT MILLE FÉES POUR SE PENCHER SUR LE BERCEAU DE SEAN. NOUS SOMMES FOLLES DE JOIE POUR VOUS TROIS. AVEC TOUT NOTRE AMOUR. LOU ET KATE.

Portant une robe de baptême spécialement dessinée pour lui par Givenchy, l'enfant reçut le nom de Sean Hepburn Ferrer. La cérémonie eut lieu dans la même chapelle et avec le même prêtre que celui qui avait marié le couple en 1954. Audrey garda en mémoire le jour merveilleux de son enfantement : « Par un dimanche lumineux, après un orage, notre fils est né, fort et parfaitement constitué. Comme toutes les jeunes mères, j'avais du mal à croire qu'il était réellement à moi et que je pouvais le garder [...]. Même quand j'étais petite, ce que je souhaitais le plus au monde, c'était d'avoir un enfant [...]. Je voulais beaucoup de bébés. C'était un but dans ma vie [...]. Je suis certaine que c'est fabuleux si cela arrive quand on a dix-huit ans. Mais, quand on attend des années, cette joie devient impossible à décrire [...]. Mes fausses couches ont été plus douloureuses que n'importe quoi d'autre, le divorce de mes parents et la disparition de mon père compris. À partir du moment où j'ai eu Sean, je me suis accrochée à mon mariage grâce à lui et, de plus en plus, j'ai commencé à détester le temps que je passais parfois loin de lui. Cela a toujours été mon vrai "moi". Les films n'étaient que des contes de fées. »

Chaudement recommandé par Mel, le prochain « conte de fées » nécessitait qu'Audrey parte à New York, puis rejoigne les studios hollywoodiens de la Paramount, d'octobre jusqu'à la fin de l'année. Ils voyagèrent ensemble car Mel avait toutes sortes de projets professionnels en tête. Le bébé et sa nourrice les accompagnaient.

De nouveau, Audrey était en proie à des sentiments partagés. D'un côté, elle aurait voulu arrêter de travailler, de l'autre, elle avait envie de continuer. Elle désirait être une mère à plein temps mais elle savait aussi qu'à trente et un ans les bons rôles ne l'attendraient pas. C'est pourquoi elle était réceptive aux arguments de Mel, qui l'encourageait à décrocher un nouveau rôle en or. En outre, elle avait besoin d'argent – non pour satisfaire les ambitions de son époux, mais pour assurer l'avenir de son enfant.

Ce qui attendait Audrey à New York et à Los Angeles cet automne était ni plus ni moins le rôle emblématique de sa carrière : elle serait Holly Golightly dans *Diamants sur canapé*, le film qui effacerait d'un coup de baguette magique la déception du public et des critiques face à *Vertes Demeures* et au *Vent de la plaine*. Grâce à la garde-robe dessinée par son ami Hubert de Givenchy, le film devait faire pour toujours de Miss Hepburn une icône de la mode : dans *Diamants sur canapé*, son statut de reine du chic surpasse même la position qu'elle avait atteinte en se pliant aux contraintes du look noir et blanc de *Sabrina*. Audrey était désormais considérée comme l'arbitre du bon goût, le modèle idéal incarnant l'élégance et la mode. Ce phénomène était a priori d'autant plus improbable et inattendu que le personnage d'Audrey y est finalement celui d'une prostituée – du moins, c'est ce qu'elle essaie d'être. La Holly d'Audrey est parfois volubile, fofolle, mais il est difficile de croire qu'elle puisse se vendre pour de l'argent. Des photos publicitaires la montrent couverte de faux bijoux et de faux diamants ; rapidement, le joaillier Tiffany tenta de saisir cette bonne opportunité, et lui proposa un contrat publicitaire pour faire la promotion de sa marque. « Mon image ne sera jamais celle de Miss Diamants ! » dit-elle en rejetant son offre.

Le film est basé sur une nouvelle d'une centaine de pages écrite par Truman Capote, mais il s'écarte considérablement du livre. Le scénario raconte l'histoire de Holly Golightly, une jeune femme texane d'origine très modeste qui s'appelait Lulamae Barnes avant de venir à New York, où elle s'installa pour essayer de trouver – si possible – l'homme le plus riche du monde et l'épouser. En attendant, elle subvient à ses besoins en exerçant le plus vieux métier du monde. Au quotidien, son seul compagnon fidèle est un chat qu'elle appelle… « Chat ». Elle revient parfois d'une nuit passée entre les bras d'un homme au moment où les gens ordinaires partent au travail. Elle prend alors un petit déjeuner à l'aube, en reluquant avec envie la vitrine de chez Tiffany, comme lors de la première scène.

Holly rencontre Paul (joué par George Peppard), un jeune écrivain laborieux entretenu par une maîtresse riche et prédatrice, plus âgée que lui et dont on ne sait pas le nom (interprétée par Patricia Neal). L'auteur tombe amoureux d'Holly, qui reste plus intéressée par l'argent et les bijoux que par l'amour et la stabilité affective – du moins jusqu'au dernier moment du film. L'histoire de Capote est cynique, brillante et simple à la fois, froide lorsqu'elle décrit des âmes perdues, plus chaude lorsqu'elle s'attarde sur le personnage si touchant et sympathique de l'écrivain. Le film estompe l'aspect caustique et préfère célébrer la magie de New York et la gaieté extravagante d'Audrey Hepburn.

« J'ai lu le livre et je l'ai beaucoup aimé, disait-elle, mais j'avais très peur de ne pas être celle qu'il fallait pour le rôle. Je pensais qu'il me manquait un certain sens de la comédie. Ce personnage était celui d'une femme très extravertie. Je suis introvertie. Mais tout le monde m'a poussée à le faire. Alors je l'ai fait. J'ai peiné pour cela. J'ai perdu du poids. Très souvent, alors même que j'étais en train de jouer, j'étais persuadée que je ne faisais pas du bon boulot. »

C'est ce sentiment d'être déconnectée qui la mettait mal à l'aise. « Malgré ses angoisses très perceptibles, il y avait une énergie surpuissante chez Audrey », analyse le réalisateur, Blake Edwards. Ce sentiment chronique d'insécurité fut évident dès le premier jour de tournage. Edwards devait la rassurer constamment. Et la tâche ne fut pas aisée lorsque le compositeur de la bande-son, Henry Mancini, apprit à Audrey qu'elle devrait chanter une chanson composée tout spécialement pour elle et s'accompagner à la guitare. Cette perspective intimidait fortement Audrey, sa voix s'était troublée et était devenue plus ténue depuis *Drôle de frimousse*. Mais elle se mit au travail sans attendre : elle prit des cours avec un professeur de chant et un professeur de guitare pendant plusieurs semaines, retardant l'enregistrement de « Moon River » jusqu'à ce qu'elle se sente un peu moins mal à l'aise.

Mancini l'encourageait : la mélodie se limitait à la gamme de la première octave, lui disait-il, et on pouvait arranger le résultat si besoin était. « J'ai su quoi écrire dès que j'ai lu le script, se souvient-il, et les grands yeux d'Audrey m'ont poussé à être un peu plus sentimental que d'habitude. Ses yeux pouvaient exprimer cela sans mièvrerie, je le savais. "Moon River" (sur des paroles de Johnny Mercer) a été écrite pour elle. Personne d'autre ne l'a jamais aussi bien interprétée. »

Au printemps suivant, le film fut diffusé en projection privée aux gens de la Paramount. Mel et Audrey étaient présents. « Une chose est sûre, objecta Martin Rackin, à la tête de la production de la Paramount, dès que la projection fut terminée, il faut virer cette putain de chanson ! » D'après Mancini, Audrey bondit de son fauteuil et Mel dut la retenir. « Plutôt mourir ! » hurla-t-elle, la voix tremblante de colère. Et, bien entendu, la chanson resta.

L'image d'Audrey Hepburn assise à son balcon, tenant sa guitare et chantant « Moon River » de sa belle voix mélancolique, est peut-être la vision la plus emblématique que les cinéphiles d'hier et d'aujourd'hui retiendront de *Diamants sur canapé*. Sans prétention, sans poser, elle parvient à exprimer un mélange de nostalgie, d'abandon et d'attente qu'Holly elle-même ne parvient pas tout à fait à comprendre. Évidemment, ce n'est pas Holly qu'on entend chanter : c'est Audrey, c'est sa chanson, qui vient du plus profond d'elle-même. Si l'on se réfère à tout ce qui précède et à ce qui suit cette séquence, on sent bien qu'Holly ne pourrait pas avoir cette quiétude nécessaire à la mélodie. Son interprétation de cette chanson, que Mancini a toujours considérée comme étant de loin la meilleure de toutes, parmi les cinq cents qui en ont été faites, a certainement compté pour beaucoup dans la nomination d'Audrey pour l'oscar de la meilleure actrice. C'était la quatrième fois qu'elle frôlait cet honneur. (Et, cette fois encore, c'est une autre star, Sophia Loren, qui remportera la récompense pour son interprétation dans *La Ciociara*, de Vittorio De Sica.)

La chanson n'avait donc pas été éliminée du film, mais la bande-son fut l'objet d'une vraie bagarre avec la Paramount, qui voulait couper une partie essentielle de la musique (certes, souvent excessivement présente) de Mancini. À cette occasion, Audrey fit preuve de ce que le cinéaste Blake Edwards décrivait comme sa « puissante énergie » : elle envoya plusieurs lettres agacées aux représentants des studios, pour soutenir le compositeur. Elle écrivit aussi à Mancini lui-même :

Un film sans musique est comme un avion sans carburant. Quelle que soit la perfection du travail accompli, quand on n'en a pas, on reste cloué au sol dans le monde de la réalité. Votre musique nous a permis de décoller et nous a envoyés vers les cieux. Tout ce qu'on ne peut pas exprimer avec des mots ou des gestes, vous l'avez exprimé pour nous. Et vous avez fait cela avec tant d'imagination, de gaieté et de beauté. Vous êtes le plus charmant des garçons… et le plus sensible des compositeurs ! Merci, cher Hank.

Avec tendresse,

Audrey

Pour l'essentiel, les relations entre les membres de l'équipe sur le tournage étaient très amicales, excepté entre George Peppard et Blake Edwards, qui étaient ouvertement en désaccord. Audrey et Patricia Neal devinrent amies et, un soir, Audrey l'invita à dîner chez elle. « Je me souviens de notre souper, après une journée de travail, raconte Patricia Neal. Mel était très strict avec elle pendant les tournages, alors le soir c'était un verre, un repas léger et bonne nuit ! Je ne suis même pas sûre que le soleil était couché quand je suis rentrée chez moi. »

La transposition du texte originel pour aboutir à un scénario s'est faite au prix de diverses modifications affectant le personnage d'Holly, le ton général de l'histoire et sa fin. Dans le livre, le dénouement est extrêmement mélancolique. « Le livre était beaucoup plus amer, résume Capote, et Holly Golightly était bien *réelle* : un personnage dur, pas du tout du genre d'Audrey Hepburn. Marilyn Monroe était mon premier choix pour cette interprétation. Je pensais qu'elle serait parfaite dans ce rôle. Holly devait avoir quelque chose de touchant en elle, quelque chose de pas fini. Marilyn était comme cela. Mais la Paramount m'a doublé, et a donné le rôle à Audrey Hepburn. » Capote regrettait aussi que Hollywood ait transformé cette histoire aigre-douce d'une call-girl esseulée et agitée de Manhattan en une « midinette insipide de New York City ».

D'autre part, le narrateur calme et froid du livre devient dans le film un jeune écrivain joué par George Peppard, un type entretenu qui quittera sa providentielle maîtresse lorsqu'il tombera amoureux d'Holly. À la fin de la nouvelle de Truman Capote, Holly est abandonnée par son fiancé brésilien ; elle s'envole néanmoins pour l'Amérique du Sud et, d'après le narrateur, continuera inlassablement à chercher un riche époux, à essuyer des échecs et à voyager. Alors que dans *Diamants sur canapé* notre héroïne, abandonnée par son amant brésilien, acceptera finalement l'amour de l'écrivain.

La scène finale du livre se déroule sous une pluie battante, et l'histoire s'achève comme elle s'est déroulée : dans une lugubre mélancolie. Au contraire, à l'écran, c'est une pluie fine qui s'écoule sur les amoureux en train de s'embrasser passionnément, avec la musique romantique de Mancini en fond sonore.

La débauche de couleurs utilisées pour *Diamants sur canapé*, le style étudié et extrêmement raffiné des tenues et des coiffures d'Audrey, son personnage si incroyablement extraverti, sa romance a priori impossible à la lumière du propos audacieux de l'histoire, en 1961, tous ces éléments ne pouvaient qu'enchanter le public. Soutenu par une promotion soignée, ce film devait séduire la nouvelle génération de cinéphiles, à une période où l'Amérique plongeait dans les délices de la société de consommation, privilégiant le contenant sur le contenu et essayant d'emballer tout de la manière la plus attractive possible : pour vendre n'importe quoi, de la nourriture et des boissons, de la musique ou des films… pour promouvoir les aspirations sociales et donner raison aux prévisions économiques. Et ce n'était encore qu'un début…

Le réalisateur Blake Edwards et le scénariste George Axelrod savaient précisément comment assurer le succès du film tout en restant prudemment dans les limites imposées par la bienséance. Ils avaient trouvé comment compenser le côté scabreux du sujet grâce à la douceur pétillante de certains passages – par exemple les scènes récurrentes du début avec Mickey Rooney (qui en fait des tonnes) en grotesque voisin japonais ; et la scène ultime, le final romantique de la dernière séquence, qui offre à Audrey le moment le plus fort du film.

PAUL : Holly, je suis amoureux de vous !
HOLLY : Et alors ?
PAUL : Et alors ? Tant de choses ! Je vous aime, vous m'appartenez !
HOLLY : Non, personne n'appartient à personne.
PAUL : Bien sûr que si !
HOLLY : Je ne laisserai personne me mettre en cage !
PAUL : Je ne veux pas vous mettre en cage, je veux vous aimer !
HOLLY : C'est la même chose.
PAUL : Mais non, certainement pas ! Holly…

HOLLY (se mettant à sangloter) *: Je ne suis pas Holly ! Je ne suis pas Lulamae non plus. Je ne sais pas qui je suis ! Je suis comme Chat, là-bas, nous sommes un couple de ploucs sans nom. Nous n'appartenons à personne et personne ne nous appartient. Nous ne nous appartenons même pas l'un à l'autre !*

Il y a une vraie montée d'émotion lorsque Audrey se met à chanter « Moon River », c'est poignant d'authenticité et, au final, on est saisi par une bouffée de mélancolie à vous briser le cœur… Peu importe alors que cette Holly-là ne soit pas fidèle à celle du livre. Audrey transforme cette fille perturbée – qui n'est pas encore une femme – en un personnage crédible à l'âme en peine. Paul la trouve irrésistible et, au même moment, le public ressent la même chose.

Même si les personnages sont fondamentalement vénaux et font commerce de leur sexualité, le film joue sur une dualité qui satisfait aux standards de la vénérable industrie hollywoodienne. On nous y décrit des fêtes orgiaques, des gens ivres, des strip-teaseuses, du sexe débridé, un égocentrisme forcené et une désinvolture qui sont présentés comme le top du top de l'existence des mondains new-yorkais. Mais, à la fin, et bien que cela s'avère hautement improbable dans la réalité, les deux amoureux reviennent à des valeurs traditionnelles et à l'orthodoxie d'un couple classique.

Ils restent gravés dans nos mémoires, mouillés par la pluie qui s'écoule doucement sur eux comme pour leur offrir la bénédiction du ciel. C'est un cliché hollywoodien dûment éprouvé ; néanmoins, cette dernière scène a séduit des millions de cinéphiles en 1961. Il semble qu'elle a étonnament bien résisté à l'épreuve du temps, car son pouvoir de séduction reste intact.

Chapitre douze
1961-1962

Pendant les vacances de Noël à la *Villa Bethania*, Audrey reçut un dossier de presse contenant les critiques élogieuses recueillies par *Diamants sur canapé*. La première avait eu lieu au mois d'octobre, et Audrey serait pour la quatrième fois nominée aux oscars. Pendant ce temps, Mel espérait encore – mais en vain, semblait-il – que l'un de ses projets, dont il désirait assurer l'écriture et la réalisation, porterait enfin ses fruits. « Ce n'était guère facile pour Mel », dit Hubert de Givenchy avec une discrète concision.

« Bien sûr, c'est un problème lorsque l'épouse éclipse le mari, comme c'est le cas entre Audrey et moi », admit Mel, comme en écho à la phrase de Givenchy. « Je suis très sensible au fait que certains producteurs puissent m'appeler pour me dire qu'ils souhaitent discuter d'un film avec moi, alors qu'en réalité ils cherchent à attirer l'attention d'Audrey et m'utilisent comme appât. » Mel était un maître de l'euphémisme, qu'il utilisait également en parlant de *Vertes Demeures* : « Ce ne fut pas un grand succès. »

Pendant ce temps, des proches du couple et ceux qui leur rendaient visite à Bürgenstock comprenaient ce qui était en train d'arriver. Audrey continuait à être constamment demandée, tandis que Mel n'avait d'engagements que pour des seconds rôles dans des films européens de seconde zone, du type série B ou horreur. « Le boulot d'acteur » : ainsi qualifiait-il son activité dans une lettre qu'il écrivit à Kathryn Hulme et Marie Louise Habets le 7 mars 1961. Heureusement, cela allait de pair avec quelques distractions : il était photographié, joyeux et galant comme à son habitude, escortant les stars féminines avec lesquelles il travaillait brièvement sur un film ou un autre. « Prétendre que tout allait bien entre Mel et Audrey devenait manifestement absurde », assène Joseph Barry, un journaliste qui les a bien connus tous les deux.

Cette tension était probablement en partie la cause de l'anxiété qui taraudait Audrey. « Audrey a fait la cuisine ici pour nous tous, ajoute Mel dans sa lettre du 7 mars, mais je suis effrayé qu'elle n'ait pas pris un seul kilo alors que Sean prospère si rapidement : il fait presque dix kilos et a six dents. » Le 8 mars, le père, la mère, la nourrice et l'enfant partent pour Rome, où Mel doit finir un tournage et où, ainsi qu'il l'écrit à des amis, il espère qu'Audrey abusera de la *pasta* (les pâtes) qu'elle aime tant, pour reprendre un peu de poids. Elle en mangea, mais ne grossit pas pour autant.

Son extrême minceur était évidente même sous les costumes, préparés pour son prochain film, qui la couvraient du cou aux genoux. Elle devait porter une simple robe-chemisier, un tailleur et un fourreau de laine, aucun de ces vêtements n'étoffant ni n'embellissant sa silhouette de roseau. Ces tenues, aussi peu flatteuses que l'avait été l'habit de sœur Luke, étaient conçues pour son premier film en noir et blanc depuis cinq ans : la première pièce filmée de Lillian Hellman, intitulée *La Rumeur*.

En acceptant d'interpréter le personnage de Karen Wright, elle endossait le rôle d'une personnalité qui prêtait autant à controverse que celle du *Vent de la plaine* ou de *Diamants sur canapé*. Shirley MacLaine, de cinq ans plus jeune qu'Audrey, devait partager la vedette avec elle dans le rôle de Martha Dobie.

Le scénariste, John Michael Hayes, était remarquablement fidèle à la pièce. Dans une région aisée des États-Unis, Karen et Martha, deux amies d'enfance, parviennent, après des débuts ardus, à rentabiliser leur pensionnat privé pour filles. Karen est fiancée à Joe Cardin, un médecin, dont Martha semble jalouse. Les deux directrices surprennent une de leurs petites pensionnaires, Mary Tilford, en train de mentir effrontément et la punissent.

Irritée contre elles, la gamine délurée et terriblement rusée, soutenue par l'une de ses camarades de chambrée, Rosalie (sur laquelle elle exerce un chantage après avoir découvert sa kleptomanie), raconte à sa grand-mère, la richissime Amelia Tilford, qu'elle a vu les deux directrices avoir des rapports sexuels. La rumeur se répand comme une traînée de poudre, et tous les parents finissent par retirer leurs enfants du pensionnat. Après un procès perdu, les deux jeunes femmes, dont la réputation est désormais ruinée, doivent affronter d'autres épreuves : le doute s'est installé dans l'esprit du fiancé de Karen et leurs fiançailles sont rompues ; Karen et Martha font l'objet d'un voyeurisme éhonté de la part des hommes de la région. Elles sont marginalisées et soumises à une pression insupportable, et Martha avoue finalement à Karen qu'elle pourrait ressentir réellement cet amour interdit dont on les accuse. Un peu plus tard, la fillette responsable de la rumeur est fortuitement démasquée par sa mère. Sa grand-mère vient s'excuser, mais Martha, confuse et désespérée, se suicide. Karen réalise alors la profondeur des liens qui l'unissaient à son amie et se rend compte qu'elle l'aimait aussi. Après les funérailles, Karen s'en va, sans un regard pour ceux qui ont anéanti son existence et celle de son amie.

La force du film et de la pièce tient à ses trois niveaux narratifs entremêlés. Le premier, c'est le pouvoir d'une enfant maligne qui lance une rumeur destructrice. Le deuxième évoque l'intolérance des adultes prompts à croire une gamine sournoise et hargneuse, puis à ostraciser deux femmes qu'ils croient à tort amantes. Le dernier niveau dévoile une vérité ironique, quand le scandale oblige Martha à s'interroger puis à admettre qu'elle éprouve effectivement des sentiments pour son amie Karen.

Deux ans après son succès à Broadway, en 1934, William Wyler avait filmé une version de cette pièce mais sa maison de production, Motion Picture Production Code, avait imposé tant de contraintes à *These Three* « Ces Trois », ainsi qu'ils l'avaient réintitulée, que l'histoire était devenue complètement différente : il s'agissait désormais d'un triangle amoureux hétérosexuel, et non plus d'une puissante analyse de la manière dont les préjugés, la rumeur et les ragots peuvent briser des vies. Vingt-cinq ans plus tard, Wyler voulait revisiter la pièce, et il obtint rapidement l'accord d'Audrey pour jouer dans son film : après tout, il l'avait conduite à une nomination aux oscars pour *Vacances Romaines*, elle lui faisait confiance et croyait en son jugement créatif.

C'est ainsi que les Ferrer furent de retour à Hollywood fin mars. Ils s'installèrent de nouveau dans la maison de Deborah Kerr, sur Kemridge Road, dans les hauteurs de Beverly Hills (l'actrice était partie tourner une fois de plus en Angleterre, et elle était ravie que sa résidence héberge des amis). John Michael Hayes, qui pouvait déjà se targuer d'avoir offert quatre superbes scripts à Alfred Hitchcock, confia à Wyler le scénario terminé de *La Rumeur* le 15 mai. Une semaine plus tard, les répétitions commençaient aux studios Goldwyn de Hollywood.

Après de courtoises présentations, les deux stars féminines du film établirent facilement des rapports amicaux entre elles, et aucune d'elles ne fut rebutée d'une quelconque manière par son rôle. « Je concevais le personnage de Martha, dira ensuite Shirley MacLaine, comme une femme qui s'était tendrement et progressivement attachée à son amie Karen, s'engageant émotionnellement envers elle ; le public devait comprendre avant elle ce qui se passait. En fait, Martha n'était pas consciente de ses propres sentiments [...] jusqu'à ce que la petite pensionnaire exagère le comportement de Martha pour en faire un mensonge. Dans ce mensonge résidait une part de vérité. »

Mais, quand Wyler vit le premier montage du film, il craignit qu'il ne reçoive pas l'approbation du Motion Picture Production Code, qui avait expressément interdit toute histoire ou évocation directe concernant l'homosexualité ; si la maison de production ne validait pas le film, cela signifiait qu'il ne pourrait être diffusé dans presque aucun cinéma du pays. « Willy avait des sueurs froides à propos du lesbianisme, continue MacLaine. Il coupa toutes les scènes qui montraient Martha en train de tomber amoureuse de Karen. » Scènes dans lesquelles Martha prend soin des vêtements de Karen, brosse ses cheveux, cuit des biscuits pour lui faire plaisir : tout cela était supprimé. « En éliminant ces scènes, Willy amputait le propos du film. » Sinon le propos, il gommait en tout cas les signes qui permettaient au public de constater l'affection croissante de Martha pour son amie, et qui rendaient sa déclaration d'amour finale crédible. Si l'on avait pu montrer en public cette situation poignante, même dès 1961, il aurait compris pleinement le sens de cette tragédie.

Hormis les impératifs commerciaux qui obligeaient Wyler à se brider, il existait une autre raison qui le poussait à faire ces coupes. Wyler comprenait parfaitement l'ambiguïté de la pièce de Lillian Hellman et voulait la préserver dans son film. On peut évidemment considérer que Martha est une lesbienne refoulée, obligée d'affronter ses véritables sentiments pour Karen au moment où se propage la rumeur mensongère de leur idylle. Mais les dialogues suggèrent que Martha ne pense que l'accusation *est peut-être vraie* qu'au moment où elle est proférée :

MARTHA : Il y a toujours eu quelque chose qui n'allait pas.
KAREN : Arrête de dire n'importe quoi.
MARTHA : Je suis coupable.
KAREN : Tu n'es coupable de rien !
MARTHA : Je me le répète depuis la nuit où nous avons entendu l'enfant le dire. J'ai prié pour arriver à m'en convaincre. Mais je ne peux pas, je ne peux plus. C'est là. Je ne sais pas comment, je ne sais pas pourquoi. Mais je t'ai aimée. Je t'aime. J'ai ton mariage en horreur – peut-être parce que je te voulais à moi.
KAREN : C'est un mensonge. Tu te persuades d'un mensonge. Nous n'avons jamais pensé l'une à l'autre de cette manière-là.
MARTHA : Non, bien sûr que non, pas toi. Mais qui dit que je n'y ai pas pensé de cette manière-là ? Je n'ai jamais éprouvé de tels sentiments pour quiconque excepté pour toi. Je n'ai jamais aimé un homme. Je ne savais pas pourquoi, avant. Peut-être que c'est pour ça.
KAREN : Tu es épuisée et malade.
MARTHA : C'est drôle. Tout se mélange. Il y a quelque chose en toi et tu n'en sais rien parce que tu ne sais pas que c'est là. Je ne pouvais pas appeler ça par son nom, avant, mais je sais maintenant. C'est là. C'est là depuis la première fois que je t'ai rencontrée.

Je ne sais pas. Il me semble que tout me revient. J'ai ruiné ta vie et j'ai ruiné la mienne. Oh, oui, je me sens si malade et si sale que je ne peux plus le supporter !
KAREN : *Tout ça n'est pas vrai. Tu n'as jamais dit ça. Demain, nous aurons tout oublié.*

Martha part d'un « peut-être » pour arriver à une certitude. Mais « tout se mélange ». Si on suit ce raisonnement, Martha est comme un prisonnier innocent, accusé à tort, mais qui se sent coupable. La culpabilité lui permet ensuite de réinterpréter son passé à la lumière du présent. Un des mérites de *La Rumeur* de Wyler est qu'il maintient en grande partie ces ambiguïtés. D'un côté, la tragique ironie de la situation montre qu'un mensonge révèle une parcelle de vérité ; de l'autre, ce mensonge est si monstrueux qu'il déséquilibre une femme esseulée et l'oblige à croire que son penchant « contre nature » mérite la mort. Quelle que soit la façon dont on envisage les personnages, la pièce (comme le critique et historien Bernard Dick l'a dit très justement) « porte sur les conséquences d'un mensonge qui réactive des sentiments refoulés, lesquels refont soudain surface quand on est accusé de quelque chose qui n'est pas vrai, mais qui pourrait l'être ».

Se mettant totalement au diapason avec Shirley MacLaine, Audrey donne l'interprétation la plus délicatement pensée et la plus intériorisée depuis *Au risque de se perdre.* Refusant les vêtements de créateur, elle ne joue que sur les subtiles expressions de son visage pour exprimer sa confusion, et sur les modulations de sa voix. Le résultat de ce travail tout en finesse donne un personnage d'une remarquable densité. Les scènes avec les pensionnaires rebelles, par exemple, n'ont rien à voir avec le côté artificiel des films montrant de sévères institutrices à l'ancienne mode. Les scènes d'amour avec son fiancé (James Garner) révèlent une exquise tendresse physique qu'on ne voit dans aucun autre de ses films. La bigoterie glacée de son personnage est nuancée par l'immense peine qui la submerge. Et l'amour profond qu'elle porte à son amie est en permanence évident. Du coup, la découverte du corps de Martha en devient presque insupportable. Les sanglots d'Audrey, la manière dont elle ferme les yeux pour essayer d'effacer l'horreur de ce qu'elle vient de voir, la modulation de sa voix, ses gémissements et ses pleurs étouffés, tout son jeu dans cette scène est un grand moment qui mériterait d'être étudié par les étudiants en art dramatique. Wyler jugeait cette interprétation brillante.

Des dizaines d'années plus tard, la performance d'Audrey et le film sont, de manière complètement injustifiée, tenus en piètre estime. La raison de cette disgrâce décrétée par la critique tient peut-être au triomphe du « politiquement correct ». Tout d'abord, le public n'a accepté ni l'apparente passivité des jeunes femmes de l'histoire, ni le suicide de Martha. Les homosexuels ne sont pas censés être conduits au suicide à cause de l'opprobre jetée par les ignorants ; donc, si l'on suit ce raisonnement, il n'y a pas de raison de les montrer commettant un suicide… On oublie dans ce cas un peu vite que Martha est également désespérée parce que sa carrière est brisée et qu'elle craint de perdre son amie, qui est sur le point de se marier. Ce drame montre ce qui peut pousser des gens ordinaires au-delà des limites du supportable. En dernière analyse, *La Rumeur* révèle non pas ce qui fait toute l'existence, mais ce qui fait une partie de l'existence. On voit ce par quoi l'existence de tout un chacun peut être menacée, en l'occurrence la cruauté, la bigoterie, les fausses allégations et la haine de soi.

Lillian Hellman avait tiré le titre original de son histoire, *The Children's Hour* (« L'Heure des enfants »), d'un poème de 1860 : Henry Wadsworth Longfellow y décrivait en quelques lignes les fins de journée d'un père dévoué aux côtés de ses trois filles.

Entre les ténèbres et la clarté du jour
Lorsque la nuit commence à poindre
Arrive le moment d'une pause dans les occupations de la journée
Qu'on appelle l'heure des enfants.

Le drame lui-même s'inspirait d'un événement particulièrement sombre : en 1810, en Écosse, une écolière avait accusé ses professeurs de lesbianisme. La grand-mère de l'enfant avait propagé cette rumeur et anéanti la réputation de l'école[1].

1. Ce fait est relaté dans le livre de William Roughead, *Bad Companions*, publié en 1830.

Le tournage se termina à la mi-août et, le samedi 2 septembre, les Ferrer s'envolaient pour passer un mois à la *Villa Bethania*. Trois jours avant leur départ, Audrey écrivit à Marie Louise : « Je tiens juste à te dire, ainsi qu'à Kate, à quel point je vous aime toutes les deux. »

Audrey, Sean et la nourrice passèrent six semaines à Rome pendant que Mel finissait de tourner dans *Les Lanciers noirs* (de Giacomo Gentilomo) ; puis ils l'accompagnèrent à Paris où il jouait dans *Le Jour le plus long*. Dès lors, Audrey ne prendrait plus l'avion qu'en classe économique et ne s'achèterait plus que des voitures modestes, des Volvo ou des Audi, qu'un chauffeur devrait tout de même conduire, puisqu'elle ne prenait plus le volant depuis son accident de Beverly Hills.

La star avait désormais un nouveau compagnon : son yorkshire-terrier bien-aimé, nommé Famous (« Célèbre » !), s'était fait écraser en s'échappant dans le trafic de Los Angeles ; Mel avait remplacé cette perte en lui offrant un chiot de la même race qu'elle baptisa Assam – un nom d'origine sanskrite signifiant « irrégulier », qu'Audrey avait choisi à cause des yeux et des oreilles asymétriques de l'animal. D'ici le printemps suivant, la famille ne devait passer qu'une seule petite semaine, pour Noël, dans son foyer de Bürgenstock.

Pendant ces brèves vacances, l'attaché de presse d'Audrey, Henry Rogers, lui rendit visite à la *Villa Bethania*. Après le déjeuner, Mel commença à discuter avec lui des rôles futurs de sa femme, expliquant ce qu'il conseillait, quels projets il poussait Audrey à considérer, etc. Incidemment, il demanda à Rogers ce qu'il en pensait. Pendant ce temps, Audrey s'occupait de nourrir Sean. Rogers n'était pas dupe de son attitude : « Elle était toujours très réticente à parler de ce genre de choses, et elle était en colère contre Mel et moi. »

Puis Mel changea de sujet. Il s'offusquait du fait qu'Audrey ne perçoive aucune indemnité en échange de l'utilisation de son nom par Givenchy pour la promotion du parfum créé en son honneur,

L'Interdit : « Pour l'amour du ciel, Henry, elle n'a même pas de ristourne sur les vêtements qu'il dessine pour elle ! Quant au parfum, tu penses peut-être qu'il lui en envoie des hectolitres, puisque c'est un cadeau ? Mais non, elle l'achète elle-même, au détail ! »

Rogers revenait justement d'un rendez-vous à Paris avec Givenchy pour discuter de cette question : sans le dire à Audrey, Mel lui avait demandé d'essayer d'obtenir des sortes d'honoraires, ce que Givenchy avait volontiers accepté.

« Aucun de vous deux n'a l'air de bien comprendre, s'interposa Audrey. Je ne veux rien d'Hubert. Je n'ai pas besoin de son argent, il est mon ami. Je l'ai aidé à lancer son affaire de parfum, car c'est exactement le genre de chose que quelqu'un peut faire pour un ami. Si quelqu'un d'autre m'offrait des millions de dollars pour promouvoir un parfum, je ne le ferais pas. Mais Hubert est mon ami. Je ne veux rien. Et, oui, cela implique que je puisse aller jusqu'à entrer dans une parfumerie pour acheter un flacon au prix de détail. »

C'est alors qu'un autre invité fit son entrée. Il était attendu : Robert Favre Le Bret, délégué général du Festival de Cannes. Il venait pour tenter de convaincre Audrey d'assister à la grande cérémonie d'ouverture, au printemps suivant. Rogers, lui, s'opposait à cette idée : Audrey n'avait aucun film sélectionné par le festival, et elle ne souhaitait aucune publicité ni n'en avait besoin. Rogers ajouta que la présence d'Audrey serait critiquée, car on penserait qu'elle courait après la publicité ; en outre, sa présence éclipserait les jeunes actrices venues pour promouvoir leurs films ct lcur carrière.

Mel n'était certes pas d'accord !... Il entraîna donc Rogers dans une pièce adjacente pour lui parler seul à seul et négocier un accord afin qu'Audrey puisse se rendre au festival. Il trouva les bons arguments : « Le Bret est quelqu'un de très important, Henry. Et il souhaite vraiment qu'elle vienne. Peut-être qu'un jour nous aurons une faveur à lui demander… » Audrey, totalement étrangère au débat, en profita pour aller mettre Sean au lit.

« J'ai besoin d'une raison pour la faire aller là-bas, expliqua plus complaisamment Rogers à Favre Le Bret, sinon, en toute bonne conscience, je ne peux pas conseiller à Audrey d'assister à votre cérémonie. » Au bout d'un moment, les deux hommes parvinrent à s'entendre : Audrey pourrait y assister si on lui remettait une récompense spéciale, destinée à saluer sa contribution au cinéma international. « Ce sera le début d'une tradition ! » dit Rogers.

Plus tard dans l'après-midi, Rogers s'envolait pour Londres. Alors qu'il se trouvait dans sa chambre d'hôtel, le matin suivant son arrivée, il reçut un appel téléphonique d'Audrey. Elle était en pleurs, n'avait pas dormi de la nuit, se sentait misérable : « Tu sais combien je tiens à toi, lui dit-elle d'une voix tremblante, et combien je tiens notre amitié en haute estime. Je pleure parce que j'ai décidé que tu ne me représenteras plus. Je n'engagerai personne d'autre à ta place. Simplement, je n'en peux plus de tout cela. Je n'aime pas ce qui m'arrive, à moi, à ma vie, à mes amis. »

Rogers n'avait aucune idée de ce qu'elle voulait dire.

« D'abord, tu m'as mise dans l'embarras par rapport à Hubert. Toi et Mel avez fait une telle montagne de cette histoire et de la manière dont je dois en tirer avantage, alors que je te l'ai répété : je n'en ai rien à faire. Il est mon ami. Et la nuit dernière, après ton départ, c'était terrible. J'étais très gênée. J'avais honte. J'ai commencé à pleurer et je suis sortie de la pièce en courant. Favre Le Bret m'a dit que tu avais essayé de lui faire du chantage, lui disant que le seul moyen de me faire aller au Festival de Cannes serait de m'attribuer une sorte de récompense bidon. Alors voilà, Henry, je ne veux plus que tu travailles pour moi. » S'ensuivit un silence, mais Rogers pouvait encore l'entendre pleurer. Puis elle reprit : « Henry, veux-tu rester mon ami ? – Bien sûr que nous resterons amis », lui répondit gentiment Henry, avant de commencer à s'excuser platement pour lui avoir causé tant d'embarras alors qu'il voulait juste agir en bon attaché de presse. « Avant que nous arrêtions là cette conversation, Audrey, il faut que tu comprennes une chose. Tu me connais depuis des années. Tu sais comment je travaille. Tu sais très bien que je n'ai jamais essayé de faire du chantage à Favre Le Bret. S'il est assez stupide pour mal interpréter mon offre, alors je ne veux plus rien avoir à faire avec lui à l'avenir. Et toi non plus, tu ne devrais pas. » C'est ainsi qu'Audrey ne se rendit pas à la cérémonie d'ouverture du Festival de Cannes.

« C'était frustrant de penser que j'avais fait ce qu'il fallait pour ma cliente, et que cela me revenait de plein fouet à la figure », dira Rogers des années plus tard. S'il n'avait pas rencontré Hubert de Givenchy à Paris sur l'insistance de Mel, s'il avait su avant qu'Audrey ne voulait pas être rétribuée pour la promotion de son parfum « et si seulement j'avais plutôt dit à Le Bret : "Non, Audrey n'assistera pas à votre cérémonie", alors je l'aurais conservée comme cliente. »

Quoi qu'il en soit, il ne perdit pas son amitié.

Puisque Audrey avait accepté de jouer dans *Le Vent de la plaine* pour la MGM à la suite de *Vertes Demeures*, et parce qu'elle avait travaillé pour une maison de production indépendante en tournant *La Rumeur*, il lui restait contractuellement à faire un film pour la Paramount. Martin Rackin, qui dirigeait les studios (le même qui avait détesté « Moon River »), s'aperçut au même moment que William Holden devait remplir des obligations similaires. Un accord fut donc conclu pour que les deux stars tournent ensemble dans un film que Rackin et le reste de la Paramount ne voulaient pas laisser filer : le remake américain d'une comédie romantique française à succès, *La Fête à Henriette* de Julien Duvivier. George Axelrod, qui avait élaboré le script de *Diamants sur canapé*, en serait le scénariste et Richard Quine, un cinéaste qui s'était illustré dans diverses comédies, devait assurer la réalisation de cette satire qui s'intitulerait désormais *Deux Têtes folles*.

Audrey donna son accord pour trois raisons : le lieu de tournage était Paris ; Givenchy dessinerait sa garde-robe ; Kurt Frings lui avait négocié un cachet de 12 500 dollars par semaine, avec 5 000 dollars de défraiement par semaine. On lui allouait également une voiture avec chauffeur pendant tout son séjour dans la capitale française.

Le tournage de *Deux Têtes folles* commença en intérieurs et en extérieurs dès juillet 1962, après un mois de préparatifs de routine.

L'histoire parle d'un scénariste américain réputé qui vit à Paris, Richard Benson (Holden). Il doit livrer le 14 juillet un scénario de deux cents pages pour lequel il a été grassement payé. Mais, à deux jours de l'échéance, il n'a toujours rien de consistant, hormis les pages du générique… Il engage alors une belle et jeune secrétaire pour l'aider dans sa tâche, Gabrielle (Audrey). En plus de savoir taper à la machine, elle adore le cinéma. Richard, en mal d'inspiration, se laisse captiver par l'imagination débordante de Gabrielle. Tous deux, se prenant au jeu, inventent soudain un scénario rocambolesque, se donnant la réplique l'un à l'autre dans une surenchère d'inventions abracadabrantes. Des gangsters croisent des vampires ou des Indiens, parcourant un Paris illuminé par les festivités et les bals du 14 Juillet. Le vrai scénario n'avance pas beaucoup plus, mais les deux complices se découvrent l'un l'autre avec émerveillement…

George Axelrod développe des scènes hautes en couleur pendant lesquelles le couple fantasme et se met parfois à vivre l'histoire qu'il imagine, jusqu'à ce que la limite entre le rêve et la réalité s'estompe tout à fait. La fin, romantique à souhait, est prévisible dès le début, mais cette passion est dédramatisée comme le reste au moment de l'ultime « fondu » de la dernière image.

Quelques jours avant de commencer à tourner, on apprenait à Audrey qu'un cambriolage venait d'avoir lieu à la *Villa Bethania* : l'oscar qu'elle avait remporté pour *Vacances romaines* avait été volé, de même qu'une toile de Picasso et divers bijoux. On ne retrouva que la statuette, abandonnée dans une forêt avoisinante. « Les voleurs ont dû se dire qu'ils n'arriveraient pas à la refourguer sur le marché du recel en Suisse », écrivit Audrey à la journaliste Hedda Hopper le 27 juillet.

Hormis les quelques occasions où ils s'étaient croisés à Los Angeles, il n'y avait guère eu de contact entre Audrey et William Holden depuis qu'ils avaient tourné *Sabrina*, neuf ans auparavant. Elle ne tenait pas à reprendre une liaison pour laquelle elle n'entretenait aucune nostalgie ; en revanche, elle était persuadée qu'ils pourraient avoir au moins beaucoup de plaisir à travailler ensemble. En cela, elle se leurrait totalement.

Le film devait s'avérer bien plus divertissant à regarder qu'à tourner. La production pâtit sérieusement de l'alcoolisme avancé de William Holden. Il le dit lui-même : « Je me souviens du jour où je suis arrivé à l'aéroport d'Orly pour *Deux Têtes folles*. Je pouvais entendre mes pas résonner dans les longs couloirs du corridor de transit, tout comme un condamné à mort parcourt les derniers cinq cents mètres de son existence. Je me rendais compte que je devrais bientôt faire face à Audrey et, aussi, qu'il faudrait que je m'arrange avec mon problème de boisson. Je ne pensais pas pouvoir affronter aucune de ces situations. »

Il avait encore plus peur de jouer avec Audrey que du reste, c'est pourquoi sa seule échappatoire consista à boire encore plus. « Bill a toujours bu sur les tournages, raconte son biographe, mais jamais comme il le fit pendant *Deux Têtes folles*. Il commençait à boire de bonne heure et il continuait toute la journée. » Richard Quine avait déjà dirigé Holden précédemment mais, cette fois, son attitude l'étonnait : « Bill était comme un boxeur groggy à cause des coups, il marchait sur ses talons, écoutait un peu, parlait avec énergie. Il ne savait pas qu'il était ivre. » Plus d'une fois, l'acteur arriva sur le plateau dans un état qui le rendait incapable de travailler, et Quine devait renvoyer tout le monde à la maison.

Tout au long du tournage, Audrey se montra attentionnée à l'égard de son partenaire mais, parfois, Bill prenait cette gentillesse pour autre chose. Quand il finissait par comprendre qu'il se trompait, il recommençait à boire encore plus ; cela rendait Audrey encore plus compatissante… et Bill se réfugiait de nouveau dans d'irréalistes espoirs, ce qui rendait Audrey encore plus prévenante… et ainsi de suite ! C'était un cercle vicieux qui devenait de plus en plus poignant de maladresse chaque jour, et qui se prolongea pendant les quatre mois de tournage. Pourtant, rien dans leurs interprétations ne permet d'imaginer cela.

La situation atteignit bientôt un seuil critique, et Quine dut convaincre Holden d'entrer en clinique pour suivre une cure de désintoxication. La production du film s'arrêta, perdant un peu plus d'argent chaque jour, jusqu'à ce qu'Axelrod (scénariste mais aussi coproducteur) appelle son ami Tony Curtis à la rescousse et lui demande d'arriver aussi rapidement que possible à Paris pour assurer un rôle de guest-star. De la sorte, on pouvait reprendre le tournage et occuper l'équipe le temps de mettre en boîte les scènes écrites et filmées dans l'urgence pour Curtis. Ainsi furent bouclées les scènes les plus drôles du film, dans lesquelles Tony Curtis caricature à la perfection un personnage de jeune acteur frivole et prétentieux, plein de morgue et d'orgueil. (Mel Ferrer et Marlene Dietrich font également deux savoureuses apparitions ; on ne les voit pourtant que quelques secondes, et leurs rôles sont muets.) Au bout d'une semaine, Holden était de retour, temporairement sobre et plus performant.

Pendant cet intermède, Audrey avait eu tout le temps de visionner les scènes déjà filmées, et elle n'aimait guère ce qu'elle voyait. Dans cinq de ses films – *Vacances romaines*, *Au risque de se perdre*, *Le Vent de la plaine*, *Diamants sur canapé* et *La Rumeur* –, elle avait été mise en valeur par Franz Planer, un grand directeur de la photographie autrichien qui devait faire bénéficier plus de cent cinquante films de son génie. Progressivement, Audrey avait fini par se lier d'amitié avec celui qu'elle préférait appeler « Frank » Planer ; non seulement sa lumière était flatteuse mais, surtout, elle était juste et lui donnait l'apparence qui convenait à chaque scène. Malheureusement, cet automne-là, Planer luttait contre un cancer (dont il devait bientôt succomber).

Usant de toute l'influence qui était la sienne à ce moment-là, Audrey demanda alors que Claude Renoir, le responsable de l'image, soit remplacé. Son désir était un ordre : avant la fin du week-end, l'homme qu'elle avait recommandé débarqua sur le tournage : Charles Lang, qui avait si voluptueusement filmé Audrey dans *Sabrina*.

Au même moment, Noël Coward était engagé pour camper le personnage du producteur hollywoodien qui est le patron de Holden ; Coward travailla pendant trois jours sur le film. Il nota dans son journal : « Audrey, indubitablement la plus belle et la plus talentueuse des femmes dans le milieu, m'a submergé de compliments et de roses [...]. Bill Holden, privé de bouteille (comme il l'était cette semaine), paraît plus jeune de quinze ans, et c'est un vrai plaisir de travailler avec lui. Audrey et Bill sont charmants. De même que Tony Curtis. » Mais Holden n'allait pas rester bien longtemps libéré de sa bouteille. De nouveau, il devrait s'éloigner d'un pas traînant pendant une semaine, tandis que la production continuerait en filmant des scènes secondaires et des gros plans d'Audrey.

Ce fut au cours de cette semaine également que la presse dévoila l'élection d'Audrey comme icône de la mode par le Fashion Hall of Fame, pour la troisième année consécutive. Elle accorda une longue interview à cette occasion. Elle expliquait que sa garde-robe était assez épurée, composée de longues robes droites et de pantalons unis avec des hauts en jersey. Ses boucles d'oreilles préférées étaient de simples petites perles blanches et elle ne mettait qu'une minute pour se maquiller. « Mais je ne suis pas une experte des couleurs. Je préfère de loin porter du noir, du blanc ou des couleurs sourdes telles que le beige, des roses doux ou des verts pastel. Grâce à ces coloris, mes yeux et mes cheveux paraissent plus foncés, alors que les couleurs vives m'affadissent. » Malgré sa silhouette longue et mince, ajouta-t-elle, « je ne porte jamais d'épaulettes ; je n'aime pas les épaules carrées. En revanche, je triche souvent avec la longueur des manches ou la forme des décolletés pour donner l'illusion d'épaules étroites. Je porte des chaussures à petits talons pour paraître plus petite que je ne suis. »

Audrey venait d'avoir trente-trois ans et, avant le début du tournage, se terminait pour elle une longue et laborieuse phase d'orthodontie, commencée en 1956. Elle avait fait remplacer les prémolaires crochues et pointues qu'elle détestait tant, de même que plusieurs autres dents dont la forme lui paraissait peu flatteuse. Elle avait également fait corriger un inconfortable défaut d'occlusion de la mâchoire et redresser diverses dents. Elle n'avait pas été souvent obligée de faire de larges sourires à la caméra depuis *Drôle de frimousse* ; mais au moins, maintenant, elle était prête à le faire aussi souvent que possible, pour les réalisateurs, les photographes, et pour le public, qui appréciait tant ses éclats de rire ingénus, comme ceux qui ponctuent *Deux Têtes folles.*

Le film, une fois terminé, eut une étrange et malheureuse destinée. Pendant la projection à la Paramount, peu de responsables comprirent la satire d'Axelrod, et ils ne voyaient pas pourquoi le scénariste était autant sous pression – ou peut-être qu'ils ne le comprenaient que trop bien ! Ils furent encore moins nombreux à remarquer la douzaine de références à divers films tournés par Audrey ainsi qu'aux très classiques *Casablanca* et *Le train sifflera trois fois.*

Bien que le film perde un peu de son dynamisme et de son allure du début pendant la troisième partie, on est invité à savourer la satire de l'industrie cinématographique hollywoodienne de l'intérieur. Pour ceux qui connaissent les difficultés inhérentes à l'écriture d'un scénario, cela vaut le détour, au moins une fois : on y retrouve les prétendus grands manitous du cinéma, et les types avides qui gravitent dans ce milieu. *Deux Têtes folles* parle de manière comique de l'imagination débridé et romantique, avec une pointe acerbe sur la folie qui pousse parfois les gens à se comporter comme s'ils vivaient dans un film. En d'autres termes, ce film est bien plus intelligent et de loin meilleur que la Paramount l'a reconnu. Le public d'aujourd'hui pense parfois que la comédie est un genre inconsistant, direct et sans beaucoup de style, dont le but est principalement de faire rire sans trop réfléchir. Mais ce film-là offre bien davantage ; il sera une source d'inspiration pour d'autres cinéastes, parmi lesquels Mel Brooks.

Mais les problèmes rencontrés avec Holden, si difficiles à gérer pour le réalisateur, l'équipe et le budget, avaient grandement plombé les relations avec les studios. Les responsables de la promotion étaient dans le noir, ils avaient du mal à le cerner à cause de la structure inhabituelle du film, de son autodérision et de ses références. Ces divers soucis accumulés aboutirent à ce que la sortie du film soit repoussée au printemps 1964. À partir de la fin du tournage, les critiques savaient pourtant bien ce qu'il en était et les craintes des responsables de la Paramount se retournèrent contre eux, avec des articles qui étaient inévitablement négatifs. Avec le recul des quarante années qui se sont écoulées depuis, on peut cependant affirmer que *Deux Têtes folles* est supérieur, à bien des égards, à *Diamants sur canapé.*

Alors qu'elle semble souvent détachée et plutôt indifférente à toutes ces histoires autour de la production, Audrey s'investit parfaitement dans son rôle et se plie avec bonheur aux particularités propres à la farce : elle est pétillante et savoureuse dans la peau de la secrétaire amoureuse du beau patron débordé par les événements, et sa technique comique est complètement au point, exécutée avec subtilité, sans qu'elle en fasse jamais trop.

Malgré les conditions de travail parfois rocambolesques, on discerne chez elle le signe infaillible de la comédienne-née : on dirait qu'elle ne prend rien ni personne vraiment au sérieux.

Début octobre 1962, Audrey terminait *Deux Têtes folles.* D'ordinaire, elle se serait empressée de retourner chez elle, d'autant que Sean lui manquait terriblement. Au lieu de cela, elle resta à Paris et commença immédiatement à travailler sur un autre film. Audrey n'était pas encore libérée de son contrat avec la Paramount, et Stanley Donen (le réalisateur de *Drôle de frimousse*) lui offrait le rôle principal dans un thriller amusant et romantique avec de multiples rebondissements, de fausses identités et, bien entendu, une bonne dose de violence. Le scénario original était signé Peter Stone.

Charade se déroule dans les Alpes françaises et à Paris ; l'histoire est brillante, haute en couleur, très stylée et assez improbable… Regina Lampert est en vacances à Megève, pour les sports d'hiver. Elle a décidé de divorcer. À la montagne, elle rencontre Peter Joshua. De retour à Paris, elle découvre que son appartement a été saccagé et dévalisé. L'inspecteur Grandpierre lui apprend l'assassinat de son mari dans un train, alors qu'il s'apprêtait à partir pour l'Amérique du Sud. Le plus troublant, c'est que la police a retrouvé quatre passeports différents le concernant. Regina réalise alors qu'elle ne sait rien de son mari, qu'elle ne connaît pas sa famille, ni son travail. Un agent de la

CIA, Bartholemew, lui apprend que son mari et quatre complices ont volé 250 000 dollars pendant la Seconde Guerre mondiale. Cet argent était destiné à financer la Résistance française. Arrêté par les Allemands, un des complices de son époux a été abattu. Regina est prise en chasse par les survivants, persuadés que son mari lui a confié leur butin. Elle se tourne alors vers Joshua, l'homme rencontré à Megève, mais elle découvrira bientôt que lui aussi possède plusieurs identités. Les poursuivants de la jeune femme sont mystérieusement assassinés les uns après les autres et le secret du butin est découvert : l'argent a été converti en trois timbres de collection... Au final, l'agent Bartholemew se révèle être le complice que tout le monde croyait mort, et Peter Joshua appartient aux services secrets américains. Il demande la belle héroïne en mariage[1]...

Audrey avait lu le script de cette comédie policière pendant la première semaine d'absence de Holden, au mois de juillet, et elle avait confirmé qu'elle était intéressée par le rôle, mais à deux conditions : elle voulait Cary Grant pour partenaire et Charles Lang comme directeur de la photographie. Lang était disponible juste à temps pour la préproduction, mais Grant refusa la proposition, arguant d'un autre engagement ; en outre, il était plus nerveux que jamais sur le chapitre de son âge, comparé à la jeunesse d'Audrey : il avait maintenant cinquante-neuf ans et elle, trente-trois. Finalement, Cary Grant se laissa fléchir quand il reçut le scénario de son autre projet, qui se révélait désastreux ; il décida donc de tourner *Charade*, mais il souhaitait divers changements, qui rendraient sa relation avec Audrey plus drôle [dans le film]. En travaillant avec Holden et Quine, Audrey s'était laissé persuader que, introvertie ou pas, elle possédait un sens de la comédie qui pourrait parfaitement s'accorder, par contraste, avec le jeu de Cary Grant. De plus, les dialogues de Stone étaient taillés sur mesure.

En dépit de leur différence d'âge, Cary Grant rendait son idylle avec Audrey tout à fait crédible ; il réussissait là où Hum-

1. Deux des fils de Donen se prénomment Peter et Joshua, d'où les personnages de *Charade*...

phrey Bogart, Henry Fonda, Fred Astaire et Gary Cooper avaient échoué. Il s'était d'ailleurs montré parfaitement convaincant face à Eva Marie Saint dans *La Mort aux trousses*, d'Alfred Hitchcock, alors que l'actrice avait trente-quatre ans et lui, cinquante-quatre. Mais, la soixantaine approchant, il ne voulait pas paraître ridicule à côté d'Audrey. C'est pourquoi il insista pour que les dialogues soient quelque peu retouchés, et qu'ils expriment bien le fait que l'ardente jeune femme le poursuivait de ses assiduités, et non l'inverse. Ce qui donne :

REGGIE : *Est-ce qu'il existe une Mme Joshua ?*
PETER : *Oui, mais nous sommes divorcés.*
REGGIE : *Ce n'est pas une proposition, je suis juste curieuse.*
PETER : *Votre mari vous accompagne-t-il ?*
REGGIE : *Oh, Charles peut difficilement être avec moi. D'abord, nous avons fait chambre à part, maintenant, nous essayons de faire ville à part. Comment les gens vous appellent-ils ? Pete ?*
PETER : *M. Joshua… Eh bien, je suis heureux d'avoir bavardé avec vous.*
REGGIE : *Maintenant, vous êtes contrarié.*
PETER : *Non, pas du tout. Je dois faire mes bagages. Je retourne moi aussi à Paris aujourd'hui.*
REGGIE : *Oh. Mais n'est-ce pas Shakespeare qui disait : « Lorsque des étrangers se rencontrent, ils devraient se revoir bientôt » ?*
PETER : *Shakespeare n'a jamais dit ça.*
REGGIE : *Qu'est-ce que vous en savez ?*
PETER : *C'est terrible : vous venez de l'inventer.*
REGGIE : *Mais l'idée est juste, quoi qu'il en soit. M'appellerez-vous ?*
PETER : *Êtes-vous dans l'annuaire ?*
REGGIE : *Au nom de Charles.*
PETER : *Y a-t-il un seul Charles Lampert ?*
REGGIE : *Seigneur, j'espère que oui !*

Donen organisa un dîner au restaurant pour présenter les deux stars l'une à l'autre. Audrey et le réalisateur arrivèrent en premier, puis Cary Grant se joignit à eux. Audrey se leva et déclara qu'elle était terriblement agitée. « Ne soyez pas nerveuse, pour l'amour de Dieu ! lui répondit Cary Grant. Je suis fou de joie de faire votre connaissance. Allez, asseyez-vous. Mettez vos mains sur la table, penchez la tête en avant et faites quelques respirations profondes. »

Audrey voulut faire ce qu'il lui disait… et renversa quelques instants plus tard une bouteille de vin rouge, tachant ainsi le costume crème de son nouveau partenaire à l'écran. Elle était mortifiée de cet incident, tout le monde restait figé, sauf Grant, qui (d'après les souvenirs de Donen) « retira tout simplement sa veste et s'installa confortablement à table sans prêter plus d'attention à cela ».

« Je me sentais très mal et je continuais à m'excuser, se rappellera Audrey, mais Cary était adorable. Le lendemain, il m'a envoyé une boîte de caviar avec un petit mot me disant que je ne devais pas me sentir mal à l'aise. » Donen décida d'exploiter cet incident et de l'intégrer au scénario, en le situant sur les berges de la Seine : le personnage d'Audrey renverse accidentellement un cornet de crème glacée sur le costume de Grant – dont la réaction reste identique.

Alors que les deux stars commençaient à travailler ensemble à partir de la mi-octobre (quelques jours après qu'Audrey eut terminé son film avec Quine), il se dessina une sorte de compétition douce entre eux. Toujours soucieux de son image et conscient des vertus d'une bonne promotion face aux dangers d'une mauvaise, Grant s'assura que les magazines et journaux parisiens parlaient régulièrement de lui et diffusaient des photos flatteuses. De la même manière, Audrey voulait voir toutes les photos d'elle qui seraient reproduites ; généralement, elle n'acceptait pas les prises de vue impromptues. Elle avait appris au contact de grands photographes (Richard Avedon, Bob Willoughby, Bud Fraker et Dennis Stock, par exemple) que rien ne valait la lumière parcimonieuse des studios, avec un maquillage soigné et une pose avantageuse.

Afin de satisfaire aux exigences publicitaires et promotionnelles, toute production cinématographique fait généralement intervenir une équipe de photographes de plateau pour constituer un témoignage visuel des acteurs et de l'équipe en train de tourner, et entre les prises. Mais ces photos sont difficilement toutes visibles avant leur diffusion. Cary Grant et Audrey Hepburn avaient de bonnes raisons d'avoir un certain souci de leur image, voire un peu de vanité, mais à cette époque les « assistants » engagés par les acteurs et en permanence présents à leurs côtés étaient chargés de vérifier ce genre de détails. Quoi qu'il en soit, la jalousie tacite qui s'amorçait entre eux et que l'équipe de *Charade* put ressentir ne s'installa pas bien longtemps entre ces deux grandes stars, supplantée par leur respect mutuel et le vrai plaisir de leur collaboration.

Audrey disait que Cary Grant était « sensible, réservé et tranquille », et l'acteur reconnaissait en elle les mêmes qualités. « Travailler avec lui était une joie, ajoutait-elle. Il était expressif et pourtant réservé. Il menait une existence très calme. Comme moi. Je pense que c'est lié à de la timidité et au désir de se retrouver avec des gens auprès desquels on se sent bien, plutôt que d'avoir constamment à baliser un nouveau territoire. Je pense qu'il voyait ma fragilité parce qu'il était lui-même vulnérable. Nous avions cela en commun. Il avait plus de sagesse que moi, ce qui lui permettait de m'aider là-dessus. Il m'a dit quelque chose de très important un jour que j'étais probablement nerveuse et inquiète. Nous étions assis l'un à côté de l'autre, à attendre la prochaine prise. Il a posé sa main sur les miennes et il a dit : “Il faut que tu apprennes à t'aimer un peu plus.” J'ai souvent repensé à cela. »

Ainsi parlait une femme aimée et admirée par des millions de gens à travers le monde, admirée pour sa beauté, son talent et son allure. Mais qu'Audrey ait eu besoin de « s'aimer un peu plus » n'est guère surprenant. Peut-être l'aspect le plus pesant de la starisation cinématographique, en particulier pour les femmes, réside-t-il dans l'obligation d'une constante autocritique, induite par l'inquiétude de savoir si on va continuer à être réclamée par les studios, les réalisateurs, les agents, les collègues, la presse et le public. Seule la plus arrogante des actrices peut être convaincue de la perfection de son apparence et de l'inaliénabilité de son talent... Encore lui faut-il être capable d'affronter les critiques qu'on lui inflige et les angoisses de l'avenir. Audrey était bien loin d'avoir cette arrogance. Elle était vulnérable d'une manière peu ordinaire et Grant, qui le sentait, se montra à la fois gentil et rassurant.

Comme de nombreuses autres comédies policières, *Charade* nous paraît peut-être meilleure dans nos souvenirs. Et c'est bien grâce à Audrey Hepburn et Cary Grant. Considéré comme inutilement violent par beaucoup de critiques de l'époque (le film étant sorti deux semaines seulement après l'assassinat du président Kennedy), le scénario comporte tous les ingrédients d'un thriller traditionnel : des complots et des changements d'identité, une bande presque amusante mais surtout assez sinistre de gangsters, un vétéran de la guerre qui n'est pas un héros, et un trésor égaré qui, bien entendu, se trouve au vu mais pas au su de tous...

Ces divers éléments s'entremêlent pour donner une histoire attrayante mais absolument pas plausible, qui comporte beaucoup plus de trous dans sa logique qu'un morceau de gruyère ! Cela n'a aucune importance et le public s'en moque : il y a Audrey Hepburn, Cary Grant et Paris, et ils suffisent largement à faire notre bonheur.

Tout au début du tournage de *Charade*, Audrey reçut une bien meilleure nouvelle que sa réélection comme « icône de la mode » ou son entrée dans la liste des femmes les mieux habillées du monde. Depuis qu'elle avait assisté à la pièce dans un théâtre de New York en 1956, elle rêvait de jouer le rôle d'Eliza dans une version cinématographique de la comédie musicale *My Fair Lady*. Ce n'était pas une ambition vaine, car le personnage semblait à bien des égards fait pour elle – en dépit du fait qu'en 1962 elle avait au moins dix ans de plus que le personnage d'Eliza : Julie Andrews, qui avait créé le rôle à New York puis à Londres, avait fêté ses vingt et un ans au moment de la première ; elle était alors une chanteuse accomplie, d'une grande distinction.

L'histoire, tirée du *Pygmalion* de George Bernard Shaw, est une variante de *Cendrillon*. Elle se déroule à Londres en 1912. Le professeur Henry Higgins, un glacial et éminent linguiste, a fait un curieux pari avec son ami le colonel Pickering : il transformera une fille modeste et ignorante qui parle le cockney (un jargon ouvrier typique de la région de Londres) en grande dame. Tout s'enclenche quand une certaine Eliza Doolittle demande à prendre des leçons de diction chez le professeur Higgins. L'expérience commence… et les difficultés se multiplient. Eliza, capricieuse et obstinée, finira par apprendre les bonnes manières. Très fier de lui, le professeur introduit la jeune fille dans l'aristocratie…

Shaw s'était inspiré de l'ancien mythe de Pygmalion et de la blonde Galatée – d'où le titre, *My Fair Lady* (« Ma Blonde Dame »). L'auteur Alan Jay Lerner et le compositeur Frederick Loewe, dans *My Fair Lady*, font d'Eliza Doolittle un personnage profondément sympathique, mais qui nécessite un grand talent de chanteuse. La fleur des rues venue d'un milieu cockney doit être un peu vulgaire mais charmante ; en tant qu'élève du professeur Higgins, elle doit à la fois séduire le public et s'attirer sa sympathie tout en faisant rire ; en tant que « créature » façonnée par le fantasme de son Pygmalion (et du public), elle doit se montrer crédible dans la peau de la pauvre fille de basse extraction changée en grande dame éblouissante d'élégance. Et tout cela alors que l'actrice chante pas moins de sept morceaux.

Le 30 octobre 1962, Kurt Frings achève les négociations pour le nouveau rôle d'Audrey. Son partenaire ne serait nul autre que le professeur Higgins du rôle initialement joué à Broadway, c'est-à-dire Rex Harrison.

Jack Warner avait payé 5,5 millions de dollars pour acquérir les droits de la pièce, et le film bénéficierait d'un budget de 17 millions de dollars : c'était de loin le projet le plus onéreux de Hollywood à ce moment-là. D'après les termes de son contrat, Audrey devrait toucher 142 857,15 dollars, tous les 1er juillet, de 1963 à 1969. Avec les bonus inclus, elle recevrait au total 1,1 million de dollars (soit un peu plus qu'Elizabeth Taylor pour *Cléopâtre*, alors en cours de tournage).

Pendant que Frings en était au dernier stade des pourparlers avec la Warner, *My Fair Lady* disparaissait des théâtres de New York, au bout de six ans et demi et de 2 717 représentations. Julie Andrews avait joué ce rôle pendant trois ans et demi à Broadway et dans le West End à Londres, et ses admirateurs étaient légion. Après *My Fair Lady*, Lerner et Loewe avaient créé une autre comédie musicale pour elle : *Camelot*. En 1962, elle venait d'avoir vingt-sept ans et elle pensait légitimement obtenir le rôle d'Eliza au cinéma.

Mais les studios dépendaient d'une diffusion à l'échelle internationale pour rentrer dans leurs frais et faire des bénéfices : il leur fallait donc une star d'envergure internationale. Or, Warner était nerveux à l'idée d'engager quelqu'un comme Julie Andrews, certes connue à Londres et New York, mais qui ne ferait pas vendre à Munich ou à Madrid. Le producteur pensait de surcroît prendre suffisamment de risques en engageant Rex Harrison, qui ne s'était vu proposer le rôle que parce que Cary Grant l'avait refusé.

Jack Warner entendit tous les arguments en faveur de Julie Andrews, qu'il aurait pu obtenir pour un cachet moins important que la somme demandée par Kurt Frings. Pourtant il paierait. La Warner avait déjà confidentiellement pris sa décision.

Chapitre treize
1963-1965

Quand Jack Warner engagea Audrey pour *My Fair Lady*, rares furent les journalistes qui se demandèrent pourquoi il avait choisi deux des acteurs principaux de la version théâtrale – soit Rex Harrison et Stanley Holloway (qui jouait le rôle du père d'Eliza) – et non Julie Andrews, la star féminine de la pièce et la première à avoir incarné Eliza.

Mais l'histoire semblait du côté de la Warner : le fait de remplacer systématiquement les acteurs de théâtre par des stars de cinéma largement renommées était plus une règle qu'une exception depuis des dizaines d'années, surtout lorsqu'il s'agissait de comédies musicales. À un déjeuner de presse dans les studios, le 4 juin 1963, Jack Warner présenta donc sa nouvelle (et coûteuse) équipe aux journalistes : George Cukor serait le réalisateur et Cecil Beaton le créateur des costumes. Ce dernier faisait déjà partie de la troupe théâtrale originale qui s'était produite à Broadway, et il connaissait Audrey, pour l'avoir rencontrée à Londres en juillet 1953. Warner donna divers détails sur la production à venir et évoqua d'un ton suffisant le « film d'art » aux États-Unis, tout en vilipendant les « prétendues productions artistiques » venues d'Europe... Ce jour-là, tous ceux qui avaient été engagés pour travailler sur cette production au coût historique étaient satisfaits. Il y avait tant de chaleur et de bienveillance à Hollywood...

Les repérages et le travail de recherche et de documentation pour les diverses scènes et les costumes de *My Fair Lady* constituaient une tâche titanesque. On déployait autant d'efforts pour définir le style et faire fabriquer les souliers d'Audrey et ses vêtements. « Je prie chaque jour pour être à la hauteur du rôle », écrivit-elle à Cukor en ce mois de mars, demandant qu'on attache un soin particulier au façonnage de ses chaussures, « parce que j'ai toujours souffert [des pieds] depuis mes années de danse ».

Les scènes en intérieur et en extérieur devaient être filmées dans les studios phoniquement isolés de Burbank ; Cukor, Beaton et Gene Allen, le directeur artistique, s'étaient rendus à Londres pendant le printemps pour organiser la production, et tout vérifier dans les moindres détails : les dimensions des terrasses et des maisons, la bibliothèque qui serait celle du professeur Higgins, les tapisseries et les meubles, les bibelots contemporains à l'histoire, les coiffures et les uniformes des domestiques, les tenues des bourgeois et des aristocrates appartenant à l'élite d'Ascot[1]. Les édifices de Covent Garden – l'Opéra royal, le portique de l'église St. Paul et le marché – devaient être reconstitués très précisément, tout en étant adaptés à la perspective de la caméra.

Warner avait insisté pour que les intérieurs ne paraissent pas factices ou calqués sur ce que l'on voyait d'habitude au cinéma, et pour que l'on ne puisse pas avoir l'impression, devant les scènes extérieures, de regarder une carte postale. Dans ses plus infimes détails visuels, *My Fair Lady* restera l'un des plus grands chefs-d'œuvre du cinéma de divertissement. La grande réussite du film tient précisément à la parfaite vraisemblance visuelle de chaque scène (sauf peut-être pour la séquence d'Ascot). C'était une chose particulièrement difficile à accomplir mais la réussite fut totale. *My Fair Lady* se distingue en cela de beaucoup de réalisations du même genre, car le manque de crédibilité est l'une des raisons pour lesquelles le public américain s'est progressivement détourné des comédies musicales.

1. L'hippodrome d'Ascot était fréquenté par la haute aristocratie britannique. Le comté de Berkshire, où il se trouve, est le berceau des Windsor. (*NDT*)

Au mois de mai, Audrey, Sean et la nourrice arrivaient à Los Angeles, dans une maison louée pour eux. Audrey s'exerçait quotidiennement avec Harper MacKay, son professeur de chant, et avec Peter Ladefoged, son professeur de diction. Ce dernier avait fort à faire pour l'aider à composer avec la complexité de l'intrigue, puisqu'il fallait qu'Audrey puisse à la fois maîtriser l'accent cockney et l'anglais de Mayfair[1]. Mel passait de temps en temps en ville, entre deux rôles dans des comédies ou des mélodrames historiques.

« Nous continuons à entendre des rumeurs mitigées à propos de leur mariage », écrivit Renée Zinnemann à Kathryn Hulme et Marie Louise Habets, ajoutant qu'elle et son mari Fred étaient préoccupés par Audrey, parce qu'ils n'avaient « eu aucune nouvelle d'elle ». En fait, durant toute cette année, Audrey ne fut pas souvent en contact avec ses amis : pas seulement parce qu'elle s'immergeait dans son travail, mais aussi parce qu'elle était, comme Renée l'avait déduit, désespérément malheureuse sur le plan conjugal.

George Cukor, Alan Jay Lerner et Cecil Beaton étaient présents pour l'accueillir à son arrivée. « Sean, son fils âgé de deux ans, était là aussi, et il semblait évident que la grande histoire d'amour de sa vie, c'était lui. » Alors qu'ils prenaient le thé et savouraient des toasts à la confiture d'abricot dans la résidence d'Audrey, celle-ci demanda soudain : « Allez-vous utiliser ma voix pour toutes les chansons du film ? » Eh bien, sa voix serait effectivement utilisée pour la plupart des chansons, lui dirent-ils, mais « certaines notes pourront être chantées par quelqu'un d'autre ». Cette perspective la soulageait, car elle était angoissée à l'idée que les morceaux qu'elle interpréterait dans le film soient systématiquement doublés dans la bande-son par une chanteuse professionnelle : le mélange serait déconcertant pour le public ; en outre, si c'était une chanteuse d'opéra qui intervenait, cela sonnerait d'une manière peu crédible pour le personnage d'Eliza.

1. Du nom du quartier le plus huppé de Londres, mitoyen de Hyde Park. (*NDT*)

En réalité, le contrat d'Audrey donnait parfaitement à la Warner le droit de substituer une autre voix à la sienne, mais, du jour où un professeur de chant lui fut envoyé pour travailler avec elle, la Warner et Cukor lui affirmèrent qu'ils n'avaient plus aucun doute sur la manière dont les choses allaient se dérouler : elle interpréterait magnifiquement les chansons et sa voix serait utilisée (mais pour quelques interpolations mineures). Par ailleurs, sa voix serait bien entendu préenregistrée et elle interpréterait les scènes en play-back. Ainsi, toutes sortes de corrections pourraient être réalisées après coup en studio. « Je vais beaucoup travailler ma voix », promit Audrey en cette journée du mois de mai, ajoutant qu'elle prendrait « autant de leçons que vous le voudrez. Apprendre à chanter et à danser fait partie intégrante du métier. »

Durant les essayages des costumes, la semaine suivante, Beaton remarqua qu'Audrey était d'humeur joyeuse, « parlant avec l'accent cockney d'Eliza et plaisantant avec tous les assistants ». Deux semaines plus tard, elle s'asseyait devant un des miroirs de la salle de maquillage. Avec son épaisse perruque de bouquetière et son chapeau délavé par les intempéries – mais sans l'habituelle couche de mascara et d'eye-liner qu'on lui appliquait généralement –, l'allure d'Audrey changeait du tout au tout par rapport à ses personnages des films précédents ou même à ses photos. C'était exactement comme Cecil Beaton l'avait observé : il suffisait de dessiner artistement ses cils et sourcils pour en faire une beauté moderne mais, sans ce maquillage, elle incarnait vraiment une jeune fille triste et indigente, comme surgie d'une époque révolue. Selon Beaton, « Audrey était déjà très émouvante et authentique » dès le premier jour des répétitions.

À la fin du mois de juin, Beaton était convaincu qu'Audrey s'inquiétait à tort de sa manière de chanter : « Ayant travaillé comme un forçat depuis son arrivée, elle a tellement amélioré sa voix qu'elle chantera l'essentiel des chansons d'Eliza. » C'est ce que lui avaient dit George Cukor et Jack Warner en personne.

Mais cette affirmation constituait un acte étonnant de tromperie délibérée, ce qui amoindrirait considérablement l'effet produit par le personnage d'Eliza dans le film, et le succès artistique du film lui-même.

Le 16 mai, Cukor et Lerner avaient rencontré en toute confidentialité la chanteuse Marni Nixon, qui avait doublé Deborah Kerr (dans *Le Roi et Moi* et *Elle et Lui*) et Natalie Wood (dans *West Side Story*). Après une brève audition, Marni Nixon fut engagée pour faire de même avec Audrey. On lui demanda aussi de garder le secret. Le 20 mai, un mémorandum de la production marqué « Confidentiel » et émanant de l'assistant exécutif de Warner, Steve Trilling, était transmis à plusieurs membres de l'équipe de *My Fair Lady* : « Il faut que la doublure voix d'Eliza soit prête le 24 juin – totalement préparée et susceptible d'être utilisée. » Audrey, qui était encore (selon Beaton) « plongée dans ses cours de chant », n'était évidemment pas au courant de ce changement de programme. Le 9 juillet, elle rejoignait Cukor, le directeur musical André Previn, l'orchestre et d'autres membres de l'équipe pour sa première séance de préenregistrement de diverses chansons du film. « C'était un supplice pour Audrey », nota Beaton dans son journal.

Après des semaines de répétitions, d'essayages de costumes et de perruques, de séances de maquillage, de tests d'éclairage et autres essais techniques, le premier jour de tournage était prévu pour le 12 août. « Tout le monde est au bord de la crise de nerfs, dit Audrey à quelques-uns de ses collègues. C'est un moment difficile pour nous. » À son père et sa femme, elle écrivit un mot en hâte : « Ça chauffe ! Et il y a encore des milliers de choses à finir avant que nous commencions, mais on pourrait continuer à répéter pendant trois ans, on ne se sentirait toujours pas prêts, alors c'est aussi bien de s'y mettre. Je pense souvent à vous deux. »

Beaton, comme bien d'autres, la trouvait calme et « remarquablement disciplinée : sa mémoire ne lui fait jamais défaut, elle a toujours le mot juste, et elle peut refaire exactement la même interprétation encore et encore », malgré les multiples prises habituellement nécessaires pour un film.

Pendant ce temps, Marni Nixon était en train d'enregistrer les chansons d'Eliza. « La décision était déjà prise de doubler

Audrey avec la voix de Marni », selon Harper MacKay, qui était également l'assistant de Previn. Mais personne ne prenait la peine d'en informer Audrey, qui continuait de synchroniser le mouvement de ses lèvres sur les morceaux qu'elle avait elle-même enregistrés, et qui croyait encore qu'excepté certaines hautes notes chantées par Marni Nixon ce serait sa voix qu'on entendrait dans le film. « Audrey travaillait consciencieusement ses vocalises pendant une demi-heure chaque matin, et les semaines passaient », continue MacKay. Pis encore, Cukor, Previn et Lerner écoutaient Audrey chanter et la complimentaient outrageusement, et (toujours selon MacKay) « Audrey, malheureusement, commençait à les croire ». Et, quand elle termina la scène dans laquelle elle chantait « Wouldn't It Be Loverly ? » sur une piste préenregistrée, les figurants et les membres de l'équipe se mirent à applaudir.

– Vous entendez ça ? demanda Audrey à Cukor, très excitée à la fin de la journée. Ils ont applaudi !

– Audrey, dit Cukor doucement, ils pensaient que c'était vous.

Ce qu'il ne savait pas plus que Lerner et Previn, c'est que le technicien chargé de lancer le play-back avait effectivement utilisé le morceau enregistré par Audrey au lieu de celui de Marni Nixon…

« George, lui répondit alors Audrey, les larmes aux yeux, c'était bien moi. »

Mais, même par égard pour Audrey Hepburn, la décision des studios était irrévocable, et Marni Nixon doubla donc toutes les chansons à mesure que le tournage continuait. Au final, on aboutit à l'inverse de ce qu'Audrey avait espéré : la chanteuse interprétait tous les morceaux, et seules quelques phrases musicales chantées par l'actrice étaient insérées ici et là – certainement assez pour que la Warner puisse dire qu'Audrey chantait vraiment dans le film et ne soit pas accusée de faire une promotion mensongère. Pour Audrey, c'était un maigre réconfort : elle avait travaillé son chant et sa diction presque jusqu'à l'épuisement et on lui avait délibérément créé de faux espoirs. Lorsqu'elle apprit enfin la vérité, elle se sentit profondément blessée mais, après ce jour, elle ne montra plus aucun découragement ni ressentiment. Elle fit simplement ce qu'on attendait d'elle.

Selon André Previn, Marni Nixon avait été engagée parce que « Audrey Hepburn ne pouvait pas chanter elle-même [...], or l'héroïne devait chanter comme un rossignol [...] puisque Rex Harrison avait déjà la réputation bien établie d'être un maître du *parlando*, cette sorte de déclamation rythmée mi-parlée mi-chantée ». Mais Previn (à l'instar de Cukor, Warner et les autres) avait participé à ce qui se révélerait finalement bien lourd de conséquences.

Le chant de Marni Nixon, celui qu'on entend lorsqu'on visionne le film, est brillant, soigneusement préparé, finement exécuté et caractérise une récitaliste accomplie : il est, en d'autres termes, parfaitement inapproprié pour ce rôle. Marni Nixon convenait très bien pour chanter dans *Le Roi et Moi*, puisque le personnage d'Anna Leonowens (Deborah Kerr) est une parfaite lady britannique du XIXe siècle. De même, la chanteuse doublant Natalie Wood en tant que Maria (une jeune Portoricaine new-yorkaise qui languit d'amour) dans *West Side Story* reste acceptable, parce que le film combine musique et danse avec une trame dramatique qui ne prétend pas au réalisme. Mais pour le personnage d'Eliza, la bouquetière parlant cockney avant d'être transformée en grande dame, on peut s'interroger...

Deux morceaux enregistrés par Audrey ont survécu, « Wouldn't It Be Loverly ? » et « Show Me ». À les entendre, on n'a plus aucun doute sur ce qui était véritablement approprié... Le public aurait dû pouvoir profiter de la voix d'Audrey sur les parties chantées[1]. À coup sûr, les chansons auraient été très différentes de l'interprétation que Julie Andrews et Marni Nixon en ont faite, avec peut-être moins de virtuosité technique ; mais, au moins, ces morceaux auraient gagné en crédibilité. Quand Eliza, la malheureuse cockney, cède à son fantasme en imaginant ce qui

1. La version restaurée et remasterisée en vidéo digitale de *My Fair Lady*, sortie en 1994, propose la superbe interprétation d'Audrey pour ces deux chansons. Les autres morceaux ont été perdus ou détruits.

serait *loverly*[1], il est absurde que la voix d'Audrey, émouvante et magnifiquement incertaine, pleine d'émotion et d'audace juvénile, soit soudain remplacée par une voix de soprano digne d'un opéra.

Ses chansons, dans *Drôle de frimousse* et *Diamants sur canapé*, sont exécutées de manière pertinente par rapport aux personnages. L'intervention d'une chanteuse professionnelle aurait paru incongrue dans ces deux cas également. Considérant cela, on peut penser que la décision de Jack Warner est étayée par des arguments spécieux, soutenue par des musiciens qui oublient d'élargir leur perspective et (on peut le présumer) par un réalisateur simplement désireux d'adopter la solution de facilité. Sans ce raisonnement, elle s'avère impossible à comprendre. Pourquoi Jack Warner aurait-il engagé Audrey pour *My Fair Lady* si, depuis le tout premier jour, il savait qu'elle ne pourrait pas chanter et qu'il aurait besoin de faire doubler sa voix pour toutes les chansons du film ? Pourquoi payer une actrice plus d'un million de dollars pour une comédie musicale si sa partie chantée – absolument centrale dans son interprétation – ne doit pas figurer dans le film ? Et s'il avait cru qu'elle était capable de chanter (en se fondant sur les films précédents de la star), alors pourquoi n'avait-il pas choisi de faire un film crédible sur le plan dramatique ?

Tel qu'il a été conçu, *My Fair Lady* provoque une stupeur désagréable à chaque fois qu'Eliza passe de la parole au chant. Cette rupture, causée par l'évidente disparité des styles vocaux, produit dans le film ce qui, précisément, n'aurait jamais dû arriver : elle rend le public conscient de l'irréalité des séquences en question. Dans ces moments-là, Audrey Hepburn reste à l'écran mais Eliza disparaît du film.

En cet automne fatidique de 1963, même le spectateur le plus inattentif se rendait compte qu'une voix était joyeusement remplacée par une autre… Dans « Show Me », Eliza enrage contre les hommes qui parlent au lieu d'agir. La chanson devrait être un peu tranchante, et même avoir quelque chose de légèrement stri-

1. « À la manière d'un amoureux » au lieu de *lovely*, « ravissant, charmant ». (*NDT*)

dent ; au lieu de cela, le public d'hier comme celui d'aujourd'hui entend une aria soigneusement exécutée. Perchée sur son haut tabouret dans le studio d'enregistrement, l'honorable Marni Nixon n'a pas à être une actrice chantante, et ses interventions suggèrent bien que cela ne faisait pas partie de ses préoccupations, ni de celles des studios. Sa manière de chanter est à la fois juste et, malheureusement, creuse.

Ainsi le spectateur assiste-t-il à la brutale interruption de l'interprétation nuancée et particulièrement efficace d'Audrey Hepburn, à cause d'une mauvaise estimation des attentes du public. Contrairement à ce qu'affirmait Previn, la voix d'Audrey au naturel aurait été un choix parfait, se combinant à merveille avec le style mi-parlé mi-chanté de Rex Harrison : en d'autres termes, ce réalisme aurait servi les deux personnages et rendu l'ensemble du film plus piquant.

Après le succès retentissant de *La Mélodie du bonheur* (de Robert Wise, avec Julie Andrews) en 1965, le public est devenu beaucoup moins indulgent avec les comédies musicales, considérant souvent comme un artifice agaçant les personnages qui s'arrêtent de parler pour chanter (comme si quoi que ce soit était vrai dans les films...).

En tout cas, la perspective pour Audrey de décrocher un oscar s'était évanouie le jour où Marni Nixon avait été engagée, alors qu'elle aurait peut-être obtenu cette récompense si on avait conservé sa voix sur la bande-son. Cette situation répondait à la plus pure logique : comment ses pairs auraient-ils pu récompenser une actrice pour son rôle dans une comédie musicale... si elle ne chantait pas ?

Quand un journaliste, un an plus tard, aborda enfin ce sujet avec Audrey, lui demandant pourquoi on notait une telle différence de style entre l'interprétation parlée et chantée, elle lui répondit : « Vous le savez bien, non ? »

Puis elle continua : « Il y avait Rex, qui enregistrait toutes ses chansons à mesure qu'il jouait. Et ensuite... » Elle laissa sa phrase en suspens, ne trouvant probablement pas, elle non plus, d'explication satisfaisante.

La pression de ce tournage complexe et la frustration qui l'accompagnait étaient aggravées par une terrible vague de chaleur qui, cet été-là, alourdissait l'atmosphère de Los Angeles. La canicule semblait encore plus forte dans la région de la vallée de San Fernando, où étaient situés les studios Burbank de la Warner. « Nous arrivons tout juste à survivre face à une vague de chaleur vraiment "infernale" qui nous a tous fait suffoquer la semaine dernière, écrit Audrey à son père le 28 septembre. Dans le studio, il a fait 43 ou 48 degrés chaque jour [...] sans un souffle de fraîcheur le soir. Nous haletons sur nos lits toute la nuit, ne trouvant à respirer qu'une bouffée d'air chaud venue du désert au petit matin. Nous passons nos week-ends immergés dans l'eau de la piscine et nos maillots de bain mouillés sont nos tenues de survie. Mais je ne peux me dérober aux lourdes robes de laine et aux bottes lacées que porte Eliza sous la chaleur dégagée par les kilowatts des éclairages. Je pars à la dérive là-dessous. »

En revanche, elle ne raconta pas à son père qu'elle avait perdu son alliance en diamants, qu'on lui avait volée alors qu'elle était rangée dans un sac se trouvant dans sa loge.

Malgré ce climat pesant, Audrey devait se présenter au studio chaque jour à cinq heures du matin, afin d'être convenablement salie pour tourner les scènes où elle jouait la misérable bouquetière des rues. Pendant un long moment, les experts du maquillage s'employaient à déposer de la fausse crasse sous ses ongles et sur ses oreilles, à maculer son visage et à la transformer en une Eliza dépenaillée. Le processus requérait une heure le matin et autant de temps le soir pour réparer les dégâts. La tâche se compliquait quand il fallait faire des retouches entre les prises, au niveau du maquillage, des vêtements ou de la perruque. La seule entorse au réalisme que se permettait Audrey consistait à s'asperger de son parfum, *L'Interdit*, avant que l'équipe s'attaque à son apparence.

Le 19 novembre, elle fut sur le point de défaillir, et ses médecins lui ordonnèrent de prendre trois jours de repos. Elle revint sur le plateau de tournage le 22 novembre. Le travail s'effectuait dans une ambiance agréable lorsqu'en fin de matinée quelqu'un accourut en tenant un transistor collé à son oreille, pendant que Cukor discutait d'une scène avec Audrey. C'est alors qu'ils apprirent tous l'assassinat du président John Fitzgerald Kennedy. « J'étais trop secoué pour faire une annonce ou pour parler à l'équipe, se souvient Cukor ; d'ailleurs, personne d'autre ne parvenait à se décider. Alors Audrey a simplement dit : "Je vais le faire." » Elle a pris un micro et a dit : « Le président des États-Unis est mort. Peut-être devrions-nous observer deux minutes de silence pour prier ou nous recueillir de tout autre façon qui vous semblerait appropriée ? »

Comme partout ailleurs dans le pays, beaucoup de gens se sont mis à pleurer ; d'autres étaient simplement figés de stupeur. Quelques minutes plus tard, Audrey a dit : « Puisse Dieu avoir pitié de nous tous. » Puis le tournage a repris jusqu'à six heures du soir. Il y avait un retard de cinq jours à rattraper, dont trois étaient dus à l'indisposition d'Audrey. Un an après, un journaliste lui demanda de s'exprimer sur cette journée. « C'est une tradition au théâtre, en Angleterre et en Amérique : le personnage principal, féminin ou masculin, doit se charger des annonces exceptionnelles auprès du reste de la troupe, si nécessaire. J'ai seulement fait ce que je devais faire. »

La participation de Marni Nixon à la bande-son de *My Fair Lady* ayant été découverte par la presse pendant les derniers jours de tournage, les critiques en parlèrent inévitablement dans leurs articles, quand le film sortit à l'automne 1964. La presse britannique se montrait globalement sceptique sur la première partie du film, en grande partie parce qu'elle trouvait que l'accent cockney de l'interprète n'était pas convaincant – comme s'il n'y avait qu'un seul type d'intonation dans l'East End[1] qui puisse permettre de juger ceux qui prennent cet accent. Toutefois, John Gielgud lui-même[2], une autorité en matière d'art dramatique, ne

1. Quartier de Londres où l'on parle le cockney. (*NDT*)
2. Sir John Arthur Gielgud (14 avril 1904-21 mai 2000) est un acteur britannique considéré comme l'un des plus grands ambassadeurs, avec Sir Laurence Olivier, du théâtre britannique, et en particulier shakespearien. (*NDT*)

cacha pas son enthousiasme : il affirme même, poussant très loin le compliment, qu'Audrey est dans ce rôle « bien meilleure que Julie Andrews ».

Aux États-Unis, c'était un autre problème : de nombreux journalistes vouaient une telle admiration à Julie Andrews qu'ils ne parvenaient pas, perturbés par leur loyauté à l'actrice, à faire la distinction entre la pièce et le film. Heureusement, la plupart des critiques étaient néanmoins très élogieuses. « La finesse d'esprit d'Audrey Hepburn va de pair avec la sûreté de son instinct, écrivait un journaliste new-yorkais. On adore ses indignations hilarantes et son tempérament volcanique. » Le *New York Times* fit son éloge avec davantage de zèle : « Miss Hepburn apporte sa sensibilité à fleur de peau et un savoir-faire dramatique phénoménal [à ce rôle]... Elle est étonnamment belle et drôle dans la scène qui brosse une satire acerbe d'Ascot. Au bal de l'ambassade, elle est guindée et sereine à la fois [...] et, dans les dernières scènes où elle a tellement soif d'amour, elle est presque insupportablement poignante. » Même le *New Yorker* vint grossir la foule des admirateurs : « Ses qualités d'actrice et sa personnalité transforment radicalement le personnage d'Eliza, mais elle n'est pas moins captivante que Miss Andrews. »

Dans chaque séquence, l'interprétation d'Audrey de la petite marchande de fleurs est radieuse et naturelle ; elle trouve instinctivement ses repères. Les réactions qu'elle prête à son personnage, lorsque l'enseignement de son Pygmalion de professeur fait émerger en elle une ambition soudaine, adoucie toutefois par son émouvante innocence, sont plus nettement captées par la caméra qu'elles ne peuvent l'être par le public du théâtre. Plus tard, après qu'elle a été transformée en créature aristocratique, elle fait merveille aux réceptions de l'ambassade, mais Audrey donne à Eliza une pointe d'imperceptible maladresse qui se distingue sous ses grâces de nouvelle femme du monde. Par un simple clin d'œil, une nuance dans son sourire, elle trouve le moyen de continuer à faire vivre la jeune fille du début sous le masque de la femme qu'elle est devenue.

Sans doute ne l'aurait-elle pas considéré ainsi, mais Audrey devait gérer une autre sorte de transition et de transformation dans sa propre vie privée. Le bouleversement en question s'annonça alors qu'elle venait de finir le tournage de *My Fair Lady*, en décembre 1963 : elle savait désormais que son mariage ne pouvait plus être sauvé, mais elle n'était pas prête pour autant à affronter un divorce. Elle tentait donc, au prix de courageux efforts, d'éviter l'inévitable. « Il y avait beaucoup de difficultés et une grande tension, parce que la carrière de Mel était sur le déclin et que celle d'Audrey était à son apogée », dira Sean des années plus tard, en parlant de cette époque où ses parents vivaient encore ensemble. « D'une manière presque irréaliste, elle espérait que le véritable amour surviendrait comme un bouquet de fleurs qu'on reçoit sans l'avoir attendu… Lorsque cet espoir fut déçu, les choses commencèrent à se déliter. »

Entre Mel et Audrey, il y avait de plus en plus de distance, sur le plan affectif… et géographique, ce qui n'arrangeait rien. Mel avait dû se rendre en Espagne pour son rôle dans *La Chute de l'Empire romain* (d'Anthony Mann, 1964) et il avait fait un saut à Hollywood pendant le tournage de *My Fair Lady* pour jouer dans *Une vierge sur canapé* (de Richard Quine, 1964). Il était maintenant en train de préparer l'écriture et la réalisation d'un film espagnol, *Cabriola*, et projetait également de produire un film sur la vie du Greco et d'en endosser le rôle principal.

Ainsi, malgré les nombreuses propositions de rôles qu'elle se vit offrir au début de cette année 1964, Audrey décida de devenir une sorte de femme nomade qui suivrait partout son époux. Elle s'accrochait encore à l'espoir de sauver son mariage. Audrey et Sean (qui allait avoir quatre ans cet été-là) passèrent donc le plus clair de leur temps à suivre Mel dans ses déplacements. « Je partage mon temps entre Mel et notre petit garçon », écrivit-elle à George Cukor, qui essayait vainement de susciter son intérêt pour une nouvelle comédie musicale basée sur la version d'*Oliver !*, jouée à Broadway.

« Comme ce serait bien si Mel et moi pouvions jouer ensemble et n'être pas séparés, pour une fois ! » répondit-elle en déclinant cette offre. Elle n'ajouta pas qu'elle et Mel avaient brièvement pensé tourner ensemble, dans un film sur Ferdinand et Isabelle d'Espagne. Mel devait également en être le réalisateur, mais ils s'étaient rendu compte qu'il n'était pas opportun qu'il la dirige, et ils avaient finalement abandonné ce projet.

Durant leurs courtes visites pendant cet été torride, Cukor, les Zinnemann, Kate et Lou voyaient les tentatives quasi désespérées d'Audrey pour consolider sa famille. Pendant ce temps, Mel finissait de tourner dans un film espagnol sur la vie de Jean-Baptiste de La Salle, le grand pédagogue français et fondateur de la congrégation des frères des Écoles chrétiennes. À la même époque, les Ferrer achetèrent une maison d'été sur la Costa del Sol, près de Marbella. Ils la baptisèrent *Santa Catalina*, d'après le deuxième prénom traduit en espagnol d'Audrey : Kathleen. Ils avaient l'intention d'en faire un refuge pour leurs vacances, mais n'y allèrent pas très souvent.

À l'automne, Audrey remplit ses obligations contractuelles et voyagea à travers tous les États-Unis pour faire la promotion de *My Fair Lady*. Ainsi, sans grand enthousiasme, elle laissa Mel à ses projets et Sean à sa nounou. « Je me languis de revenir à la maison, pour retrouver notre confortable villa et la paix de nos montagnes », écrivait-elle cet automne-là à son « cher père et Fidelma ». « Je suis venue aux États-Unis pour trois semaines de promotion pour *MFL* [*My Fair Lady*]. Mel a pu se libérer pour venir à la première qui s'est déroulée à New York, mais il a été obligé de retourner travailler à Rome dès le lendemain. Je dois terminer ma tournée et revenir à la maison. » Elle évoque une seule fois le lancement du film, mais noircit cinq pages pour parler de son « magnifique » Sean qui possède un nouveau chien, un berger allemand.

Le 23 février 1965, à Hollywood, étaient annoncées les nominations pour les oscars. En plus de *My Fair Lady*, beaucoup d'autres œuvres mémorables marquaient cette année 1964 : *Docteur Folamour* de Stanley Kubrick, *Becket* de Peter Glenville, *Zorba le Grec* de Michael Cacoyannis et *Mary Poppins* de Robert Stevenson, entre autres. Les nominées pour le titre de la meilleure actrice de l'année étaient Julie Andrews (pour *Mary Poppins*), Anne Bancroft *(Le Mangeur de citrouilles)*, Sophia Loren *(Mariage à l'italienne)*, Debbie Reynolds *(La Reine du Colorado)* et Kim Stanley *(Le Rideau de brume)*.

« Quant à tout ce micmac des nominations, écrit Audrey à George Cukor, je pense que je suis la seule à n'être pas dupe. Tout le monde a l'air de chercher une explication. Je pense que c'est très simple : ma performance n'était pas à la hauteur. [...] Parce que *My Fair Lady* signifiait tellement pour moi, j'entretenais une sorte d'espoir secret d'être nommée, mais je n'ai jamais compté sur un oscar. C'est pourquoi je suis très déçue, mais pas aussi étonnée que tous mes proches semblent l'être. Ce qui m'épate, c'est tout le bazar qui s'ensuit et la pression constante [...] pour que je vienne en Californie et sois présente pendant cette grande nuit. »

Cukor essaya vainement de la convaincre qu'elle n'avait pas été nominée parce que la Warner n'avait pas sorti le film dans assez de salles de Los Angeles avant que les nominations soient décidées. Audrey savait bien que c'était un argument fallacieux : *My Fair Lady* avait été suffisamment bien diffusé pour récolter une douzaine de nominations dans les autres catégories, et elle était la seule actrice dans l'équipe à n'être nominée dans aucune des quatre catégories récompensant des comédiens[1].

Le 31 mars, la British Film Academy élisait Audrey Hepburn meilleure actrice britannique de l'année pour sa performance dans *Charade*. Cette récompense ne fut pas très remarquée à Hollywood, car tout le monde attendait avec impatience le grand rituel de printemps... Les statuettes des oscars étaient remises en

1. Le film avait été nominé dans les catégories suivantes : meilleur acteur (Rex Harrison), meilleur second rôle masculin (Stanley Holloway), meilleur second rôle féminin (Gladys Cooper), meilleur directeur artistique (Gene Allen, Cecil Beaton et George James Hopkins), meilleure photographie (Harry Stradling), meilleurs costumes (Cecil Beaton), meilleur réalisateur (George Cukor), meilleur montage (William Ziegler), meilleure direction musicale (Previn), meilleur son (George Groves), meilleur scénario (Lerner) et meilleur film (Jack Warner, en tant que producteur).

grande pompe le 5 avril. Audrey était présente, ayant complaisamment accepté de faire le voyage depuis l'Europe pour remettre l'oscar du meilleur acteur – et, vu les circonstances, on peut imaginer que seul l'esprit d'un employé très retors a pu vouloir lui confier cette tâche. Avec un plaisir manifeste, elle a annoncé le nom de Rex Harrison ; il est monté sur scène, a pris Audrey dans ses bras et, sous les applaudissements, a déclaré de manière très chevaleresque : « Je pense que je dois remercier deux "fair ladies" ! » L'une, Audrey, se tenait juste à ses côtés, quant à l'autre, elle ne tarda pas à venir chercher sa récompense : Julie Andrews avait remporté l'oscar de la meilleure actrice pour *Mary Poppins*. En prenant la statuette qu'on lui tendait, elle osa une remarque préliminaire qui ne passa pas inaperçue chez les gens du métier : « Tout d'abord, je tiens à remercier Jack Warner… »

Pendant une dizaine d'années, les Ferrer avaient vécu dans un canton suisse germanophone. En 1965, Audrey voulut que Sean fréquente une école francophone. Le couple décida donc d'acquérir une grande maison campagnarde restaurée près de Morges, à une demi-heure de l'aéroport de Genève. Cette belle demeure du XVIIIe siècle, avec neuf chambres, était appelée *La Paisible*, à cause du calme qui y régnait, et se situait dans le village de Tolochenaz, dans une zone du canton de Vaud où l'on parlait français. Leurs voisins étaient principalement des fermiers et des horticulteurs, et l'endroit était merveilleusement tranquille. Au même moment, Mel apprenait qu'une nouvelle pièce allait se monter à Broadway l'hiver suivant : intitulée *Seule dans la nuit*, de Frederic Knott, l'auteur du *Crime était presque parfait*. Les droits cinématographiques avaient été achetés par la Warner Bros, qui souhaitait Audrey pour le rôle principal et Mel comme producteur.

Le premier film qu'elle tourna en ce mois d'août était son cinquième à être filmé partiellement ou en totalité à Paris ; c'était également son troisième film avec William Wyler, qui réalisait sa première comédie depuis *Vacances romaines*. Pour *Comment voler un million de dollars*, Audrey avait un partenaire de trois ans plus jeune qu'elle : Peter O'Toole, qui venait de tourner *Lawrence d'Arabie* et *Becket*. Le scénario était signé Harry Kurnitz et se déroulait entièrement à Paris ; il n'était absolument pas crédible, mais l'histoire était tellement attrayante, saupoudrée d'une bonne dose d'humour et d'une touche de glamour (sans exagération), que le succès commercial et populaire était garanti.

M. Grammont, le directeur d'un grand musée parisien, prépare sa prochaine exposition. Il demande à Charles Bonnet (Hugh Griffith), un collectionneur français, de lui prêter sa *Vénus*, une œuvre du célèbre sculpteur Cellini. Charles Bonnet accepte, au grand dam de sa fille Nicole (Audrey Hepburn) quand elle apprend que la *Vénus* de Cellini va être expertisée : car c'est un faux, autrefois réalisé par son grand-père. Elle est la seule à savoir que son père, tout comme son grand-père, sont des faussaires de génie. Nicole ne trouve qu'un moyen pour empêcher la supercherie d'être découverte et son père de finir derrière les barreaux : il faut voler la *Vénus* au musée. Nicole sollicite alors l'aide de Simon Dermott (Peter O'Toole), un cambrioleur qu'elle a surpris chez elle sans le dénoncer, et pour cause : il était en train d'examiner de son œil d'expert un Van Gogh, en réalité une « œuvre » de son père… Cette situation donnera évidemment lieu à moult rebondissements rocambolesques et à une belle histoire d'amour entre Nicole et Simon…

Kurt Frings négocia avec la Twentieth Century Fox pour s'assurer qu'Audrey obtiendrait le soutien de ses alliés les plus fidèles et les plus doués : Givenchy s'occuperait de sa garde-robe (avec pas moins d'une douzaine de tenues) ; Grazia De Rossi de sa coiffure et Alberto De Rossi de son maquillage ; et Charles Lang serait le directeur de la photographie – chacun ayant pour mission de faire paraître Audrey considérablement plus jeune que ses trente-six ans. Cette fine équipe, à laquelle venait s'ajouter l'aimable et décontracté Peter O'Toole, promettait de faire passer un été de travail agréable à Audrey. Son interprétation, beaucoup moins difficile que pour le rôle de *My Fair Lady*, reste impressionnante de simplicité, comme l'exigeait le script. Et

Gregory Peck avait très certainement raison lorsqu'il disait qu'elle aurait dû faire davantage de comédies dans sa carrière.

William Wyler et Peter O'Toole prirent un grand plaisir à tourner *Comment voler un million de dollars*, car aux dialogues écrits s'ajoutaient des reparties improvisées, qui requièrent toute l'attention du spectateur. À un moment de leur complot pour voler la fausse statuette, O'Toole habille Audrey avec l'uniforme peu flatteur des employées du nettoyage. « Ça sera très bien ! » dit-il en la regardant attentivement dans cette tenue si laide. « Pour quoi faire ? » demande Audrey. « Eh bien, ça permettra à Givenchy de prendre une nuit de repos. » C'est une des blagues du film qui peuvent ne pas se remarquer, mais qui ont fait le bonheur d'Audrey et du reste de l'équipe...

En septembre, Mel s'échinait à boucler la question des droits d'adaptation de la pièce de Knott et à faire aboutir les négociations avec la Warner. Il rendit visite à Audrey à Paris pendant un week-end. Elle n'était pas très enthousiaste à l'idée de s'engager pour un projet qui ne serait réalisé que dans les deux ans à venir, mais elle voulait soutenir les efforts déployés par son mari. C'est ainsi qu'elle accepta de jouer le rôle difficile d'une jeune femme aveugle terrorisée par des gangsters à la recherche d'une poupée bourrée d'héroïne, qu'on a cachée chez elle à son insu.

Quelques semaines après la visite de Mel, Audrey apprit qu'elle était de nouveau enceinte.

Il restait encore deux mois avant la fin du tournage de *Comment voler un million de dollars*, prévue pour décembre. On conseilla à Audrey de demander à William Wyler un rythme de travail moins soutenu, mais elle refusa. « Elle avait travaillé sans répit », expliqua Mel, qui l'emmena chez eux en Suisse une fois son dernier jour de tournage achevé. La famille était réunie pour fêter Noël à *La Paisible*. Audrey s'amusa à décorer la maison et écrivit des cartes de vœux à ses amis des quatre coins du monde. Elle envoya une somme généreuse en cadeau à son père, insérée dans une jolie carte dessinée à la main et agrémentée de cloches, de rubans et autres fantaisies. « J'ai décidé, écrivait-elle, que tu saurais bien mieux que moi ce qui peut te faire plaisir pour Noël.

En envoyant mon cadeau sous cette forme, j'évite en plus de payer des taxes ! Excuse cette solution prosaïque, mais dis-toi que cela vient d'un cœur qui t'aime. Avec un immense câlin à vous deux. » Bien évidemment, elle n'oublia pas sa mère, qui vivait maintenant depuis plusieurs années à San Francisco après être partie de Londres.

Et ce fut au terme de ces vacances qu'Audrey fit une nouvelle fausse couche. « Elle l'a pris très, très mal », dira simplement Mel.

Chapitre quatorze
1966-1970

« Elle commence à se sentir beaucoup mieux, écrivit Mel au père d'Audrey fin janvier 1966. Elle est de nouveau sur pied. [...] Son esprit et son corps sont en meilleur état. Elle va rester ici quatre mois pour se reposer. »

Mel avait beau la trouver « en meilleur état », Audrey, elle, ne voyait pas les choses ainsi. Dans une carte postale envoyée à son père, elle dit qu'elle se sent comme si « une limite très ténue » la séparait d'une totale dépression nerveuse. « Je dois encore traverser beaucoup de choses, et je prie Dieu pour recevoir de la force et de la douceur. » Elle conclut son court message avec ces mots : « Tout mon amour, MP. » (Lorsque Audrey était enfant, son père l'appelait par un surnom, Monkey Puzzle, soit « Puzzle Singe », en référence à son visage, qu'il trouvait curieux, et à sa personnalité, qu'il jugeait énigmatique.)

Fin mars, elle était beaucoup plus forte. « Au moins, je me suis reposée et j'ai pris le soleil », écrit-elle à son père d'un hôtel dans les Alpes. « Je marche tous les matins et, l'après-midi, je nage, je me fais faire des massages et je dors beaucoup [...]. Je vais bien de nouveau et ne suis plus aussi triste. Je commence à travailler à Saint-Tropez le 1er mai, puis ensuite à Paris, avec un merveilleux scénario. » C'était bien le cas, mais les circonstances du tournage auraient de bien lourdes conséquences sur la vie privée d'Audrey.

William Wyler l'avait dirigée par trois fois au cours de films mémorables, et c'était désormais au tour de Stanley Donen de boucler son cycle de trois tournages avec la talentueuse Audrey Hepburn. Il lui avait envoyé un script qu'il avait préparé avec l'écrivain Frederic Raphael, dont le scénario pour *Darling* avait obtenu un oscar en 1966. Le nouveau projet s'appelait *Voyage à deux*, et ce serait effectivement un vrai périple qui commencerait pour Audrey...

Le style auquel Audrey était désormais associée et qui (sauf pour de rares exceptions) ne définissait pas seulement son look mais aussi la perception que le public avait d'elle, avait disparu de Hollywood comme de la vie quotidienne. Les vêtements chic, la diction soignée, le parfum européen qui imprégnait le cinéma et la littérature, son choix des scripts et des réalisateurs : tout cela était en train d'être repensé par Hollywood. Un nouveau style de films avait émergé, représenté par des œuvres telles que *Qui a peur de Virginia Woolf ?, Alfie, le dragueur, Cat Ballou, Darling, Le Prêteur sur gages, Georgy Girl* et *Help !* En 1966, Audrey allait sur ses trente-sept ans, mais le goût qui prédominait était maintenant déterminé par les adolescents ; l'effet Beatles et l'émergence d'une culture jeune ne pouvaient pas être pris à la légère.

C'est pourquoi, quand Donen soumit son script de *Voyage à deux* aux studios Universal, ceux-ci acceptèrent avec enthousiasme de le financer et de le distribuer, du moins jusqu'à ce qu'il mentionne le nom d'Audrey Hepburn pour le rôle principal : Universal s'effaça alors du projet. La Twentieth Century Fox, en revanche, avait bien aimé *Comment voler un million de dollars*, et donna donc à Donen son feu vert et l'argent dont il avait besoin.

Le scénario met en scène un mariage qui dure depuis douze ans et donne quelques signes de fatigue, menacé par la routine, l'infidélité, le remords, les regrets et les faux espoirs – mais qui est heureusement sauvé par des satisfactions partagées, des souvenirs chaleureux, de grands moments d'amour, de soutien et d'empathie mutuelle. L'histoire ne se déroulait pas exactement de manière chronologique : au lieu de faire des retours en arrière ou des bonds en avant, elle défilait grâce à l'accroche de souvenirs ou d'événements. Le propos consistait à montrer qu'une relation longue est semblable à un voyage au long cours, dont on ne connaît pas à l'avance la route, ou les courbes et virages incertains. La route est dans ce film comme un personnage à part entière, présent dans chaque séquence.

En lisant le scénario, Audrey fut très attentive au contenu et à l'image qu'elle projetterait. Les dialogues étaient acerbes, souvent cyniques, et le personnage de Joanna, une femme qui se transforme et vieillit (pas toujours de manière admirable), n'était pas du tout embelli par rapport au texte original de Frederic Raphael (contrairement à la Holly Golightly de Truman Capote). En fait, Joanna ne présentait de similitude avec aucune des femmes dont Audrey avait endossé le rôle. Pour cette raison, l'actrice craignait de perdre à la fois son image et son public. En fait, Joanna rappelait plutôt certains aspects d'Audrey elle-même, et ce qu'elle reconnaissait d'elle dans ce rôle l'effrayait. L'élément le plus perturbant du personnage n'était pas son infidélité, ni même les scènes d'alcôve assez crues, mais plutôt la manière dont son couple était décrit. Audrey pouvait y trouver un parallèle déconcertant avec ses propres préoccupations conjugales. Elle expliqua donc à Mel qu'elle n'était pas sûre que ce projet soit bon pour elle – ce qui était une manière pour elle de faire diversion.

Mais Mel décida, avec raison, de ne pas la laisser écarter cette proposition. Il avait compris qu'une nouvelle ère s'amorçait dans le milieu du show-biz en général et du cinéma en particulier et que, par conséquent, il fallait qu'Audrey saisisse cette opportunité. La princesse de *Vacances romaines*, la femme-enfant de *Sabrina* et d'*Ariane*, la demi-mondaine de *Diamants sur canapé* et la femme brillante de *Charade* étaient toutes des personnalités qui avaient commercialement fait leur temps. « Audrey se fait généralement sa propre idée de ce qu'elle doit tourner ou pas, dira Mel peu de temps après, mais quand j'ai lu le script de *Voyage à deux* je lui ai dit qu'elle devait le faire, et tout de suite. Parce que je savais que ce serait bien pour elle. » Les motivations humaines étant rarement d'une seule pièce, il est également possible que Mel ait pensé aussi au futur film qu'il devait produire,

Seule dans la nuit. Ce serait un thriller très contemporain, et il était bon qu'Audrey se familiarise avec le nouveau public que ce genre séduisait. *Voyage à deux* fournissait l'occasion idéale d'y parvenir.

Dès le début, il y eut divers écueils et d'âpres discussions, et Audrey faillit abandonner plus d'une fois. D'abord, Donen refusait que Givenchy fasse partie de l'équipe et porte l'entière responsabilité des costumes d'Audrey. L'actrice protesta vigoureusement, affirmant que les vêtements du créateur lui donnaient confiance en elle. Le réalisateur resta intransigeant. Audrey n'était pas contente… « Elle pensait que les couleurs vives et les imprimés à la mode ne conviendraient pas à son visage », se souvient Ken Scott, qui faisait partie de l'équipe chargée de sa garde-robe, aux côtés de Hardy Amies, Mary Quant et Paco Rabanne, dont les créations avaient été choisies pour leur look très actuel.

Ensuite, il fallut trouver un partenaire qui convînt à Audrey. Maintenant qu'elle avait toute autorité à décider, elle ne voulait pas donner la réplique à Holden, Bogart, Fonda, Cooper, Lancaster, ou même Grant. Elle voulait quelqu'un qui soit dans l'air du temps, comme Peter O'Toole. Des noms furent évoqués, retenus puis écartés ; on contacta Paul Newman, qui lut le script et refusa le rôle… Enfin, quelqu'un suggéra Albert Finney, de six ans plus jeune qu'Audrey, qui avait une formation d'acteur classique et venait de remporter un succès international avec *Tom Jones*, de Tony Richardson.

Le tournage commença le 3 mai dans le sud de la France, à la veille des trente-sept ans d'Audrey. Elle écrivit une lettre à George Cukor de Saint-Tropez, expliquant pourquoi elle n'avait pas donné de nouvelles pendant si longtemps : « C'est le blanc complet pour moi en ce qui concerne toute la période de Noël et les deux mois qui ont suivi. J'ai même du mal à me rappeler ce que j'ai fait à ce moment-là, ce que j'ai vu, qui et quand. Peut-être que la nature est parfois assez charitable pour nous aider à oublier mais, pour moi, ce n'est pas tant le souvenir de l'angoisse qui a disparu que celui de la joie que j'avais pu ressentir.

« Sean est maintenant à l'école et Dieu sait qu'il me manque [...]. Albert Finney est étonnant, si facile à vivre et "coopératif", comme on dit ici, qu'il me donne parfois l'impression de n'être moi-même pas assez "coopérative" !

« Notre nouvelle maison est un rêve. Quand j'en suis partie, les arbres fruitiers étaient en fleurs, l'herbe verte et grasse s'épaississait encore, pleine de trèfles et parsemée de glands. Les tulipes étaient sorties et la glycine fleurie grimpait le long de nos murs. »

« Ma vie privée n'a pas toujours été heureuse, a dit Audrey en évoquant la période où elle tournait *Voyage à deux*. Mais, avec Stanley, j'étais toujours heureuse sur le plateau. Il me faisait rire, et pour moi c'était un énorme changement. » Elle avait assurément des rapports amicaux avec Donen, pour qui elle éprouvait le plus grand respect et qui lui avait, de son propre aveu, beaucoup appris. Le réalisateur, de son côté, trouvait Audrey toujours très réservée, au point de paraître inaccessible : « J'essayais de m'approcher, d'aller débusquer ce qui restait invisible, mais il y avait cette barrière entre elle et nous, et je n'ai jamais pu atteindre la part la plus profonde d'Audrey. Je ne veux pas du tout dire qu'elle jouait à un jeu avec moi. Mais elle gardait toujours une part d'elle-même à distance, qui n'appartenait qu'à elle seule, et je n'ai jamais pu trouver ce que c'était, et encore moins le partager avec elle. Elle était comme le trésor au pied de l'arc-en-ciel... »

Jacqueline Bisset, également dans l'équipe, se rappelle qu'Audrey se préparait de manière extraordinaire avant chaque scène. Elle se souvient aussi de la présence constante de l'équipe de maquillage et des coiffeurs, dont Donen dépendait pour faire apparaître la chronologie de chaque scène. « Audrey était très agréable avec tout le monde sur le tournage, dit Jacqueline Bisset, mais il y avait une sorte de distance. Quand nous nous sommes rencontrées la première fois, elle m'a gratifiée d'un sourire que je n'oublierai jamais. Elle ne souriait pas avec les yeux, seulement avec la bouche. Bien sûr, elle était la star du film et assumait d'énormes responsabilités. Et elle savait se montrer très généreuse avec nous. Plusieurs fois, les week-ends, elle a préparé à dîner pour plusieurs d'entre nous, de très bonnes pâtes, avec toutes sortes de sauces merveilleuses et crémeuses. Mais, pendant la semaine, quand nous travaillions, elle allait dans sa caravane et prenait seule son déjeuner (un peu de fromage et une tomate, ou quelque chose du même genre), un repas très léger, pour être au top de sa forme pendant la journée. »

Mais Audrey avait une bonne raison de garder ses distances avec les autres acteurs et le réalisateur – une distance plus grande pendant *Voyage à deux* qu'à aucun autre moment de sa carrière. Pendant les quatre mois de tournage, Albert Finney et elle vécurent une idylle qu'ils voulaient la plus discrète possible. Ils se rencontraient en privé, allaient seuls à la plage, dînaient à deux. Son mariage, elle devait s'y résoudre, se résumait à un statut légal, et Finney était divorcé. Il avait un sens de l'humour très aiguisé, était extrêmement intelligent, prenait son métier très au sérieux, et sa personnalité était bénéfique pour Audrey, parce qu'il la faisait rire et la divertissait. Leur relation était agréablement dénuée de toute complication, et c'était peut-être la première fois qu'Audrey connaissait un tel romantisme empreint de légèreté.

« Je ne reconnaissais presque pas mon Audrey pendant les dernières semaines du film, se souvient Donen. Elle m'étonnait. Elle était si libre, si heureuse. Je ne l'avais jamais vue comme ça, si jeune ! Je ne pense pas que j'étais responsable de cette embellie. Je parie que c'était Albie. »

« Albie et elle avaient cette magnifique relation ensemble », se souvient l'écrivain Irvin Shaw, qui venait fréquemment cet été-là se promener sur le tournage. « Ils étaient comme un couple de gamins qui se comprenaient complètement et partageaient des blagues et des références qui n'appartenaient qu'à eux seuls. Quand Mel était là, c'était assez drôle : Audrey et Albie adoptaient une attitude plus formelle et un peu maladroite, comme s'ils étaient des adolescents. » Quant à Finney, il était aussi discret à cette époque qu'il le fut ensuite : de sa relation avec

Audrey, il disait qu'elle était « une des plus proches que j'aie jamais eues ». Audrey, comme souvent, restait équivoque : « J'aime vraiment Albie », disait-elle avec un sourire, et c'était ça. Les chroniqueurs et journalistes de tous les pays faisaient état de cette amitié qui s'épanouissait entre les deux stars, avec diverses explications à la clé.

Sean, âgé de six ans, était dans le sud de l'Espagne avec son père. « Mel partage son temps entre lui, moi et son propre travail » écrit Audrey à son père le 11 août. Cependant, le mois suivant se produisit quelque chose qu'Audrey n'avait pas prévu. On ne sait pas comment Albie et Audrey en vinrent à se séparer mais, en septembre, chacun pouvait constater qu'Audrey arborait une expression de crainte et d'anxiété que Finney lui-même ne parvenait pas à effacer. Selon des proches qui les connaissaient tous les deux, Mel avait informé sa femme qu'elle devait mettre un terme à cette liaison, faute de quoi il demanderait le divorce en spécifiant qu'elle s'était rendue coupable d'adultère. Elle en fut terrorisée, car cela impliquait qu'elle serait séparée de son fils pour la moitié du temps dans le meilleur des cas, celui d'un droit de garde partagée. Mais elle envisageait aussi le pire, à savoir qu'on confie la garde exclusive de Sean à son père, si la cour estimait qu'elle était une mère indigne. Sean, finalement, lui donnait la seule raison pour s'entêter à essayer de sauvegarder un mariage affectivement stérile.

Même si Mel ne lui avait pas directement fait part de son intention, Audrey n'était pas certaine qu'il aurait joué le rôle du mari complaisant face à une liaison qui avait été ébruitée jusque dans la presse. S'il accusait sa femme d'infidélité – et il n'y avait aucune garantie qu'il ne le fasse pas –, alors Audrey ne pouvait espérer un jugement favorable de la cour concernant la garde de Sean. Même si l'on pouvait trouver des situations analogues dans la vie privée de Mel, la presse au moins n'en savait rien, et c'était bien là toute la différence. Potentiellement, elle avait tout à perdre, et de manière catastrophique.

« Je me souviens de la tension dans le mariage de mes parents à cette époque, confirme Sean aujourd'hui, mais je ne me suis rendu compte que bien des années plus tard que c'était parce que [ma mère] avait une liaison avec Finney sur le tournage de ce film. » L'affaire Hepburn-Finney cessa au moment qu'il fallait pour éviter à l'enfant de devenir l'enjeu d'une bataille conjugale, même s'il finirait à terme par assister à la séparation de ses parents.

D'une certaine manière, cet enchaînement d'événements anxiogènes devait apporter une complexité réaliste au personnage d'Audrey dans le film. Elle évolue tout du long, jouant d'abord une jeune femme pensive avec son insouciant jeune compagnon, tous deux étant promis à une vie heureuse ; elle passe ensuite au rôle d'épouse pleine de doutes, puis de mère, de femme adultère, et finalement de femme qui compose avec les ambiguïtés de son mariage. Le public peut reconnaître les différentes périodes, malgré la narration non linéaire, aux vêtements et aux coiffures d'Audrey typiques des diverses époques de sa vie. Mais Audrey parvient également à suggérer ces étapes de son évolution à travers ses expressions et les modulations de sa voix.

« Le rôle requiert une intensité d'émotion, d'attention, de lucidité et de maturité qu'Audrey n'a jamais atteinte auparavant, résume Donen. Elle a accompli là ce que je considère comme étant sa plus grande interprétation », ajoute-il. Les critiques ont été très largement d'accord là-dessus, mais, ainsi qu'elle l'avait craint, le public américain eut beaucoup de mal à accepter cette rupture dans l'image d'Audrey. Quand le film sortit en 1967 aux États-Unis, le Radio City Music Hall, où se déroulait la première, ne vendit pas assez de billets pour couvrir ses frais. En revanche, les résultats du box-office sur le plan international furent bien plus rassérénants, peut-être parce que le public européen était plus habitué à des descriptions sans fard des mariages au cinéma.

Après avoir passé Noël à Tolochenaz, les Ferrer firent le voyage jusqu'à Los Angeles, où, comme prévu, Mel devait être le producteur et Audrey l'actrice principale de *Seule dans la nuit*, aux studios de la Warner Bros. « Nous sommes tous deux ici », écrivit-elle à son père d'une suite du Beverly Hills Hotel. « Nous avons laissé Sean (snif, snif !) à la maison, parce qu'il déteste quitter sa nouvelle école et ses amis. C'était la meilleure décision pour lui, bien qu'elle soit dure pour nous... Je me languis de revenir à la maison et d'y rester ! »

Jack Warner présenta Mel et Audrey à la compagnie de production, à l'équipe et aux autres acteurs (Richard Crenna, Alan Arkin, Jack Weston et Efrem Zimbalist Jr.). Le grand plaisir d'Audrey en cet après-midi de janvier fut ses retrouvailles avec le réalisateur, le fameux Terence Young en personne. Il avait fait partie des blessés de guerre après la bataille d'Arnhem, c'était alors un parachutiste de trente ans qu'Audrey et sa mère avaient patiemment soigné dans une clinique hollandaise en 1945. Après s'être rétabli, il avait fait un film sur cette bataille et s'était ensuite lancé avec succès dans la réalisation professionnelle. Young venait de signer la mise en scène des deux premiers James Bond, *James Bond contre Dr No* et *Bons Baisers de Russie*, et il avait un accord avec la Warner. Chaque jour durant le tournage, à quatre heures tapantes, Terence Young et Audrey faisaient une pause, prenaient le thé à l'anglaise et encourageaient le reste de l'équipe à les imiter.

Pour préparer le rôle si difficile de Susy Hendrix, la jeune aveugle terrorisée, Audrey entreprit immédiatement d'âpres recherches. Elle passa du temps à étudier à l'école pour aveugles, apprit le braille, s'obligea à fixer les gens avec ses yeux grands ouverts et fixes donnant l'impression qu'elle n'y voyait rien, s'entraîna à se déplacer toute seule avec une canne (ses yeux aveuglés pour de bon par un bandeau), à téléphoner sans regarder les touches et à se maquiller sans utiliser de miroir. Pour parvenir à davantage de réalisme, Mel voulut qu'elle porte des lentilles teintées de blanc. Elle fit l'essai, mais elles étaient extrêmement irritantes pour ses yeux, et elle estima qu'elle n'avait pas besoin de les porter. En tant que producteur, Mel exposa le problème à Jack Warner et à quelques autres membres de la production, qui se déclarèrent d'accord avec ce qu'il jugeait le plus approprié ; en vaillant petit soldat, Audrey fut donc contrainte de porter les fameuses lentilles.

À tous points de vue, le tournage fut excessivement ardu, du premier jour, le 16 janvier, jusqu'à la fin, le 7 avril. Tout d'abord,

Sean manquait à Audrey au point qu'elle dépensa des milliers de dollars en télécommunications transatlantiques, appelant tous les soirs de son hôtel de Beverly Hills la maison de Tolochenaz. Deuxièmement, sa collaboration avec Mel était pleine de contraintes dues à son statut de producteur, d'autant qu'il agissait à la fois comme son agent, son manager et son réalisateur… Troisièmement, Audrey avait presque constamment des bosses et des bleus à soigner, en particulier à cause de certaines scènes violentes dans lesquelles elle était supposée se faire attaquer. La séquence cruciale du film, par exemple, devait être tournée pour l'essentiel avec une lumière très ténue (c'était une scène de nuit), et cela impliquait des gestes précisément étudiés, et une sorte de ballet terrorisant entre Audrey et Alan Arkin, dans le rôle du méchant de l'histoire ; il se souvient d'ailleurs que la seule chose qu'il ait vraiment détestée sur le tournage de *Seule dans la nuit*, c'était cette contrainte d'épouvanter la belle Audrey Hepburn.

Malgré les complications affectives et les circonstances physiques éprouvantes, *Seule dans la nuit* est un film extrêmement efficace. La critique fut unanime pour saluer l'interprétation d'Audrey, « supérieure […], magnifiquement modulée et sans artifice ». Pour ce tournage, elle perçut un cachet de 900 000 dollars plus dix pour cent d'intéressement, ce qui porta son bénéfice final à plus de 3 millions de dollars. Elle fut également nominée aux oscars pour la cinquième fois[1].

Juste après ce tournage, elle retrouva Tolochenaz et Sean. Mel restait aux studios Burbank pour superviser le montage du film. En juillet, il se rendit à Paris puis à Madrid pour discuter de projets futurs. « Il se passera beaucoup de temps avant que je refasse un film, assurait Audrey. J'ai promis à mon fils de lui consacrer au moins deux mille heures. » Et, à partir de cette époque, elle ne se rendrait que très rarement aux États-Unis dans les vingt ans à venir. Elle retourna tout de même à New York en avril 1968 pour recevoir un Tony Award spécial (bien qu'assez inexplicable

1. Les autres nominées étaient Anne Bancroft (*Le Lauréat*), Faye Dunaway (*Bonnie and Clyde*), Dame Edith Evans (*Les Chuchoteurs*) et Katharine Hepburn (*Devine qui vient dîner ?*), qui obtint la récompense.

à ce moment précis) pour ses contributions théâtrales. En évoquant ses débuts sur la scène américaine en 1951, elle dit qu'elle était alors « une fille plutôt mince avec un talent plutôt mince ».

Hormis cela, elle tint parole. « J'ai vraiment arrêté de tourner quand mon fils Sean est devenu en âge d'aller à l'école, dira-t-elle par la suite. J'avais tellement désiré avoir des enfants que j'ai été très malheureuse quand il m'a fallu partir pour faire [*Seule dans la nuit*...]. Je ne pouvais pas supporter d'être séparée de lui, c'est pourquoi j'ai arrêté de travailler. »

C'était sa raison principale pour une interruption de huit ans dans le déroulement de sa carrière. Mais, par la suite, elle a également avoué qu'elle était inquiète pour son image. En 1968, le public se ruait dans les salles obscures pour voir de nouveaux genres de films, tels que *Bonnie and Clyde, Dans la chaleur de la nuit, Le Lauréat, Luke la main froide, De sang froid, Les Douze Salopards* ou *La Vallée des poupées.* Ni l'audace sexuelle ou la violence, ni le style ou le ton des nouvelles productions hollywoodiennes ne l'attiraient. Par ailleurs, il est vrai qu'il y avait de moins en moins de rôles pour une actrice de l'âge et du style d'Audrey : elle était trop marquée dans l'esprit du public, même après *Seule dans la nuit,* pour pouvoir assumer quelque chose d'aussi radicalement différent que le rôle de Mrs. Robinson dans *Le Lauréat* (qu'on ne lui avait de toute manière pas proposé). Elle n'aurait pas pu renvoyer l'image avide et pathétiquement désespérée de tels personnages.

Grace Kelly, née la même année qu'Audrey, s'était retirée de la profession en 1956, alors qu'elle avait vingt-six ans. Elle aussi était passée deux fois à Broadway et, comme Audrey, elle avait reçu une récompense pour son travail d'actrice de théâtre. Comme Audrey, elle était ensuite allée à Hollywood, pour n'apparaître que dans onze films pendant les cinq années qu'elle y resta. Elle remporta un oscar un an après Audrey. Grace Kelly n'avait travaillé qu'avec des réalisateurs de premier plan : trois fois avec Alfred Hitchcock, avec Fred Zinnemann et John Ford. Comme Audrey, Grace avait donné la réplique à des partenaires masculins assez âgés pour être son père (Clark Gable, Gary

Cooper, Ray Milland, James Stewart, Cary Grant et, deux fois, Bing Crosby) ou paraissant bien plus vieux qu'elle (Stewart Granger, William Holden et Alec Guinness).

Grace était aussi, comme Audrey, sincèrement désireuse d'être une bonne actrice, avec son élégance classique. Elle possédait également une beauté très photogénique, et savait s'attirer l'admiration et l'affection de ses collègues. Mais, en 1956 elle avait pris sa décision ; elle voulait être une épouse et une mère, et acceptait volontiers d'échanger ce qu'elle savait être l'existence éphémère d'une reine de cinéma pour endosser le rôle de sa vie : celui de princesse de Monaco. Ce n'est donc pas sans raison qu'Audrey parlait souvent d'elle à ses proches, après *Seule dans la nuit*...

C'est ainsi qu'en 1967 Audrey Hepburn, star de cinéma à la renommée internationale, endossa le rôle d'Audrey Hepburn, maman à plein-temps. « Elle aimait les choses simples et carrées », explique Sean, qui se souvient que sa mère aimait tailler ses roses, soigner ses hydrangeas et ses dahlias dans son jardin, partageait des recettes de cuisine avec leur cuisinier et lui faisait faire ses devoirs chaque soir. Tout en se gardant bien d'être une mère sévère, elle ne permettait néanmoins à Sean de regarder la télévision qu'une demi-heure par jour ; pour qu'il prenne de bonnes habitudes alimentaires, il n'avait droit qu'à un Coca par semaine. Comme pour l'élaboration de ses propres menus, elle maintenait une vigilance rigoureuse sur son régime mais n'était pas obsessionnelle quand il prenait ou perdait du poids. Elle adorait les pâtes et le steak, s'accordait un carré de chocolat chaque après-midi, buvait un scotch ou un bourbon avant le dîner ; mais, malheureusement, elle restait une grosse fumeuse.

Pendant l'été 1967, Audrey et Mel se séparèrent finalement, et elle se résolut au divorce. Durant cette saison, il quitta *La Paisible*. « La rupture entre mon père et ma mère a été difficile, dit Sean. Mes parents ne se sont jamais disputés devant moi mais, depuis un âge très précoce, je sentais bien que quelque chose n'allait pas. Elle est venue vers moi et m'a dit qu'elle et papa allaient divorcer, mais que ce n'était pas ma faute – les enfants pensent souvent qu'ils ont quelque chose à se reprocher. Quand elle m'a dit ça, j'étais évidemment bouleversé, parce que je les aimais tous les deux, mais d'une certaine manière j'étais aussi soulagé, parce que cela expliquait pourquoi les choses ne paraissaient pas vraiment comme il fallait à la maison. »

« Je ne sais toujours pas ce qui n'allait pas, ajouta Mel ensuite. C'est Audrey qui a demandé le divorce. » Cette année-là, pourtant, on le retrouvait en photo dans les magazines, tenant à son bras telle ou telle jeune femme séduisante, célèbre ou pas, en tel ou tel lieu de Hollywood.

Répondant à la vieille rumeur selon laquelle il se comportait comme son Svengali avec sa Trilby, il insista : « Je me sentais très concerné par sa carrière, et j'ai été enchanté d'y contribuer. » Jusque-là, ce n'est guère discutable, mais il déclara ensuite : « Je n'ai pas profité de tout cela, je n'avais pas l'esprit de compétition, et je n'exerçais pas de contrôle [...]. Je pense que personne ne pouvait rivaliser avec Audrey. Je pense qu'il n'y avait aucun bon sens à essayer. »

Très peu de temps après, Audrey était citée dans la presse européenne, parlant de son mariage comme si elle avait souffert d'une maladie : « Je suis complètement remise. Maintenant, je suis libre et en paix. » Mais cela ne sonnait pas très juste.

« Elle n'a jamais dit de mal de M. Ferrer, confirmait Givenchy, même quand les choses allaient très mal entre eux et qu'elle faisait d'énormes concessions pour le salut de leur mariage. » À la maison pas plus qu'ailleurs, elle ne voulait risquer de déprécier Mel, surtout aux yeux de son fils ; mais elle donnait au jeune garçon « le sentiment confus que [son père] était le seul responsable. C'est ce qui paraissait en surface, car ce n'était pas un homme facile. [...] Il était extrêmement doué, très lettré, cultivé, et a certainement joué un rôle important dans les choix qu'elle a faits et dans l'élaboration de ses critères [...]. Mais elle est restée mariée à lui trop longtemps, et cela a eu un effet toxique [sur elle], elle a continué à réagir encore et encore à l'échec de leur mariage ».

Effectivement, Audrey pensait que Mel était responsable, mais elle estimait qu'elle aussi était à blâmer. Ce paradoxe est aisé à comprendre, si l'on écoute ce qu'en dit Sean : « Ils étaient tous deux responsables de l'échec de leur mariage. Elle y projetait quelque chose qui n'existait pas, et lui n'a pas été capable de prendre sur lui, à un certain niveau. »

Sean avait raison. Pendant des années, Audrey avait travaillé si dur pour donner l'image d'un mariage idéal qu'elle avait commencé à y croire. Depuis le début, il y avait eu une disparité dans leurs buts et leurs ambitions, et le fossé a continué à se creuser après la naissance de leur fils. « Le succès n'est pas si important pour une femme, disait Audrey, et, avec le bébé, je sens que je possède tout ce qu'une femme peut désirer. Mais ce n'est pas assez pour un homme. Ce n'était pas assez pour Mel. Il ne pouvait pas vivre en étant simplement le mari d'Audrey Hepburn. » Depuis bien longtemps, les Ferrer ne voulaient plus rester ensemble, et pourtant, d'une certaine manière, c'était bien ce qu'ils avaient souhaité.

Après *Ondine*, Mel avait voulu qu'ils collaborent de plus en plus, sur scène, à l'écran et à la télévision, et dans cette collaboration il s'était vu comme un mentor susceptible de la guider. Pendant un moment, alors qu'ils tournaient dans *Guerre et Paix* puis dans *Mayerling*, cela avait paru possible. De son côté, Audrey voulait travailler mais souhaitait un peu de tranquillité pour pouvoir devenir mère. Plusieurs fausses couches n'avaient pas affaibli sa détermination, pas plus que les manquements à leur engagement mutuel : elle avait peut-être cru que devenir parents allait ressouder leur couple.

Jusqu'en 1965, Audrey avait même continué à espérer que Mel serait le père de son second enfant. À ce moment précis, comme le souligne Sean, il est manifeste qu'elle avait projeté dans ce mariage quelque chose qui n'existait pas – alors même que Mel ne parvenait pas à se consoler du fait qu'il n'accéderait jamais à ses hautes ambitions de devenir un acteur ou un réalisateur et producteur mondialement reconnu. Finalement, on ne lui proposa plus que des rôles médiocres dans des films de série Z ou de piètres productions destinées à la télévision – suffisamment lucratifs tout de même pour leur garantir une vie confortable, à lui et à sa cinquième femme (qu'il épousera en 1971). Ses rêves des débuts avaient fait long feu…

Au début de l'année 1968, Audrey était fermement établie en tant que « châtelaine » de *La Paisible* : une mère seule, qui dirigeait avec poigne mais douceur la maison, le jardin et son fils. Malheureusement, le calme et la tranquillité des lieux dont elle avait si souvent parlé commençaient à devenir illusoires et sans objet. Pendant presque quatorze ans, elle avait mené une vie trépidante, entourée de réalisateurs, d'agents, de managers, d'attachés de presse, de journalistes, avec qui elle avait des discussions et des disputes. Désormais, hormis quelques interventions de Mel dans son existence, Audrey, âgée de trente-neuf ans, était complètement solitaire.

Peut-être avait-elle pensé que sa responsabilité de mère dévouée à son fils suffirait… mais elle restait Audrey Hepburn, une actrice oscarisée, une célébrité mondiale et une icône de mode. Il avait été réconfortant d'exercer sa maternité à plein temps et d'anticiper le déclin des propositions de tournage, mais elle se retrouvait soudain seule, dévouée à son petit garçon de huit ans, qui ne lui apportait pas ce dont sa vie publique l'avait gratifiée pendant toutes ces années.

Les amis avec qui elle avait collaboré n'étaient pas là : ni Wyler, Wilder, Donen ou Zinnemann, ni Alberto ou Grazia De Rossi, ni Charles Lang. Tout ce qui avait constitué sa vie publique s'était évanoui. Elle était devenue la personne en retrait qu'elle avait tant voulu être. Ses deux femmes de chambre, son cuisinier et son chauffeur-jardinier lui tenaient compagnie, mais elle ne pouvait évidemment pas se confier à eux. Elle fumait de plus en plus, et son poids descendit de nouveau à une quarantaine de kilos. Elle était malheureuse, comme le disait Givenchy. En réalité, elle se trouvait de nouveau à la limite de la dépression.

Audrey et Sean voyageaient fréquemment en Italie, pendant les week-ends et les vacances scolaires. Elle avait gardé des amis à Rome depuis qu'elle y avait tourné. Les Lovatelli en faisaient partie. Les membres de cette famille avaient conservé leurs titres de noblesse, malgré ce que stipulaient la loi et les usages italiens. La *contessa* Lovatelli, sœur de l'une des premières femmes d'Henry Fonda, décida de son propre chef d'introduire son illustre invitée dans des dîners mondains, des événements sportifs brillamment fréquentés et des parties de plage huppées.

Cette saison, c'était comme si un curieux épisode de *La Dolce Vita* commençait dans la vie d'Audrey Hepburn. Elle n'avait pas d'occupation sérieuse dans son existence et, quelles que fussent les joies de sa maternité, elles ne pouvaient pas entièrement compenser la différence radicale qui marquait son nouveau mode de vie.

La contessa se donna pour mission de trouver de la compagnie à Audrey, et d'arranger des rendez-vous romantiques pour son amie. C'est ce qu'elle s'ingénia à faire entre le printemps et l'automne 1968. Pendant ces quelques mois, Audrey fut aperçue aux côtés d'hommes séduisants, tel le matador Antonio Ordoñez. Il aimait à dire que le combat dans l'arène était comme une métaphore de la danse classique, et il avait pour amis Ernest Hemingway et Orson Welles. Ordoñez avait une connaissance de la danse et du cinéma qui lui permettait d'entretenir Audrey de bien d'autres choses que de tauromachie et, pour un bref moment, la contessa pensa qu'elle avait peut-être rempli son délicat office. Mais, pour une raison inconnue, leur histoire n'aboutit pas. Après le matador, Audrey fréquenta brièvement le prince Alfonso de Bourbon, de sept ans son cadet, un champion dc sport et fanatique de ski. Mais cette rencontre devait également rester sans suite. Puis elle fut photographiée sortant d'un restaurant et ensuite d'un concert au bras du prince Marino Torlonia, dont le lignage comprenait un pape, et dont la famille conseillait toujours le Vatican en matière de finances. *Il principe* fut le numéro trois.

Audrey regagna la Suisse à l'automne 1968, pour signer les derniers documents relatifs à son divorce. « Mes parents ne se sont pas parlé pendant vingt-cinq ans, dit Sean. Enfin, ils l'ont fait une fois pour ma remise de diplôme, et quinze ans plus tard à l'occasion de mon premier mariage. » En revanche, Audrey est restée en bons termes avec plusieurs proches de son ex-mari. « Elle a gardé un lien chaleureux avec ma mère », affirme Joe Ferrer, le neveu de Mel. Une fois les derniers détails légaux de son divorce réglés, Audrey est repartie pour Rome – non parce que la comtesse lui avait trouvé un nouveau prétendant, mais parce que Audrey venait de rencontrer par elle-même un homme qui l'attirait beaucoup.

Andrea Dotti n'était pas un prince, mais un comte. Il était le fils du comte Domenico Dotti, né à Naples, où l'on trouve plus de titres de noblesse que de pizzas. Andrea avait suivi des études de médecine et était devenu un psychiatre réputé, membre de l'université de Rome.

Bien bâti et très séduisant, avec des cheveux bruns clairs et de beaux yeux noisette, il avait trente ans en 1968, donc dix ans de moins qu'Audrey. Ils s'étaient rencontrés sur le yacht d'une amie commune, une princesse de vingt-quatre ans portant le nom à rallonge d'Olimpia Torlonia dei Principi de Civitella-Cesi. Elle était mariée à un riche Français, magnat de l'huile, et n'était autre que la sœur d'un des chevaliers servants précédemment éconduits par Audrey. Pendant une croisière en Grèce, Andrea avait doucement tiré Audrey de sa torpeur dépressive. En fait, les personnalités féminines dépressives constituaient sa spécialité clinique.

Cette rencontre se déroula sur le bateau baptisé *Principessa* pendant le mois de juin et, peu de temps après, Audrey téléphona à son ami Hubert de Givenchy. « Je suis amoureuse et de nouveau heureuse, lui confia-t-elle. Je n'aurais jamais cru que cela pourrait m'arriver encore. J'avais presque abandonné. » Elle devait voir le couturier à Paris l'automne suivant. « Après sa rencontre avec M. Dotti, dira Givenchy, elle a commencé à bien se porter. Oh, elle n'était pas ronde, bien sûr, ça n'est pas Audrey. Mais elle était heureuse et son corps commençait à le montrer. »

Quand donc cette relation est-elle devenue sérieuse ? « Quelque part entre Éphèse et Athènes », dit Andrea, sur le bateau de l'amour d'Olimpia… « La signora Hepburn n'est pas venue pleurer sur mon épaule son mariage rompu, et je ne l'ai pas réconfortée en tant que psychiatre. Ce n'était rien de tout cela. Nous étions des gens qui nous amusions pendant une croisière avec d'autres amis et, doucement, jour après jour, notre relation a grandi pour devenir ce qu'elle est. »

C'était une relation galante. Ils se retrouvèrent à Rome à plusieurs reprises et, une fois ou deux, Andrea vint à *La Paisible* faire la connaissance de Sean. Mais le refuge des amants pendant les week-ends était une maison d'amis sur l'île de Giglio. Pour le réveillon de Noël, Andrea se présenta à Audrey avec un magnifique solitaire monté en bague par le joaillier Bulgari. Elle accepta sa demande sur-le-champ.

Il sembla aux amis d'Audrey que les événements se précipitaient à une vitesse alarmante ; surtout quand le couple se maria, le 5 janvier 1969, soit seulement six semaines après que le dernier document relatif au divorce d'Audrey eut été signé. Givenchy dessina une robe de mariée rose pour elle, avec un col haut et un nœud sous le menton. « J'ai épousé un homme à la culture inépuisable et à la conversation fascinante », dira la mariée après la cérémonie, qui eut lieu à Morges, près de *La Paisible*.

C'était le premier mariage d'Andrea, qui avait eu une vie de jeune homme bien remplie, avec de nombreuses femmes aussi riches que belles et souvent titrées. Officiellement, Audrey était désormais la contessa Dotti, mais l'emploi de ce titre n'était pas plus considéré que celui de baronne que portait sa mère.

La mère d'Andrea n'avait que quatorze ans de plus qu'Audrey. Elle aida la jeune mariée à s'exercer aux subtilités de la cuisine italienne et la présenta à la vaste famille Dotti. « Andrea, disait la mère de celui-ci, a deux personnalités distinctes. Il est très sérieux et très sociable. Je l'appelle Dr Jekyll, parce qu'il peut s'enfermer pendant des heures pour étudier. Et puis, quand son travail est fini, il est très brillant et sociable et meurt d'envie de sortir. J'ai toujours encouragé mes garçons à prendre du bon temps dans leur jeunesse. Il est maladroit de commencer à vivre trop tard, et l'on n'acquiert jamais de bonnes manières. » Cette explication n'était pas seulement la repartie amusante et paradoxale d'une « mamma » italienne à la page ; c'était aussi une sorte de caution maternelle, car Andrea était habitué à « prendre du bon temps ».

« Bien sûr que nous allons vivre tous ensemble ! » affirmait cet hiver-là le « docteur » à un journaliste. « Je vais m'efforcer d'être un bon compagnon pour Sean. Je vais jouer avec lui. Je vais lui apprendre des choses qu'il ne sait pas et, par-dessus tout, je vais l'aimer. Nous serons une famille heureuse. »

La mère d'Andrea offrit au couple la jouissance de deux étages de sa propre maison, un palais cossu. De manière très avisée, Audrey et Andrea déclinèrent cette invitation à venir vivre avec elle, et bientôt ils s'installaient dans un penthouse avec une large vue sur Rome. Audrey conduisait Sean au lycée Chateaubriand tous les matins et le retrouvait l'après-midi. Pendant une période, tous trois eurent ce qui semblait des rapports assez simples et tranquilles.

Mais, au grand étonnement d'Audrey, Andrea commença à rechercher les interviews, et il ne décourageait pas les paparazzi qui n'étaient jamais très loin de la porte de leur maison ou attendaient à la sortie de l'école de Sean. Audrey avait horreur de cette intrusion dans sa vie privée, mais Andrea lui dit qu'il trouvait cela amusant et très glamour. Hélas ! il ne tarda pas à aller beaucoup plus loin. Il dit aux journalistes que, bien sûr, sa femme ne tarderait pas à tourner de nouveau dans des films : « C'est une grande actrice, et il serait criminel de la priver de quelque chose qu'elle adore ! » Dotti avait épousé une star, et elle constituait pour lui un magnifique trophée ; elle était une célébrité qui devait continuer à être l'une des plus fameuses au monde.

Audrey avait compté devenir une épouse à l'italienne et une mère épanouie pour son fils Sean. « J'ai travaillé sans arrêt depuis l'âge de douze ans jusqu'à trente-huit ans. J'ai besoin de me reposer, de dormir le matin, de m'occuper de mon fils. Pourquoi devrais-je reprendre le travail et la vie que j'ai rejetés ? »

Pourquoi, en effet ? Surtout qu'elle venait d'apprendre qu'elle était enceinte depuis le mois de juin...

D'après les termes du divorce, Audrey gardait la maison à Tolochenaz, et c'est là qu'elle se réfugiait aussi souvent qu'elle le pouvait avec Sean, pour échapper à la horde des photographes. Andrea l'accompagna souvent au début, puis, comme il devait restait à Rome pour travailler, il finit par ne plus venir que les week-ends. Afin d'éviter une autre fausse couche, Audrey passa les dix dernières semaines de sa grossesse au lit à *La Paisible*. À Lausanne, le 8 février 1970, elle accoucha par césarienne d'un petit garçon qu'elle et Andrea prénommèrent Luca.

Pour le moment, les Dotti donnaient l'image d'un couple heureux avec deux beaux enfants, et Audrey ajoutait qu'elle aimerait en avoir encore d'autres. Mais les médecins la mirent en garde, considérant son âge et son passé obstétrique : « Vous ne devriez pas tenter le diable. »

Mais ce n'était pas Audrey qui était assaillie par la tentation… Pendant qu'elle passait des moments paisibles en Suisse avec ses garçons, Andrea continuait à travailler le jour et à se « détendre » la nuit en joyeuse compagnie. Il trouvait divers prétextes et toujours de bonnes excuses. Audrey pensa alors qu'elle ferait mieux de retourner à Rome avec ses fils pour se consacrer à sa vie de famille. Pendant un moment, sa présence calma les ardeurs de son impétueux mari. Audrey se reposait, encore convalescente, recevait les scripts que son agent ne se lassait pas de lui envoyer, et les retournait à l'expéditeur.

À l'automne 1970, Audrey fut approchée par un représentant européen de l'Unicef. Acceptait-elle d'apparaître dans une émission télévisée spéciale durant les fêtes de Noël ? Elle serait simplement filmée avec un groupe de jeunes, chanterait avec eux et présenterait ses vœux aux New-Yorkais. Le programme devait s'appeler *A World of Love*.

Elle accepta volontiers et, le 22 décembre 1970, on la vit sur le petit écran aux États-Unis pour la première fois depuis trois ans. Elle chanta et parla en italien avec les enfants, qui pour la plupart avaient été sauvés d'une pauvreté extrême. Ils l'entouraient et riaient aux éclats en se poussant gentiment pour lui donner la main. Elle leur ouvrait tout grands les bras.

Quatrième partie

Enchantement (1971-1993)

Chapitre quinze
1971-1986

« Je crains de n'avoir rien à exprimer dans un film, je suis bien plus satisfaite à la maison », dit Audrey en 1971.

La « maison » en question était le penthouse des Dotti, dans un quartier du centre de Rome. Les lieux avaient autrefois abrité la résidence d'un cardinal, faisaient près de 4 500 mètres carrés, avec des plafonds très hauts et des fresques murales. L'endroit était largement assez vaste pour les parents, les deux garçons, toute une armada de domestiques et de nombreux invités conviés aux dîners que les Dotti organisaient fréquemment – Andrea adorait recevoir des collègues dans ce décor somptueux servant d'écrin à sa très célèbre épouse. Finalement, ils revendirent le penthouse au bout de quelque temps et se relogèrent dans un appartement de taille plus raisonnable mais non moins luxueux, situé aux abords immédiats de la Ville éternelle, au milieu de parcs et de hauts arbres. Si cela n'avait tenu qu'à elle, Audrey aurait mené une vie sociale moins intense, avec de petits dîners mitonnés pour les vieux amis de passage à Rome : les Peck, les Wyler, les Zinnemann, Kate et Lou, par exemple.

Une des plus proches amies d'Audrey était Capucine, la star de cinéma aussi belle qu'infortunée. Née Germaine Lefebvre, elle avait été brièvement mariée au sortir de l'adolescence puis avait fait tourner la tête de toute une cohorte d'hommes – et notamment de William Holden, avec qui elle avait joué dans deux films. Audrey et Capucine avaient bien davantage en commun qu'un ancien amant : toutes deux avaient tendance à subir de sérieux épisodes dépressifs et, à cette époque, elles se prêtaient mutuellement une oreille attentive et complaisante. Alors qu'Audrey pensait que le remède à son vague à l'âme pouvait se trouver dans le travail ou l'amour (ou dans le devoir conjugal), Capucine se laissait souvent glisser au bord du suicide et comptait énormément sur l'amitié et l'empathie d'Audrey. Depuis les années 1960, elle vivait à Lausanne, pas très loin de *La Paisible*, et, quand elle était dans de bonnes dispositions, elle s'avérait une compagne sur qui l'on pouvait compter, sensible et pleine de compassion envers Audrey.

Audrey était folle de ses fils. « Elle faisait tout ce que font les mères », dit Sean : s'occuper d'eux dès le réveil, les aider à faire leurs devoirs, leur lire des histoires, les emmener au cinéma et préparer des goûters pour leurs amis. « Elle surprenait toujours mes amis par sa grande simplicité, se souvient Luca. Ils s'attendaient à quelque chose d'incroyable, et, au lieu de ça, ils rencontraient juste quelqu'un de gentil. » Sean ajoute qu'elle « était aussi très claire sur ce qu'elle attendait de nous [... et elle] était aussi gentille qu'elle était forte : une main de fer dans un gant de velours ». Pour le bien de ses enfants, elle refusait pour le moment de reprendre sa carrière. En revanche, elle accepta une offre très lucrative pour tourner une minute de publicité dans un studio de Rome au bénéfice de la marque Exlan, un fabricant de perruques de Tokyo : elle toucha un million de dollars pour une demi-journée de travail. Ce serait la seule et unique fois où elle consentirait à passer devant la caméra pendant les huit années qui s'écouleraient, entre avril 1967 et mai 1975.

En 1974, la vie d'Audrey avait toutes les apparences d'une routine confortable et fort enviable. Elle avait assez d'argent pour satisfaire à la fois ses besoins et ses caprices. Ses fils étaient en pleine santé et bien élevés ; elle était la très respectée signora la contessa, une actrice célèbre qui avait épousé un médecin estimé. Si seulement les paparazzi voulaient bien les laisser en paix, elle et ses fils, soupirait-elle...

Cette année-là, l'Italie fut secouée par des événements politiques qui prirent un tour parfois violent, voire meurtrier. Une vague de cambriolages et d'agressions en tout genre touchait nombre de familles fortunées et actives politiquement, et beaucoup d'enfants de célébrités furent menacés de kidnapping, avec des rançons très élevées à la clé. Andrea fut agressé au revolver près de son cabinet, mais il fut rapidement secouru par des *carabinieri* qui se trouvaient à proximité. Dès lors, les Dotti ne se déplacèrent plus que flanqués d'un ou deux gardes du corps.

Audrey avait l'impression que son quotidien en Italie commençait à ressembler un peu à ce qu'elle avait vécu en Hollande pendant la guerre, et elle refusait que ses fils courent des risques ou qu'ils vivent dans ce climat de violence. Ainsi, Sean, qui avait maintenant quatorze ans, accepta de suivre les conseils de sa mère et de son père en devenant pensionnaire dans un établissement suisse. Luca n'avait que quatre ans et ne pouvait bien entendu pas être envoyé dans une école à l'étranger, mais l'insécurité à Rome grimpait rapidement en flèche avec le terrorisme perpétré par les Brigades rouges. Il fallait faire quelque chose... Les Dotti se concertèrent et convinrent que l'enfant serait plus en sécurité avec sa mère à Tolochenaz, qui redevint ainsi la résidence principale d'Audrey et des garçons. Cette décision était à la fois logique et raisonnable considérant ces temps troublés et, pendant un bon moment, Andrea devrait faire des allers-retours pour être présent le week-end. Pendant l'été, Audrey s'aperçut qu'à quarante-cinq ans elle était de nouveau enceinte ; et, pour la cinquième fois, elle fut victime d'une fausse couche.

Immédiatement, sa mère, la formidable baronne Van Heemstra, quitta sa maison de San Francisco pour venir vivre avec Audrey. Pendant une dizaine d'années, elle avait travaillé en levant des fonds destinés à aider les vétérans du Viêtnam à se réinsérer dans la vie active. Pendant un court moment, Ella reprit de facto autorité et ascendant sur sa fille et sur le personnel de *La Paisible*, assumant une sorte de rôle de gouvernante, hérité de son expérience de concierge pendant sa période londonienne. Mais, comme le dit Sean, c'était « une grande dame » et, si Audrey rendait l'existence la plus confortable possible à sa mère, « leurs personnalités n'étaient pas bien compatibles ». Ella avait alors soixante-quatorze ans et sa santé allait bientôt commencer à décliner. À l'approche de ses quatre-vingts ans, elle aurait besoin d'une attention médicale de plus en plus soutenue.

« Je suis incroyablement affairée », lança Audrey à un journaliste au début de 1975. « Les gens me demandent toujours si je ne m'ennuie pas à force d'être seulement une épouse et une mère. Mais non, pas du tout [...]. Je pense qu'on a besoin de temps pour vivre, pour s'impliquer dans les choses qu'on a le plus à cœur. Ce qui à moi me tient à cœur, c'est d'élever mes enfants. Les enfants grandissent tout seuls, bien sûr, mais ils ont besoin qu'on leur donne de l'amour. Ils ne peuvent pas obtenir ça d'eux-mêmes. »

En janvier 1975, Frings lui envoya un nouveau script. Cette fois, Audrey ne se montra pas aussi prompte que d'habitude à rejeter le projet. James Goldman avait écrit un texte touchant et brillant sur l'histoire de Robin des Bois et de Marianne des années après leur jeunesse aventureuse. Le héros était revenu des croisades meurtri et épuisé, pour découvrir que Marianne était devenue nonne et abbesse d'une congrégation dans la campagne anglaise. Le vil shérif de Nottingham hantait toujours la forêt de Sherwood en cherchant le moyen de se venger de Robin et de ses compagnons. Petit Jean avait survécu, de même que frère Tuck et Will Scarlett.

Goldman avait écrit *Un lion en hiver* (sur les intrigues autour de la succession d'Henri II d'Angleterre et de son mariage complexe avec Aliénor d'Aquitaine), qui avait obtenu en 1968 l'oscar du meilleur scénario adapté d'une pièce. La grande réussite du *Lion* tenait à sa fidélité historique et à sa relation précise de la vie médiévale, mais aussi à l'usage audacieux de la langue anglaise moderne et à son humour. Goldman avait brillamment ramené à la vie les personnages d'Henri et Aliénor, en faisant des personnalités transcendant la réalité et susceptibles d'infléchir le cours de l'histoire, mais également prises dans un réseau emmêlé d'intrigues et de complots, de dilemmes familiaux et politiques. Les personnages principaux de *La Rose et la Flèche*, en revanche, étaient fictifs en dépit de leur vraisemblance. L'histoire elle-même constituait le propos du premier film ; pour *La Rose et la Flèche*, seule la passion amoureuse serait au cœur du récit. Outre cette histoire poignante de passion de jeunesse définitivement révolue et impossible à revivre, le scénario lui-même semblait idéal pour mettre deux grandes stars en valeur.

Le script de Goldman séduisit peut-être Audrey parce qu'elle voyait en Marianne une femme comme elle. Toutes deux avaient abandonné un type d'existence pour s'engager sur une voie radicalement différente, et toutes deux, malgré leur caractère introverti, aspiraient à l'amour. Audrey appréciait aussi le montant du cachet proposé : un million de dollars pour un tournage d'une durée estimée à trente-six jours. « Ce n'est pas qu'elle manquait d'argent, dira Robert Wolders, son dernier compagnon, mais elle devait tout de même se renflouer. » Elle avait eu de grosses dépenses avec l'entretien de *La Paisible* et la venue de sa mère ; en outre, Audrey avait décidé d'acheter une autre propriété, un petit chalet à Gstaad.

Le réalisateur de *La Rose et la Flèche* serait Richard Lester, qui était particulièrement doué pour les histoires mélangeant comédie et action ; il s'était rendu célèbre grâce notamment à deux films avec les Beatles. Le partenaire d'Audrey serait Sean Connery, et le reste du casting réunirait des acteurs britanniques très réputés, tels que Robert Shaw, Nicol Williamson, Denholm Elliott et Kenneth Haigh. Le tournage était prévu en Espagne, de fin mai à début juillet, un planning qui semblait à Audrey étonnamment rapide. « Parce que mon mari m'a encouragée à le faire », elle boucla ses valises et s'envola pour l'Espagnc, accompagnée de Luca et sa nourrice, de son coiffeur personnel, de son maquilleur et d'un assistant. Elle voyageait aussi avec « des crampes d'estomac et les mains moites, parce que après toutes ces années je ne savais pas à quoi m'attendre ».

La presse, bien entendu, s'empressa d'annoncer le grand retour d'Audrey Hepburn. « Je n'ai jamais dit que j'arrêtais de jouer ou que je prenais ma retraite, se défendit-elle. Prendre sa retraite signifie que, si vous finissez par faire un autre film ensuite, c'est un “come-back”. Mais je ne fais pas de come-back.

Peut-être que je ne ferai plus jamais d'autre film ! » Une des raisons pour lesquelles elle avait apprécié ce long hiatus, ajouta-t-elle, était qu'elle avait toujours trouvé nerveusement épuisant d'évoluer sous l'œil de la caméra. « Je suis toujours tendue quand je commence un tournage. On prend à chaque fois un risque terrible. On ne sait jamais ce que ça va donner. »

C'est ce qu'elle a dû ressentir à plusieurs reprises pendant le bref et épuisant tournage dans les forêts et la campagne de Navarre. Audrey n'aimait pas la rapidité de tout cela : une ou deux prises seulement à chaque fois, sans parler de Lester, qui savait ce qu'il voulait mais n'avait pas du tout envie de s'étendre sur les éléments romantiques de l'histoire. Audrey avait été habituée à de multiples prises, et à d'interminables discussions avec le directeur de la photographie pour savoir comment être encore mieux mise en valeur dans telle ou telle scène... Mais, sur ce film, un tel perfectionnisme ne semblait guère importer.

Pendant une scène où Audrey devait traverser une rivière dans un chariot, cheval et véhicule versèrent soudain... Elle et trois autres acteurs se retrouvèrent catapultés dans l'eau glacée qui leur arrivait aux genoux. Voyant là un effet comique à exploiter, Richard Lester ordonna qu'on laisse tourner la caméra et envoya Sean Connery improviser un dialogue et tirer parti de la situation. Le cinéaste fut satisfait, mais on ne pouvait pas en dire autant d'Audrey, qui ne cacha pas sa consternation. « En fait, c'était même un peu effrayant, même si l'eau n'était pas profonde, se souvient-elle. Et ces lourds vêtements de nonne gorgés d'eau et traînant par terre rendaient la situation pénible. »

Un autre jour, elle souffrit d'une laryngite qui donnait à sa voix des accents rauques. Aucune importance, répliqua Lester : presque tout le film devrait être postsynchronisé en studio d'enregistrement... Mais, quand il écouta la scène qui venait d'être tournée, il admit qu'elle n'avait pas tort, surtout pour la scène tendre avec Nicol Williamson. Le biographe du réalisateur le confirme : « Attentive au moindre détail, [...] Audrey Hepburn fit savoir, quoique avec des manières et des prévenances de grande dame, qu'elle avait été habituée à mieux. »

Richard Shepherd, qui avait produit *Diamants sur canapé* et assumait maintenant la même fonction sur *La Rose et la Flèche*, dit à l'époque : « Audrey pourrait s'accomoder d'Hitler, mais Lester ne figure pas dans son album photo des personnes inoubliables. » Si c'était ça la nouvelle façon de faire des films, alors elle n'aimait pas du tout ! « Je n'ai jamais fait un film aussi vite, j'aurais voulu avoir plus de temps » – d'autant que la perspective de trente-six jours de tournage à la chaîne l'avait « pétrifiée dès le premier jour » et qu'elle était restée « tremblante et frissonnante avant chaque prise ».

À la sortie du film en 1976, les réactions des critiques furent mitigées, mais le « retour » d'Audrey fut bien accueilli. Elle avait quarante-six ans pendant le tournage, et on pouvait encore se laisser impressionner par sa silhouette mince et douce et son apparence étonnamment jeune.

Quand elle était en Espagne, Audrey feuilleta quelques tabloïdes dans lesquels elle eut la surprise de trouver des photos en couleurs de son mari, dans tel ou tel night-club, avec une jolie fille à son bras. « Nous sommes seulement amis », lui disait à chaque fois Andrea, qui affecta d'être choqué lorsqu'elle émit quelques soupçons sur sa fidélité dès son retour à Rome.

Pour le moment, elle ne demandait pas le divorce. « Je me suis accrochée à mes deux mariages aussi longtemps que j'ai pu, pour le bien de mes enfants. On espère toujours que si on aime assez quelqu'un, tout se déroulera bien. Mais ce n'est pas toujours vrai. » Comme la chaleur de l'été enveloppait Rome, Luca et elle regagnèrent *La Paisible*. « Je pense qu'elle savait depuis le début qui était [Dotti], tempère Sean. Pourtant je crois qu'elle a rêvé et espéré qu'elle pourrait changer les choses d'une manière ou d'une autre. Et je crois aussi qu'elle a été cruellement déçue quand elle a réalisé que non. » Comme Audrey l'admit elle-même plus tard, « Dotti n'était pas vraiment une amélioration par rapport à Ferrer ».

Selon Sean, Audrey aimait ses deux maris sincèrement et essaya à chaque fois de sauver ses mariages aussi longtemps que possible. « En revanche, ce qu'elle ne faisait pas, c'était hausser le ton et se faire entendre quand il le fallait, ce qui n'a pas aidé à nouer des liens solides. » Il se réfère évidemment là aux infidélités évidentes de Dotti : « Mon beau-père était un psychiatre brillant et drôle, mais c'était un chien de chasse. Il ne savait tout simplement pas comment être fidèle. Il n'était pas un bon choix de mari pour quelqu'un qui cherche la sécurité. »

D'après Robert Wolders, Audrey était « humiliée » par tout cela. « C'était particulièrement dur pour elle de rater un second mariage. » Concernant Dotti, son jugement est franc : « Ce n'était pas un ange. Les maris italiens n'ont jamais été très réputés pour leur fidélité. »

Elle n'avait donc pas trouvé dans son second mariage la sécurité recherchée, mais elle n'était toujours pas prête à divorcer. Audrey permettait seulement à quelques amis (mais à aucun journaliste) de venir à leur appartement et, quand elle devait répondre à une interview à cette époque, elle la donnait dans la maison d'une amie comme celle d'Arabella Ungaro. C'est là qu'elle rencontra la presse pour la promotion de *La Rose et la Flèche* début 1976 : « Il n'y a pas une goutte d'eau chez moi aujourd'hui ! leur dit-elle. De juin à novembre, je n'ai pas d'eau ! Je dois prendre mon bain dans le cabinet de mon mari. On pourrait dire que je suis allée en Espagne tourner *La Rose et la Flèche* rien que pour prendre un bain ! »

Audrey accepta d'aller aux États-Unis pour cette promotion, et Andrea l'accompagna. À New York, il était prévu qu'elle apparaisse dans un grand talk-show, *Today*, mais elle annula parce qu'elle ne connaissait pas l'animatrice, Barbara Walters, et que personne ne pouvait lui garantir qu'elle n'aborderait pas le chapitre de sa vie privée. « Elle doit pouvoir contrôler les choses, dit Andrea, et elle craint les surprises. » Il avait largement raison : quand Audrey avait la sensation de ne plus avoir cette maîtrise, son anxiété décuplait. Un jour, à un déjeuner de presse où on lui avait demandé de répondre à quelques questions qu'elle n'avait pas prévues, un journaliste remarqua qu'elle « avait les mains qui tremblaient et enchaînait cigarette sur cigarette ».

En mars 1976, les Dotti se rendirent à Los Angeles pour la cérémonie des oscars, où Audrey devait remettre une statuette pour la meilleure photographie. « Devant les caméras, elle était d'une élégance sereine, dira le même journaliste, mais, en coulisses, elle était si nerveuse qu'elle perdit son sac à main et refusa de se rendre en salle de presse après la retransmission télévisée. »

Audrey était plus heureuse d'assister à l'hommage rendu à William Wyler par l'American Film Institute. « Je n'essaie pas de jouer les modestes, affirma-t-elle à la presse en parlant de Wyler, Wilder, Cukor, Donen et Zinnemann, mais je suis vraiment un produit de ces réalisateurs. Je ne suis pas Laurence Olivier, je n'ai pas ce talent virtuose. Je suis plutôt inhibée de nature et je trouve difficile de faire tout cela en face des gens. Ce que mes réalisateurs ont en commun, c'est de m'avoir amenée à me sentir en confiance et aimée. Je dépends terriblement d'eux. Au départ, j'étais une danseuse et ils ont réussi à faire de moi une actrice appréciée du public. »

Au printemps 1978, la vie de couple entre Audrey et Andrea était bel et bien terminée. Elle continuait pourtant à déclarer à la presse qu'elle était heureuse dans son mariage. Le divorce ne serait pas conclu avant 1981. Elle s'installa dans une petite maison avec jardin, qu'elle aimait beaucoup ; d'après Sean, « elle cultivait les fleurs, les cueillait puis les disposait dans la maison ». Elle avait découvert qu'Andrea ramenait ses conquêtes dans leur propre foyer, et c'était là ce qui avait poussé Audrey à décider la rupture. « Dans son esprit, c'était le plus grand échec de sa vie », affirma Robert Wolders. Refusant de croire qu'elle n'avait pas réussi à changer les habitudes de son mari par la seule force de son sublime amour, elle en venait à se blâmer elle-même. Puis elle sombra dans une dépression si profonde que, pour la première fois de sa vie, elle pensa sérieusement au suicide.

Comme pour venir alléger un peu sa peine et la raccrocher au réel, un script arriva dans sa boîte aux lettres. Immédiatement, elle accepta d'apparaître dans ce nouveau film intitulé *Liés par le sang,* parce que le réalisateur était son cher vieil ami, Terence

Young[1]. Ç'aurait pu être la seule raison pour laquelle elle voulait bien faire ce film dont le script paraissait sans grandes qualités. Ses motivations pouvaient se résumer en deux phrases : elle devait survivre ; elle serait payée près d'un million de dollars.

L'histoire, filmée entre novembre 1978 et février 1979, la conduirait à New York, à Paris, à Rome et en Sardaigne. Luca fut inscrit au Lycée français de Rome et Sean fréquentait l'université en Suisse, donc Audrey accepta de travailler sur place – mais pas plus de trois semaines à chaque fois, de manière à pouvoir retourner chez elle.

À quarante-neuf ans, Audrey incarnait une héroïne qui avait, dans le texte original, vingt-trois ans. Avec quelques modifications, le rôle fut remodelé pour elle. Elle campe la jeune héritière d'une entreprise pharmaceutique menacée par des gens qui ont tout un tas de raisons diverses et variées pour essayer de la tuer. Mais aucun changement ne put améliorer ce scénario beaucoup trop faiblard et les dialogues inconsistants (« Pourquoi quelqu'un essayerait-il de vous faire ça à vous ? »). Comme Audrey, les autres acteurs n'avaient pas pu résister à l'appât du gain ; on trouve donc au générique : Ben Gazzara, James Mason, Irène Papas, Michelle Phillips, Omar Sharif et Beatrice Straight (une vieille amie d'Audrey qui l'avait rencontrée sur le tournage d'*Au risque de se perdre*).

Le tournage débuta par une série de problèmes en tout genre, sans compter le handicap majeur d'un scénario indigent. « Irène Papas n'arrêtait pas de répéter qu'elle avait oublié comment on joue », se souvient Beatrice Straight, en essayant d'énumérer tous les ennuis rencontrés. « Et James Mason, qui marmonnait qu'il ne tournerait jamais plus un film dont il n'assurait pas aussi la production et la réalisation… Et Audrey, qui était venue avec son propre garde du corps mais qui assurait qu'elle aurait de loin préféré être enlevée par la mafia plutôt que d'avoir à terminer ce

1. Le film était basé sur un livre du romancier populaire Sidney Sheldon. La Paramount avait pensé que son seul nom ferait vendre des billets, aussi le film sortit-il sous le même titre que le livre. Mais il n'apporta pas la gloire à l'auteur, ni à personne de l'équipe.

tournage ! Donc, l'un dans l'autre, ce n'était pas l'un des meilleurs films qu'on ait fait. »

Anxieuse durant toute la production, Audrey fumait presque sans arrêt – devant ou derrière la caméra, peu lui importait.

Quand elle débarqua à New York pour les premières scènes, elle découvrit que certains des plus jeunes membres de l'équipe n'étaient pas vraiment sûrs de savoir qui elle était. Bien entendu, les autres acteurs le savaient. Très catégorique, Ben Gazzara déclara par la suite qu'il pensait que « quelque chose s'était déjà produit » entre eux dès leur première entrevue.

Une partie du tournage se déroula sur une île superbe, au large de la Sardaigne. Audrey, désespérant peut-être de trouver quelque réconfort, fit preuve d'une grande audace en osant aborder Ben Gazzara, alors marié à l'actrice Janice Rule. Il était en train de lire un livre en attendant sa scène quand il remarqua qu'Audrey se tenait devant lui. Il lui dit que le livre lui avait été d'une compagnie précieuse la nuit d'avant, parce qu'il n'arrivait pas à dormir. Elle lui répondit qu'elle avait eu elle aussi des troubles du sommeil, ajoutant : « Lorsque cela vous arrivera de nouveau, prenez donc la liberté de me passer un petit coup de fil. Nous nous tiendrons compagnie. » Et c'est ce qu'ils firent.

À Paris, Audrey et Ben devaient tourner une scène de baiser qui, selon leurs propres termes, « ne fut pas un baiser de cinéma » ! À Munich, alors qu'ils déjeunaient ensemble, Audrey lui confia qu'Andrea avait non seulement été infidèle, mais aussi qu'il ramenait ses conquêtes à la maison. Elle avait été si blessée, avoua-t-elle, qu'elle avait pensé au suicide. Mais leur relation s'acheva peu de temps après. « Aucune promesse n'avait été échangée, dira Ben Gazzara. Pour nous deux, il était entendu que ce devait être une simple aventure de tournage. » « Fin du film, fin de l'histoire », telle était son habitude, admettait-il.

L'essentiel des dialogues entre Audrey et Ben devait être doublé à Paris, où leur « histoire » se prolongea à l'hôtel Crillon, « la nuit de loin la plus émouvante que nous avons passée ensemble ». Début 1979, le film était complètement terminé.

Quand *Liés par le sang* sortit en juin, les critiques furent atterrés. Le public s'ennuya devant ce film d'une remarquable absurdité, qu'on aurait pu croire réalisé par un étudiant en cinéma de première année. « Clinquant [...], fade, ridicule et maladroit », écrivirent les journalistes. Mais le meilleur verdict sur le film fut prononcé par le sémillant James Mason : « Je n'en peux plus ! »

Terence Young, pour sa part, avait déjà signé pour un prochain film, qu'il devait tourner en Corée. Gazzara y tiendrait un rôle principal, et l'assistant de production serait nul autre que Sean, le fils d'Audrey. Ainsi avait-elle trouvé deux bonnes raisons d'accomplir un petit voyage en Corée...

Mais, peu après le début du tournage, Ben Gazzara dissuada Audrey de le retrouver : il était alors engagé dans une relation sérieuse avec une autre femme nommée Elke Stuckmann, qui deviendrait sa troisième épouse. Il n'y eut plus de contact entre eux pendant quelques mois, puis elle apprit que le couple était de passage à Rome. Elle l'appela dans sa suite d'hôtel : « Je veux te voir. » Il lui répondit qu'il était occupé. Selon Gazzara, il la rappela un peu plus tard pour lui donner une explication. « Elle a décroché, mais je n'ai rien dit. Un très long moment est passé et aucun de nous deux n'a dit un mot. Finalement, elle a juste murmuré : "Au revoir." »

« À l'évidence, je n'étais pas amoureux, expliqua Ben Gazzara bien après. J'étais flatté que quelqu'un comme elle soit amoureux de moi. Mais je ne savais pas à quel point elle était amoureuse de moi jusqu'à ce que je la quitte. Elle a dit à d'autres, pas à moi, que je lui avais brisé le cœur. Elle était si gentille et douce. Et je l'ai blessée. »

C'est alors que le réalisateur Peter Bogdanovich envoya à Ben (avec qui il avait autrefois collaboré) la première mouture de son nouveau script, intitulé *Et tout le monde riait*. Avec force détails, Gazzara parla à Bogdanovich de son aventure avec Audrey. « J'ai noté toute cette histoire, dit le réalisateur, et je l'ai utilisée pour le personnage qu'elle jouerait finalement face à Ben Gazzara dans *Et tout le monde riait* [...]. Sa vraie vie a inspiré le personnage que j'ai [r]écrit pour elle dans notre film : une femme complètement dévouée à son jeune fils, qui brave un mari jaloux et frivole pour son garçon, et qui trouve un répit dans une histoire d'amour brève mais intense. »

Lorsque Audrey apprit que Ben serait du tournage, elle signa immédiatement, n'abandonnant pas l'espoir de pouvoir continuer une sorte de liaison avec lui. Et peut-être s'engageait-elle sur le film sans avoir vraiment bien lu le scénario tel qu'il avait été récrit. Mais, alors que la nouvelle mouture du texte lui parvenait, elle réitéra son accord pour, selon Gazzara, « jouer notre idylle à l'écran ». C'était peut-être bien ce qu'elle acceptait de jouer (après tout, c'était maintenant un schéma récurrent dans son existence), mais le salaire y était aussi pour beaucoup : un million de dollars pour six semaines de travail, plus de généreux défraiements. Une fois sa présence assurée, le tournage de *Et tout le monde riait* fut programmé pour la période entre la fin du printemps 1980 et le début de l'été. Bogdanovich engagea Sean pour être son assistant personnel et lui donna un petit rôle dans le film, un geste qui faisait plaisir à Audrey.

Début 1980, comme le tournage approchait, une brève rencontre entre Audrey et Ben convainquit finalement l'actrice que leur liaison était terminée. Sur-le-champ, elle se rétracta et reprit sa promesse de tourner dans *Et tout le monde riait*. Cela compromettait sérieusement le projet dans son ensemble : pas d'Audrey, pas de film, de nombreuses personnes au chômage, Sean sans boulot et des justifications publiques à trouver, car cette décision était sans précédent au cours de sa carrière. Après mûre réflexion, elle changea encore d'avis et décida d'honorer son contrat. Le tournage eut lieu à New York, entre avril et juillet 1980. « Audrey a fait preuve d'un grand courage », conclut Ben Gazzara. Il avait raison, mais ce qu'il ne savait pas, c'est qu'un autre homme l'avait déjà remplacé dans le cœur d'Audrey. Grâce à lui, elle pouvait tourner des scènes d'amour explicites avec Ben. La souffrance s'était envolée.

« La vieillesse ne me préoccupe pas, mais la solitude, si », déclarait-elle pendant l'automne 1979, alors qu'elle atteignait l'âge de cinquante ans et qu'elle travaillait avec Ben, qui n'avait pas payé son affection de retour.

Après son divorce d'avec Mel Ferrer, Audrey avait été, selon le mot de Givenchy, « malheureuse ». En 1968, elle n'avait pas encore quarante ans et on ne lui proposait plus de rôles qui lui plaisaient ; alors elle se lança à Rome dans une spirale de mondanités qui lui tournaient un peu la tête mais n'apaisaient pas son angoisse. Audrey avait ensuite épousé trop vite un homme très stylé et brillant mais beaucoup plus jeune qu'elle et terriblement volage… Elle n'avait encore jamais rencontré son homme idéal… Et pourtant, elle l'avait longtemps cherché.

Il y avait donc eu William Holden, qui n'avait pas pu lui donner les enfants qu'elle désirait ; Robert Anderson, obsédé par le fantôme de son épouse morte ; Albert Finney, qu'elle avait dû repousser pour garder son fils ; et Ben Gazzara, qui l'avait considérée comme une histoire sans lendemain, une parenthèse enchantée et sans conséquence… En se remémorant sa vie sentimentale, elle pouvait se dire qu'elle était condamnée à rester malheureuse en amour.

Mais, juste après Noël 1979, Audrey assista à un dîner où on lui présenta Robert Wolders. Né Robertus Jacobus Godefridus Wolders à Rotterdam, aux Pays-Bas, en 1936, il était acteur pour la télévision et le cinéma jusqu'à ce qu'il croise la route de Merle Oberon, l'actrice principale qui lui donna la réplique dans son dernier film. Wolders, grand avec de beaux yeux verts, un humour subtil et un esprit aiguisé, tomba amoureux de Merle, qui avait vingt-cinq ans de plus que lui. En 1975, après avoir tourné ensemble, ils se marièrent et s'installèrent à Malibu. Ils y vécurent jusqu'à la mort de l'actrice (à l'âge de soixante-six ans) qui venait de survenir en novembre 1979.

Le soir où Audrey et Wolders se rencontrèrent, elle « tomb[a] sous le charme, mais il ne m'avait pas vraiment remarquée. Nous étions tous deux très malheureux : il se relevait à peine de la mort de Merle et je connaissais moi-même un des pires moments de ma vie. Alors nous avons pleuré tous les deux dans nos verres de bière. » Leur chance était de pouvoir communiquer en néerlandais aussi bien qu'en anglais et de partager un même passé national. Bref, ils se comprenaient.

« Cela m'a fait plaisir de pouvoir échanger quelques mots de néerlandais, se souvient Wolders, mais je pensais que ça s'arrêterait là. » Contrairement à ce que de mauvaises langues ont colporté, Wolders n'était pas un vulgaire opportuniste. Merle lui avait en effet légué (d'après l'auteur Sheilah Graham) une « grande collection [de bijoux...] que M. Wolders avait vendus aux enchères pour plusieurs millions de dollars ». Très bientôt, Audrey l'appellerait Robbie et les amis de l'actrice, Rob.

Au printemps 1980, Audrey se trouvait donc à New York et logeait à l'hôtel Pierre pour le tournage de *Et tout le monde riait.* Wolders était à Los Angeles. Elle appela Rob, et c'est alors qu'il se dit : « En fait, il faut que j'aille à New York. » Et c'est ce qu'il fit. « Nous devions être très discrets. Elle était encore mariée avec Andrea, même si elle n'était pas heureuse. Finalement, nous avons réalisé que la seule chose à faire pour moi était de partir pour l'Europe et d'aller vivre en Suisse. »

Et tout le monde riait ne remporta pas l'adhésion du public ni des critiques. L'histoire aigre-douce de divers couples pas très intéressants... n'intéressait pas grand monde ! L'action était mal dosée, tantôt frénétique et tantôt languide. Ceux qui étaient au courant de la liaison entre Ben et Audrey (évoquée dans les rubriques de potins de divers magazines) purent ressentir une sorte de voyeurisme malsain, surtout devant la scène très embarrassante et maladroite où ils sont au lit ensemble.

Mais le vrai gâchis de ce film, c'est qu'il ne laisse aucune chance à Audrey de n'y être pas ennuyeuse. Elle trotte avec un air désœuvré dans les rues de Manhattan, vêtue à la mode disco : avec une veste noire, des talons aiguilles, des jeans serrés et de larges lunettes teintées. « M. Bogdanovich traite si mal Audrey Hepburn, écrit même un critique du *New York Times,* que s'il s'était agi d'un mariage et non d'un film, elle aurait eu de bonnes raisons de divorcer. » Quant au héros de l'histoire : « M. Gazzara ne parvient même pas à sourire de manière convaincante. » Apparemment, le journaliste ne savait pas pourquoi…

Cette production catastrophique s'explique notamment par un épisode sordide : au moment du film, Bogdanovich, quarante et un ans, venait de tomber amoureux d'un modèle de *Playboy* ; la jeune femme s'appelait Dorothy Stratten et avait vingt ans (elle joue dans le film). Mais elle était encore mariée à un voyou nommé Paul Snider. Deux semaines après la fin du tournage, elle emménageait cependant chez le réalisateur et annonçait à Snider qu'elle le quittait. Le 14 août, il l'attira dans l'appartement où ils avaient vécu, la tua d'un coup de revolver puis retourna l'arme contre lui et se suicida. Malgré le nom si célèbre d'Audrey, cette « publicité » négative empêcha le réalisateur de trouver un distributeur pour son film jusqu'à l'année suivante.

En juillet, alors qu'Audrey venait de finir son tournage à New York, Ella subit une troisième attaque. « Je viens de la ramener de l'hôpital », écrivit Audrey à Fidelma, la femme de son père. « Je l'ai soignée jour et nuit, son cœur est en très mauvais état et elle vient d'avoir une troisième attaque […]. Je voulais venir voir papa mais tout va si vite ! […] En plus de cela, mon mariage va mal, ce qui fait que je souffre de tous les côtés […]. Je suis très angoissée par tout ça, mais je m'efforce de faire de mon mieux. »

Au grand soulagement d'Audrey, Ella, devenue impotente, se prit immédiatement d'affection pour Rob. « Il y avait de la tension entre Audrey et sa mère, se souvient-il, parce que sa mère était une femme très stricte et sévère et qu'elle avait de grandes difficultés à montrer son affection. Elle en avait beaucoup pour Audrey, mais elle ne pouvait pas l'exprimer. Alors elle se servait de moi comme d'une sorte d'intermédiaire, parce qu'elle savait que je transmettrais tout ce qu'elle ressentait pour Audrey. De plus, elle était très touchée que nous puissions nous parler en néerlandais. »

La vie d'Audrey et Rob trouvait sa routine, avec un rythme paisible et doux. Ils se levaient de bonne heure, prenaient un petit déjeuner léger, promenaient leurs chiens (des Jack Russell terriers), entretenaient le jardin, lisaient le courrier et les journaux, et allaient faire leurs courses au marché. Après un déjeuner également léger, ils faisaient la sieste, puis Audrey s'accordait un petit morceau de chocolat, partait en balade dans les vignes puis revenait à la maison. Elle expédiait quelques tâches ménagères en grillant des cigarettes, puis finissait la journée avec son traditionnel verre de scotch à l'apéritif. Dans la soirée, elle et Rob regardaient les enregistrements de leurs émissions télévisées préférées, et ils se couchaient de bonne heure. Ce n'était pas l'existence trépidante des stars de la jet-set, mais une vie sereine passée à goûter les joies simples de la campagne. Quelques rares événements les attiraient parfois à Rome, à Paris, à New York ou à Los Angeles, diverses cérémonies durant lesquelles on rendait hommage à Audrey ou à l'un de ses anciens partenaires (William Wyler ou Fred Astaire, par exemple) ; parfois aussi, elle acceptait quelques jours de travail pour un salaire très attrayant[1]. Presque toujours, elle voyageait avec ses chiens et, quand les employés des compagnies aériennes rechignaient à les embarquer, elle s'imposait et faisait jouer ses prérogatives de star : « C'est la seule occasion où j'agis comme Audrey Hepburn, la star de cinéma », expliquait-elle gentiment.

En 1981, il lui fallut se rendre à Dublin pour un triste événement : à quatre-vingt-douze ans, son père était mourant. Depuis 1959, Audrey ne l'avait revu qu'une seule fois, quand il avait accepté de lui rendre visite à *La Paisible* avec Fidelma. Pendant les derniers jours de sa vie, il ne changea pas d'attitude à son égard, se montrant toujours aussi distant. Les docteurs ne savaient pas combien de temps allait durer son agonie. Audrey et Rob ne restèrent que deux jours, pendant lesquels Ruston (tout comme Ella) ne put formuler de regrets ou exprimer son affection pour Audrey qu'en parlant aux autres. Il mourut dans la semaine.

Pendant l'été 1982, alors que les derniers détails de son divorce d'avec Andrea étaient enfin réglés, la très chère amie

1. Entre 1968 et 1992, elle reçut dix-neuf récompenses diverses, dont cinq pour sa contribution à des œuvres humanitaires.

d'Audrey, Cathleen Nesbitt, mourut elle aussi, à quatre-vingt-treize ans. Ella s'éteignit en août 1984, au bout de dix ans de soins dévoués prodigués par Audrey et ses employés. Pendant toute sa vie d'adulte, Audrey avait offert de l'argent à ses parents et pris en charge leurs soins médicaux quand cela s'était avéré nécéssaire.

« Sans ma mère, j'étais perdue », soupirait Audrey longtemps après sa disparition. « Elle avait été mon garde-fou, la voix de ma conscience. Elle n'était pas la personne la plus affectueuse du monde – en réalité, je la trouvais parfois très froide – mais au fond de son cœur, elle m'aimait, et je l'ai toujours su. Malheureusement, je ne peux pas en dire autant de mon père. »

Il y eut d'autres disparitions, qui affectèrent cruellement Audrey. William Wyler et Kathryn Hulme décédèrent en 1981, George Cukor en 1983 et Marie Louise Habets en 1986. Tous l'avaient aidée à grandir, à évoluer dans son métier et dans sa vie de femme. Ils l'avaient chérie et encouragée, remplaçant parfois la figure déficiente du père. Leur souvenir resterait à jamais vivace, et leurs noms étaient souvent évoqués dans ses conversations.

En 1986, Audrey accepta un rôle dans le seul film qu'elle ait jamais tourné pour la télévision : *La Rançon mexicaine*, réalisé par Roger Young. Il arriva un jour à *La Paisible* en fin d'après-midi pour discuter du tournage. Son hôtesse lui proposa un verre, qu'il hésita à accepter, mais Audrey lui rétorqua : « Eh bien moi, j'en prends un ! » C'est ainsi qu'ils se mirent d'accord sur le planning du tournage qui se passerait dans l'Arizona et en Californie : en bavardant autour d'un Glenlivet.

Plus tard, à Los Angeles, l'équipe se rassembla pour une lecture du script chez Robert Wagner, le partenaire d'Audrey. Tout le monde semblait satisfait mais, pendant une pause, elle prit Roger Young à part pour lui parler : « Écoute Roger, lui chuchota-t-elle, R. J. [c'est ainsi que ses amis et les autres acteurs surnommaient Robert Wagner] est une grande star de la télévision. Il faut m'aider, je ne peux pas le mettre dans l'embarras ! »

Il essaya de la calmer et de la rassurer en lui expliquant qu'elle serait parfaite. Quelques heures après, R. J. prit Roger Young à part, lui aussi : « Roger, il faut que tu m'aides ! C'est Audrey Hepburn qui est là chez moi. C'est une grande star du cinéma, je ne veux pas la mettre dans l'embarras ! »

D'après Young, aucun des deux ne mit l'autre dans l'embarras : « Le script [écrit par Stephen Black et Henry Stern] avait été rédigé avec à l'esprit l'Audrey de *Diamants sur canapé*. Cet anachronisme insensé avait été réclamé par le producteur. »

Les scènes du début étaient naturellement filmées avec le personnage d'Audrey à son âge véritable, puisqu'elle avait cinquante-huit ans en 1987, et c'était là ce qu'elle préférait jouer. Ni Audrey ni Roger n'étaient d'accord avec le producteur, mais celui-ci tenait absolument à ce qu'on fasse une remontée dans le temps pour ces premières scènes. « Elle a dit qu'elle allait essayer de lui donner satisfaction, dit Young, mais, bien évidemment, cela la rendait de plus en plus mal à l'aise. Et les critiques prouvèrent bien qu'elle avait raison : ils étaient exaspérés que le film fasse abstraction de l'Audrey mature et qu'on exhibe ainsi une version "rajeunie" d'elle. » Le film n'était pas ce qu'il aurait dû être, selon le réalisateur, et il en assumait l'entière responsabilité ; il dit, des années après : « Je l'ai mise dans l'embarras, et cela continue à me tarauder. » Audrey, quant à elle, savait bien que la faute ne lui incombait pas mais venait du producteur.

Robert Wagner, pour sa part, était un acteur tenu en haute estime et très aimé du public ; il était très heureux de renouer avec Audrey, car leur amitié datait de bien des années avant, quand ils étaient tous deux jeunes acteurs pour la Paramount. Il lui rendit plusieurs fois visite à *La Paisible*, où Rob et elle vivaient heureux : « Toute sa bonté se reflétait dans cette maison, dans les meubles, les œuvres d'art, les fleurs, même ses chiens. Sa gentillesse était extraordinaire, pas seulement avec moi, mais avec tous les gens de la production. Et, bien sûr, elle était si dévouée, elle a toujours été là pour Capucine, qui a traversé tant de moments difficiles. Elle se démenait pour tout le monde, et j'estimais que j'avais beaucoup de chance de pouvoir lui rendre visite chez elle des années encore après le film, et de pouvoir compter sur son amitié. »

La Rançon mexicaine a été diffusée le 23 février 1987, puis a disparu des archives télévisées. En 2005, on ne trouvait toujours aucune copie de ce film. Quant à Capucine, elle se suicida chez elle à Lausanne ; elle avait alors cinquante-neuf ans.

Chapitre seize
1987-1990

À l'automne 1987, Audrey et Rob prirent quelques jours de vacances en Asie. Un des cousins d'Audrey, qui travaillait pour le corps diplomatique à Macao, sur la côte chinoise, lui avait demandé d'être l'invitée d'honneur du Festival international de musique qui se tenait là, et d'assister à un concert donné au bénéfice du Fonds des Nations unies pour l'enfance. Elle et Rob avaient accepté avec joie.

Fondé en 1946, l'Unicef a pour mission de sauver les enfants dans plus de cent soixante pays, de les protéger et d'améliorer leur existence, en leur fournissant des vaccins, en pourvoyant à leur éducation, en donnant des médicaments, de la nourriture et en apportant de meilleures conditions d'hygiène et de l'eau potable. L'Unicef fonctionne grâce aux dons des particuliers, d'associations, d'entreprises et de gouvernements. C'est une organisation apolitique à but non lucratif qui, depuis le début, travaille librement et sans faire aucune discrimination. La priorité de l'Unicef a toujours été de subvenir aux besoins élémentaires des enfants les plus défavorisés, dans les endroits les plus pauvres du monde ; il intervient sur les lieux des catastrophes naturelles aussi bien que dans des pays dévastés par les conflits.

« De par l'expérience qui fut la mienne à un âge précoce de ma vie, je peux témoigner de ce que l'Unicef apporte aux enfants, expliqua Audrey aux invités du festival. J'ai gardé un profond sentiment de gratitude envers les gens de cette organisation, et j'ai confiance en ce qu'ils peuvent faire. » Son intervention fut brève autant que remarquée, et la presse lui demanda de donner d'autres détails.

De Macao, Audrey et Rob partirent pour Tokyo, où Audrey accepta encore de faire office de maître de cérémonie lors d'un concert donné par l'Orchestre philarmonique international, parce que les bénéfices devaient être reversés à l'Unicef. Christa Roth, qui supervisait et coordonnait les événements spéciaux organisés par l'Unicef et ses ambassadeurs de bonne volonté, rencontra le couple à Tokyo, pour arranger divers détails de la soirée ; elle ne devait pas tarder à devenir une amie très proche d'Audrey. « Elle était si naturelle, décontractée et belle, se souvient-elle. Il me parut évident que les gens ne manqueraient pas d'être attentifs à ce qu'elle leur dirait, et c'est exactement ce qui se passa. Tout d'abord, elle m'a mise à l'aise ; elle n'avait rien d'une prima donna, rien d'une grande star de cinéma ou d'une icône de la mode. Elle était simplement là pour aider à faire avancer la cause en laquelle elle croyait. »

Christa avait arrangé une conférence de presse à l'hôtel d'Audrey, qui présenta les musiciens de l'orchestre et parla du travail effectué par l'Unicef. « Nous avions prévu une salle qui pouvait accueillir vingt-cinq à trente journalistes, dit Christa, mais nous avons regardé dehors et vu une file de gens qui s'étirait jusqu'à l'angle de l'hôtel, donc nous avons déplacé la conférence dans la grande salle de réception de l'établissement. Au Japon, elle a produit un effet extraordinaire sur les gens. Elle était depuis toujours une icône de la mode pour les Japonaises, et la presse internationale découvrait maintenant qu'elle était aussi une femme sérieuse, animée par de profondes convictions. » Cette journée-là, selon Christa, fut un véritable événement national.

« Je pense que chacun dans sa vie finit par arriver à un moment où il lui faut trouver qui il est et quel doit être le but ultime de sa vie », dit Audrey. De retour à *La Paisible* pour Noël, elle en était à ce point de sa réflexion. Pouvait-elle faire quelque chose de plus pour l'Unicef ? Sur son échelle de valeur, sa carrière professionnelle était en train de s'effacer comme une aquarelle exposée au grand soleil… surtout si elle considérait la qualité relative de ses derniers films. Elle avait été outrageusement payée pour jouer dedans, elle n'avait donc plus de souci à se faire quant à l'avenir de sa famille. Mais, maintenant que Sean avait vingt-sept ans et Luca dix-sept, et qu'elle était confortablement installée avec Rob, à quoi pouvait-elle employer son énergie toujours débordante ? Quelle était la véritable aspiration de sa nature profonde ? Elle était âgée de cinquante-huit ans et sentait qu'elle devait trouver un but plus profond à son existence. Comme l'avait dit Kate Hulme, elle avait « soif » de quelque chose de plus.

Son passage à Macao et à Tokyo l'avait mise sur la bonne voie. Comme elle l'avait si souvent dit depuis sa propre enfance, elle avait toujours plus que tout souhaité s'occuper des enfants. Elle avait attendu longtemps avant de devenir mère et, si cela avait été possible, elle aurait eu bien d'autres enfants. « Un immense privilège vient de m'être accordé », dit-elle alors que sa vie allait être bouleversée cette année-là. « Celui de parler pour les enfants qui n'ont pas la possibilité de s'exprimer. C'est une tâche facile, parce que les enfants n'ont pas d'ennemis. C'est une telle bénédiction de pouvoir sauver un enfant… »

« C'est ainsi qu'elle nous a rejoints, dit Christa. Elle nous a dit que, si elle pouvait utiliser son nom et sa célébrité pour aider la cause de l'Unicef, elle voulait absolument le faire. Voilà comment ça a commencé. »

Tout d'abord, les responsables de l'Unicef à New York et à Genève ont déclaré qu'ils seraient ravis qu'Audrey soit pour l'organisation une sorte de symbole médiatique, qu'elle assume des interventions publiques, qu'elle soit maîtresse de cérémonie pour des galas et des dîners destinés à récolter des fonds, et qu'elle fasse des apparitions télévisées ou qu'elle parle pour eux à la radio.

Mais ce n'était pas ainsi qu'elle voyait les choses. Elle insistait pour suivre les traces de l'acteur Danny Kaye, le premier ambassadeur de l'Unicef : de 1954 à ses derniers jours ou presque, en 1987, il a parcouru le monde pour aider les enfants en souffrance.

Audrey pensait que sa propre renommée pouvait être efficacement exploitée. Elle pouvait attirer l'attention des gens du monde entier sur ce qui devait être fait pour sauver les plus pauvres, ceux qui meurent de faim, les enfants abusés et maltraités partout sur la planète. Elle pouvait parler pour ceux qu'on n'écoute pas ; elle pouvait approcher des gens de pouvoir pour les prier – les supplier si nécessaire – que, quelles que soient les hostilités déclarées entre les nations, les enfants ne soient pas pris en otage et obligés de souffrir pour les péchés des adultes.

Le 1er mars 1988, Audrey s'engagea par écrit pour devenir ambassadrice officielle de l'Unicef. Elle répondit à un questionnaire de plusieurs pages, fit un résumé de son parcours et de sa vie depuis le début, parlant de sa formation de danseuse, de ses années en Hollande pendant l'occupation allemande, des tragédies vécues par sa famille, des privations endurées pendant la guerre, de la bataille d'Arnhem, et évoquant son vif souvenir de l'aide prodiguée en 1945 par la Croix-Rouge et l'UNRRA. Elle expliqua à l'Unicef qu'elle était citoyenne britannique et qu'elle parlait couramment l'anglais, le néerlandais, le français et l'italien.

Sur ce formulaire, on lui demandait de répondre à la question suivante : « Pourquoi voulez-vous rejoindre l'Unicef ? » Elle donna une réponse simple et franche : « J'ai toujours saisi l'occasion d'aider quand je le pouvais, j'ai vendu des cartes de Noël, participé à une émission de télévision spéciale Noël à Rome, et à la soirée de concert de l'Orchestre philarmonique international à Tokyo en faveur de l'Unicef. » Elle concluait ainsi : « L'Unicef m'offre l'opportunité d'agir pour tout projet dans lequel je pourrais être utile. C'est pour moi un privilège immense et une réponse au désir que j'ai depuis si longtemps d'aider les enfants, dans la faible mesure de mes moyens. » Sœur Luke n'aurait pas parlé autrement si on lui avait demandé : « Pourquoi voulez-vous aller rendre visite aux enfants du Congo ? »

Une semaine plus tard, elle reçut la confirmation de son engagement en tant qu'ambassadrice de l'Unicef, fonction pour laquelle elle recevrait une indemnité d'un dollar américain par an. Les dépenses occasionnées par ses déplacements seraient prises en charge par l'organisation, mais ces voyages seraient les plus économiques possibles et ne correspondraient pas au traitement auquel la star était habituée, car les fonds étaient gérés par les Nations unies. Souvent, les tarifs les plus bas étaient choisis, avec pour conséquence de nombreuses escales avant de parvenir à destination.

Huit jours après son inscription et toute une série de vaccinations, Audrey partit avec Rob pour l'Afrique de l'Est, dans le pays qui était alors le plus pauvre du monde, l'Éthiopie. Ils étaient conscients des risques importants qu'ils encouraient à titre personnel, ne serait-ce qu'à cause des nombreuses épidémies qui y sévissaient : la dysenterie, la fièvre typhoïde, la malaria, la rage et diverses formes de méningite. « Audrey et Rob voyageaient dans des avions militaires, assis sur des sacs de riz, raconte Christa. Elle n'avait pas réclamé de traitement de faveur, et n'en eut aucun. » Le but du voyage était d'attirer l'attention sur la grande sécheresse et ses conséquences. D'après les archives de l'Unicef, Audrey suscita une plus grande couverture médiatique qu'aucun autre ambassadeur de l'organisation ne l'avait jamais fait.

Elle se rendit au centre médical Ouiha et, avec l'aide d'un interprète, discuta avec les mères, les enfants et les médecins. Elle marcha jusqu'à un camp de réfugiés, où les gens essayaient de bêcher le sol aride pour le cultiver ; elle prit dans ses bras des enfants qui mouraient de faim ; elle parla des possibilités de construction de points d'eau potable et de leur coût financier. « Je suis très impressionnée par le peuple éthiopien, dit-elle peu après lors d'une conférence de presse, et aussi par leur beauté, leur dignité, leur patience et par leur immense désir de s'aider eux-mêmes et leur grande volonté ; ils ne restent pas assis en attendant qu'on les aide [...]. Ils méritent d'être secourus, pas seulement parce qu'ils sont les gens les plus pauvres du monde, mais aussi parce qu'ils sont un peuple courageux et qu'ils font déjà tant pour eux-mêmes. »

Ensuite, elle parla de l'Unicef à la presse : « Il n'y a pas de drapeau qui indique : “Ceci est un projet de l'Unicef.” Le plus important est que l'Unicef leur fournit une pelle pour creuser, et qu'ils creusent avec ardeur. Mais vous pouvez être certains qu'ils ne creusent pas la tombe de leurs enfants. »

Le lendemain, Audrey intervenait de nouveau : « À l'évidence, prendre soin des gens vaut mieux que de les tuer. Nous prenons soin de nos propres enfants quand ils traversent une crise, quand ils ont un accident ou qu'ils sont malades ; et cela se prolonge, parfois pendant une longue convalescence. Si nous pouvons faire cela pour nos enfants, je pense que nous pouvons faire de même pour ces enfants réduits au silence que j'ai vus hier et aujourd'hui dans un camp de réfugiés. Et je suis persuadée que ces enfants sont notre responsabilité sacrée. »

Elle déclara à un reporter du magazine *Time* : « Il y a une menace urgente, ici et maintenant en Éthiopie. Comme l'a affirmé Gandhi, “la guerre ne se gagne pas avec des balles, mais avec des cœurs qui saignent”. Je pense que nous pouvons aider ces enfants magnifiques et silencieux. »

Les gens qui travaillaient avec elle à l'Unicef furent immédiatement impressionnés par la différence entre le travail fourni par Audrey et celui des autres volontaires. Il est banal que les célébrités – comme les hommes politiques – se contentent de lire des discours écrits pour eux par des spécialistes. Mais Audrey faisait des recherches elle-même pour écrire ses propres textes, elle les préparait et en écrivait diverses moutures pour la presse ou les rapports de l'Unicef. Chez elle, elle lisait des livres et des revues sur les pays qu'elle devait visiter, bûchant avec l'ardeur d'une étudiante qui prépare son diplôme. Et, ensuite, après avoir fait toutes ces recherches, elle posait des questions, par écrit ou par téléphone, à des collègues de l'Unicef. « On ne peut pas y aller en disant simplement : “Oh, je suis heureuse d'être là et j'aime les enfants”, disait Audrey à propos de son nouveau travail, non, ce n'est pas suffisant quand on sait qu'il vient de se produire une inondation au Bangladesh et que 7 000 personnes y ont laissé la vie. Pourquoi cette inondation a-t-elle eu lieu ? Quelle est l'histoire de ces gens ? Pourquoi sont-ils aujourd'hui parmi les plus pauvres ? Comment vont-ils survivre ? Peut-on les aider efficacement ? Quelles sont les statistiques ? Quels sont leurs problèmes ? »

Christa Roth se souvient de la méthode d'Audrey lorsqu'elle préparait ses interventions et ses remarques pour la presse et pour les donateurs. « Parfois, le bureau de New York lui envoyait des ébauches de discours, et elle les récrivait, en grosses lettres, parce qu'elle préférait ne pas porter de lunettes en lisant ces textes. »

Les archives centrales de l'organisation conservent un énorme dossier contenant les documents rédigés par Audrey pour l'Unicef : des centaines de pages de son écriture claire, ses discours, ses notes, des ajouts et des modifications, des bibliographies et des listes de références, ainsi que des pages de questions posées à l'équipe de l'Unicef. « Quand je vais à la rencontre d'enfants malades et que je fais mon rapport aux dirigeants de leur communauté ou à la presse, fait-elle remarquer dans un de ces documents, ils savent que je travaille pour l'Unicef et cela les impressionne bien davantage que *Diamants sur canapé.* »

Quand quelqu'un lui objectait qu'il y avait toujours eu des enfants malheureux et qu'il y en aurait toujours – et peut-être qu'on prolongeait leurs souffrances en voulant les aider –, Audrey répondait vivement : « OK, commençons par un de vos petits-enfants. Ne lui achetez pas d'antibiotiques s'il a une pneumonie ; ne l'emmenez pas à l'hôpital s'il a un accident. C'est contre la vie, contre l'humanité, de penser de cette façon-là ! »

Cette année-là, Audrey commença à voyager avec un passeport des Nations unies estampillé « Audrey K. Hepburn ». À Horst Cerni, un photographe de l'Unicef, elle écrit au bout de ses quatre premiers voyages : « Je rougis tellement je suis flattée d'avoir ce petit passeport rouge des Nations unies !!!! C'est une vraie tentation de le brandir fièrement [...]. L'Unicef me permet de continuer à avancer – et de rester jeune ! »

Pendant les cinq années suivantes, son emploi du temps fut particulièrement chargé. 1988 donne un bon exemple des actions qu'elle a menées au bénéfice de l'Unicef – un travail qui lui prenait huit mois par an. « J'ai postulé pour ce travail pendant quarante-cinq ans, disait-elle, et, finalement, je l'ai décroché ! Je me sentais toujours très impuissante quand je voyais ces reportages terribles à la télévision. Mais une merveilleuse opportunité de pouvoir enfin faire quelque chose s'est présentée. »

Au début, ses anciens collègues de cinéma furent étonnés. « Jamais je n'aurais pu prédire qu'Audrey aurait tant donné de sa personne, avec tant d'altruisme et d'une manière si dévouée, dit Stanley Donen. Pendant les années où nous avons fait des films ensemble, Audrey était concentrée sur son seul travail et sur ce que cela lui apportait. Alors c'est une véritable évolution ; Audrey a vraiment grandi ; elle a pris de l'âge et elle est entrée dans une période de sa vie où se préoccuper d'autrui fait partie intégrante d'elle-même. »

« Non, proteste Rex Harrison, c'est exactement le genre de chose qu'elle aurait fait. Elle a grandi en Hollande pendant l'Occupation, souvenez-vous. Elle a un passé très différent de celui des enfants élevés aux États-Unis. Elle comprend ce que c'est que de mourir de faim et de subir des privations, d'une manière très personnelle et immédiate. »

Audrey et Rob quittèrent l'Éthiopie le 18 mars, puis passèrent une semaine chez eux, où Audrey devait préparer un autre voyage, à New York. Le 23 mars, elle donna une conférence de presse au quartier général de l'Unicef, à Manhattan. Trente-cinq journalistes étaient présents et, après avoir répondu collectivement à leurs questions, elle donna trois interviews individuelles. Le même jour, elle apparut dans deux émissions télévisées pour parler des besoins du peuple éthiopien, et, le 24, elle intervint dans deux émissions du matin sur le même sujet. Elle devait faire quatre autres émissions à divers horaires le même jour et, entre les interviews, elle enregistra des spots télé pour faire un appel de dons en faveur de l'Unicef, assista à un déjeuner puis à une réception organisée en l'honneur de grands donateurs. Cette seule « journée » de travail avait duré vingt heures...

Cet emploi du temps aurait épuisé même un politicien ambitieux en pleine campagne, mais Audrey ne s'arrêtait pas. Le jour suivant, 25 mars, elle commença par un petit déjeuner à Washington, rencontra des membres du département des Affaires étrangères et répondit aux questions des journalistes locaux ; elle donna également une demi-douzaine d'interviews à des radios. Le samedi 26 mars au matin, Audrey et Rob s'envolèrent pour Toronto, où les reporters se montrèrent plus intéressés par sa carrière d'actrice que par sa mission d'ambassadrice de l'Unicef. Elle sourit avec grâce et esquiva les questions concernant sa vie privée ou son métier d'actrice pour recentrer le débat sur le besoin désespéré d'eau en Éthiopie. « Miss Hepburn nous a fait des réponses très franches et directes, même sur les questions politiques », relate George Kassis, du comité canadien de l'Unicef. Après la conférence de presse, elle repartit pour neuf interviews individuelles et trois apparitions dans les médias.

Le 27, elle se rendit à Londres pour une tournée de huit jours destinée à collecter des fonds. Dès le lendemain, on la voyait dans neuf émissions télévisées.

« J'étais un peu sceptique à son sujet, au début, écrit un journaliste britannique qui l'avait suivie au cours de son périple londonien, mais, dès que Mme Hepburn a commencé à parler, tous mes doutes se sont envolés. Son engagement est passionné et sincère. Elle est au bord des larmes quand elle raconte qu'elle a eu “le cœur brisé et gonflé d'amour” devant ce qu'elle a vu en Éthiopie. Quelqu'un lui a posé une question plutôt agressive sur la politique controversée du gouvernement éthiopien, mais Mme Hepburn a répondu intelligemment, admettant que le gouvernement avait paniqué lors de la famine de 1985, mais que cela s'améliorait depuis. »

Plus tard pendant cette journée, pour une interview à son hôtel, Audrey accueillit le même journaliste en prenant le verre de whisky que lui tendait Rob. « Je ne suis pas alcoolique, lui dit-elle, mais je suis debout depuis quatre heures du matin et j'ai besoin d'un petit remontant. » Le reporter remarqua que c'était

« aussi une grosse fumeuse, et qu'elle était terriblement épuisée ».

Ce jour-là, Audrey parla du rôle joué par Rob dans sa nouvelle vocation : « Nous avons fait tout cela ensemble. Il est aussi motivé que je le suis, et il est très encourageant. » L'année suivante, il fut engagé par l'Unicef comme manager d'Audrey pour « coordonner et organiser les missions, les apparitions, les interviews et les relations avec les médias, la participation à des conférences et les rencontres de l'ambassadrice Audrey Hepburn, pour la préparation et l'exécution de toutes ces activités en faveur de l'Unicef ». Elle n'aurait pas pu tout mener de front sans lui, et l'Unicef le reconnaissait. Pour l'année 1989, Rob fut payé 2 200 dollars et, de septembre à décembre 1991, il toucha 1 500 dollars : une indemnité pour les innombrables détails qu'il supervisait et pour son rôle auprès d'Audrey. « Audrey voulait que Rob voyage avec elle », dit Christa. Je m'occupais de la logistique de base pour leur mission dans chaque endroit, puis Rob la protégeait des demandes déraisonnables et se chargeait de son emploi du temps. Elle voulait que tout soit correctement préparé et il était d'un grand secours en la matière. »

« À chaque fois que nous voyagions, dira Rob, elle faisait des recherches sans fin et accumulait beaucoup de connaissances. Mais elle n'essayait pas d'être mère Teresa ou d'être canonisée. »

Après un bref retour à Tolochenaz, Audrey donna une conférence de presse internationale à Genève le 6 avril, avant de partir avec Rob pour la Turquie. Elle devait y rester trois jours. L'Unicef avait entrepris une grande campagne pour vacciner les enfants contre la tuberculose, le tétanos, la coqueluche, la diphtérie et la poliomyélite. Elle se rendit dans des cliniques et aida à faire des injections avant de parler aux reporters des épidémies et des centaines de millions d'enfants qui en mouraient chaque année alors qu'on pouvait l'éviter. S'ensuivit un voyage express à Los Angeles pour la cérémonie télévisée des oscars ; Audrey et Gregory Peck remirent des statuettes, puis elle insista pour donner des interviews en faveur de l'Unicef : elle en assura une bonne quinzaine, pour transmettre le message de cette juste cause au public californien.

Les lecteurs de *Vogue* la virent photographiée dans une publicité pour Revlon. Pour ce travail, Audrey avait touché 60 000 dollars qu'elle reversa intégralement aux victimes du tremblement de terre en Arménie.

En 1988, elle alla sur le terrain pour rencontrer les populations pauvres du Venezuela et de l'Équateur, et elle présida diverses manifestations destinées à lever des fonds en Autriche, en Finlande, en Allemagne, aux Pays-Bas, en Suisse, en Italie, en Irlande et en Amérique. À Noël, elle se rendit dans quatorze pays et récolta plus de 22 millions de dollars. Quand elle faisait la promotion de ses films, elle n'acceptait que trois ou quatre interviews par jour ; pour l'Unicef, elle en donnait une quinzaine à New York et Washington et au moins dix partout ailleurs. Quand quelqu'un exprimait son admiration concernant le sacrifice qu'elle consentait, elle répondait vertement : « Ce n'est pas un sacrifice ! Un sacrifice signifie que vous abandonnez quelque chose que vous voulez pour quelque chose que vous ne voulez pas. Ce n'est pas un sacrifice, c'est un cadeau que je reçois. »

Durant ces cinq années très chargées, elle ne fut pas moins angoissée face à la foule que lorsqu'elle était plus jeune : « Je suis très nerveuse, vous savez, quand je dois parler lors de ces conférences. » Ceux qui étaient présents à ses côtés remarquaient son anxiété, ses mains qui tremblaient, sa bouche sèche. « Tout cela me terrifiait, et cela continue. Jouer la comédie est très différent d'aller au-devant des gens, encore et encore, aux quatre coins du monde. Parler est quelque chose de terriblement important. »

Audrey était aussi très anxieuse pour ses interventions télévisées. Karen Cadle, une productrice indépendante, prenait rendez-vous avec des stars pour son émission *Hour Magazine*, entre 1980 et 1988. Quand Audrey commença à travailler avec l'Unicef, et juste avant que le show s'arrête, Karen contacta Audrey pour lui demander de venir à son émission. « Nous nous sommes rencontrées dans un hôtel de Los Angeles, se souvient Karen. Je me suis dit que c'était une femme remarquable, mais je l'ai également trouvée timide, introvertie, silencieuse et un peu effrayée à l'idée de venir à l'émission. » Mais, comme c'était pour l'Unicef, Audrey accepta. « De toutes les stars et les personnalités célèbres qui sont venues en huit ans, continue la productrice, elle était la plus attendue. »

Lorsque Audrey arriva dans les studios pour l'enregistrement, elle dit à Karen : « J'ai seulement besoin de deux choses : une tasse de café et… est-ce que vous auriez du bourbon ? »

« J'ai alors réalisé à quel point elle était nerveuse. Mais nous lui avons trouvé ce qu'elle demandait et Audrey s'est sentie mieux. J'étais heureuse de pouvoir lui donner le réconfort sur lequel elle comptait, et je lui ai dit que le public allait l'adorer – et ce fut bien sûr le cas. J'ai ensuite dit à l'animateur de l'émission de commencer la conversation très doucement, de parler à Audrey de ses deux grands fils puis d'évoquer brièvement ses films avant de consacrer l'essentiel du temps à parler de l'Unicef. Mais il était évident qu'Audrey n'était jamais à l'aise devant un public. Pourtant, elle s'est décontractée pendant un petit moment. Elle a souri à la première question de l'animateur, qui demandait : "Parlez-moi de vos deux filles"… » Une fois la première partie de l'émission enregistrée, il y a eu une pause et Audrey s'est approchée de Karen pour lui demander : « Est-ce que j'ai fait quelque chose qui n'allait pas ?… »

Audrey rappela aux gens que la souffrance des enfants provient souvent d'autre chose que de la famine, des inondations ou des autres catastrophes naturelles. « Nous avons affaire à une menace plus insidieuse que la maladie ou la mort, déclara-t-elle en avril 1989. Nous avons affaire à la part la plus sombre de l'humanité : l'égoïsme, l'avarice, l'agression. Tout cela a déjà pollué le ciel, vidé nos océans, détruit nos forêts et anéanti des milliers de superbes animaux. Nos enfants sont-ils les prochains sur la liste ? […] Il n'y a plus de temps à perdre pour les vacciner, leur donner de la nourriture et de l'eau potable, et tout simplement pour remédier à cette tendance qu'ont les hommes à détruire tout ce qu'ils aiment. »

La voix d'Audrey se brisa, et elle essuya une larme avant de continuer : « Qu'il s'agisse de la famine en Éthiopie, de la pire des misères au Guatemala et au Honduras, de la guerre civile au Salvador ou des massacres ethniques au Soudan, j'ai vu une seule aveuglante vérité : ce ne sont pas des catastrophes naturelles mais des tragédies perpétrées par l'homme, et pour lesquelles il n'existe qu'une seule solution : la paix. » Elle ne perdait pas de vue le problème le plus sensible : les programmes et les missions de l'Unicef seraient menacés aussi longtemps que des nations se soulèveraient contre d'autres.

En février 1989, Audrey se rendit au Guatemala, au Honduras, au Salvador et au Mexique, pour superviser la mise en fonction de nouveaux systèmes d'alimentation en eau potable dans des zones défavorisées ou pour inspecter des centres médicaux en zone rurale. Elle rencontra également le vice-président du Guatemala, le président du Honduras, le président du Salvador, et mit en place des programmes pour les enfants d'Amérique centrale. En avril, elle alla parler devant les comités chargés de la lutte contre la faim dans le monde des Nations unies et déclara d'une voix ferme : « Il n'y a pas de déficit en ressources humaines ; il n'y a qu'un déficit de volonté humaine. »

Le même mois, elle passa cinq jours au Soudan, et trouva un petit garçon sous-alimenté de quatorze ans étendu sur le sol de terre battue. « Il avait de l'anémie, des problèmes respiratoires et de l'œdème ; tous ses membres étaient gonflés. C'est exactement dans cet état que j'étais à la fin de la guerre. » Audrey supervisa également des livraisons de nourriture et de médicaments de Khartoum à Kosti. D'après les archives de l'Unicef, « elle a aussi voyagé sur les routes contrôlées par les rebelles du Sud-Soudan, où elle a rencontré les leaders de ces rebelles ». À la suite de quoi elle se rendit dans le camps de réfugiés.

Juste après son soixantième anniversaire, elle accepta de tourner un dernier rôle dans un film. C'était début 1989, et Audrey toucha le tarif désormais habituel pour elle, soit un million de dollars pour quelques jours de travail. Elle apparut dans *Pour toujours*, le long-métrage de Steven Spielberg. Vêtue d'un pull et de pantalons blancs immaculés, elle incarne Hap, un ange qui est le guide spirituel d'un jeune pilote (Richard Dreyfuss) tout juste décédé dans un accident d'avion. « Tu as vécu ta vie, et tout ce que tu fais seulement pour toi-même est un gâchis pour l'esprit », dit-elle pour l'encourager à retourner sur terre (sous une forme invisible) et aider autrui, afin de se libérer lui-même de souvenirs douloureux. Sans aucun maquillage pour masquer ses rides autour des yeux et de la bouche, avec ses cheveux noisette noués en chignon sur la nuque, Audrey est une créature rayonnante de simplicité dans ce film hollywoodien teinté de pseudo-mysticisme. Elle parle en murmurant presque et, avec la sagesse qui transparaît sans qu'elle ait besoin de faire de grands gestes ou de forcer son expression, elle devient un guide spirituel crédible.

Au même moment, elle cherchait un texte qui pourrait être accompagné d'une musique – pour lever des fonds pour l'Unicef, guidée par le succès des concerts de Macao et Tokyo. Elle voulait quelque chose qui ne l'oblige pas à assister à un dîner de gala dans une éblouissante robe Givenchy pour solliciter de riches donateurs. Elle suggéra à l'Unicef de commander un concert au compositeur Michael Tilson Thomas. Audrey avait pensé qu'il pourrait utiliser d'une manière ou d'une autre *Le Journal d'Anne Frank*. « J'avais exactement le même âge qu'Anne Frank, dit-elle. Nous avions toutes deux dix ans quand la guerre a été déclarée et quinze quand elle s'est terminée. On m'a donné ce livre dans sa traduction néerlandaise. Je l'ai lu et cela m'a anéantie. C'était ma vie. »

« Nous avons tous les deux relu *Le Journal d'Anne Frank* chacun de son côté et surligné nos passages préférés, se souvient le compositeur, puis nous nous les sommes mutuellement envoyés. » Le 28 février 1990, Audrey extrayait en tout une quarantaine de pages du *Journal* et les envoyait à Michael ; puis elle enregistra une cassette. « Je l'écoutais lire, ajoute Tilson Thomas, et je travaillais sur une musique susceptible d'accompagner sa voix et ses intonations. »

Ils se rencontrèrent à plusieurs reprises durant la fin de l'été et au début de l'automne 1989, souvent à Miami Beach, où Tilson

Thomas habitait quand il dirigeait la New World Symphony, qu'il avait créée en 1987. « Après avoir commencé à organiser le texte, Audrey et moi avons discuté de la manière dont le livret pourrait évoquer l'Holocauste. Il fallait le faire, bien sûr, mais nous voulions aussi préserver le message d'espoir véhiculé par le livre. » Cette œuvre serait exploitée pour le bénéfice de l'Unicef et il fallait pouvoir exalter l'optimisme qui est la caractéristique de l'enfance. « L'esprit d'Anne Frank était celui du pardon, dit Tilson Thomas. Notre œuvre n'était donc pas terrifiante ou sinistre, bien qu'elle fût triste et dérangeante. Anne est une personne très singulière, un esprit merveilleux, dont nous connaissons la fin terrible. » Pour Audrey, « elle est certainement un symbole de l'enfant dans des circonstances très difficiles, ce à quoi j'ai voulu consacrer tout mon temps jusqu'à maintenant. Elle transcende la mort ».

Dès que sa composition fut achevée, Tilson Thomas en joua une version au piano pour Audrey, qui l'adora. « Mais en même temps elle était effrayée, ajoute-t-il, parce qu'elle savait qu'elle devrait l'interpréter. Certaines parties étaient difficiles au début ou à la fin pour sa voix, même si j'avais essayé de lui faciliter la tâche. Néanmoins, c'était ardu, surtout pour quelqu'un qui ne lit pas la musique. Mais nous avons travaillé dur et, finalement, nous y sommes arrivés. » Surtout, Audrey appréciait le côté dramatique et évocateur de la composition musicale, d'autant plus qu'elle ne voulait pas jouer. « Elle était inflexible là-dessus, confirme le compositeur, elle ne voulait pas essayer de ressembler à Anne Frank ou de parler comme elle. Elle voulait simplement en faire une lecture pleine d'empathie. »

Durant les répétitions avec Michael Tilson Thomas, Audrey lui confia son sentiment sur le travail qu'elle accomplissait à l'Unicef : « Depuis le début, j'ai eu tellement de chance dans ma carrière. Je ne savais pas grand-chose quand j'ai commencé, mais il y a eu des moments où je pouvais à peine être moi-même. Et puis j'ai été happée par la célébrité et la starisation. Alors, quel est le but de tout cela si je n'arrive pas à en faire quelque chose de constructif ? »

Le 12 mars 1990 avait lieu à Philadelphie la première mondiale de *From the Diary of Anne Frank* (« Tiré du *Journal d'Anne Frank* »). Cette œuvre fut ensuite donnée à Chicago, à Houston, à New York et à Londres. Les critiques concernant à la fois la performance et la composition musicale étaient très enthousiastes.

Cette même année, on demanda à Audrey de participer à une série documentaire télévisée sur Les Grands Jardins du Monde *(Garden of the World)*, et c'est ainsi que, d'avril à juin, elle voyagea pour le tournage en Angleterre, en France, aux États-Unis, au Japon, aux Pays-Bas, en Italie et en République dominicaine. Les producteurs présumaient qu'elle voudrait toute une équipe pour l'accompagner : un assistant personnel, un coiffeur, un maquilleur, une habilleuse. Et, bien sûr, il fallait prévoir plusieurs centaines de milliers de dollars pour payer tout ce petit monde...

Mais, alors qu'il était en train d'essayer de boucler son budget, le producteur Janis Blackschleger reçut un coup de fil d'Audrey, qui lui dit ingénument : « Vous savez, je pensais à une chose : si vous pouvez me fournir un sèche-cheveux dans chaque pays, une table à repasser et un fer, je pourrai me coiffer, me maquiller et m'habiller moi-même... » Blackschleger protesta, mais Audrey éclata de rire : « Vous savez, j'adore repasser ! »

Et c'est ainsi qu'elle tira la maison de production d'un casse-tête financier : en accomplissant tout cela elle-même pendant les trois mois de tournage à travers le monde. « Elle était toujours à l'heure et prête à travailler, dira Blackschleger. Elle aurait pu donner des leçons de savoir-vivre à bien d'autres stars. » *Gardens of the World* fut diffusé en 1991, date à laquelle on décida d'ajouter huit épisodes supplémentaires. Mais Audrey ne pouvait plus y intervenir pour présenter au public de luxuriants jardins, de sa voix douce et pleine d'émerveillement. La diffusion de la série s'achèverait après sa mort.

Bien évidemment, personne ne sera surpris d'apprendre qu'Audrey avait fait don de son dernier cachet à l'Unicef. Elle avait adoré parcourir tous ces magnifiques jardins, ils lui rappelaient ceux de son enfance britannique, lorsqu'elle était en vacances d'été sur la côte avec sa mère ; et, bien entendu, ils lui faisaient aussi penser à son cher jardin de *La Paisible*.

Une conférence et un gala musical destinés à recueillir des fonds la conduisirent à Oslo le 29 août 1990. Après avoir présenté la Fondation Élie-Wiesel, Audrey devait introduire auprès du public la grande mezzo-soprano Frederica von Stade pour un concert de charité.

« Comment voulez-vous que je vous présente ? » demanda-t-elle à la chanteuse.

« Comme Flicka », répondit-elle, proposant le surnom utilisé par ses fans et ses amis. « En coulisses, Audrey et moi avons surtout parlé de nos enfants, se souvient-elle, et je me suis amusée à lui rappeler que, quand j'avais dix-huit ou dix-neuf ans, j'étais vendeuse chez Tiffany, à New York. Elle était passée à la boutique pour prendre un document. Je n'avais jamais oublié ce jour… »

Avant, pendant et après ces diverses activités, Audrey continua à voyager : elle se rendit au Viêtnam, dans les taudis de Thaïlande et du Bangladesh, où elle travailla à mettre en place des programmes pour les enfants des rues, l'éradication des bidonvilles et la défense des droits de la femme. « Ma tâche consiste à informer et à éveiller les consciences », expliqua-t-elle à un journaliste qui l'interrogeait sur l'efficacité de son action. « J'aimerais être une experte de l'éducation, de l'économie, de la politique, de la religion, des traditions et de la culture. Je ne suis rien de tout cela. Mais je suis une mère, et je voyage. » Quand elle apprenait que des enfants souffraient quelque part, elle téléphonait à Christa Roth à Genève ou à ses collègues de New York et demandait : « Pourquoi ne pas m'envoyer là-bas ? »

Pour Audrey, le raisonnement était simple : « Donner, c'est vivre. Si vous cessez de donner, il n'y a plus aucune raison de vivre. »

Chapitre dix-sept
1991-1993

Le 22 mars 1991, la Film Society du Lincoln Center, à New York, rendit hommage à Audrey Hepburn. Des extraits de ses films furent diffusés ; les stars et les réalisateurs qui avaient travaillé avec elle firent des commentaires élogieux. Après avoir patienté quelques minutes, le temps que la salve d'applaudissements se calme, elle prit enfin la parole : « Je pense qu'il est merveilleux que cette maigre femme soit devenue un produit vendable ! »

« Je n'ai jamais pensé à moi comme à quelqu'un de beau », déclara la « maigre femme » à un journaliste venu ensuite l'interviewer. « J'aurais aimé ne pas avoir cette poitrine plate, ces épaules anguleuses, ces grands pieds et ce long nez ! » Elle parut quelque peu embarrassée puis ajouta : « Quand on voit ce qui se passe dans le monde, il est si trivial de parler des apparences. En fait, je suis reconnaissante à Dieu de ce qu'il m'a donné. Et il y a d'autres choses, des choses tellement plus importantes que je dois faire ! » Lorsqu'il lui demanda si elle ferait d'autres films, elle rétorqua : « C'était amusant jadis. Mais ça ne l'est plus. » Cette année-là, les hommages et les récompenses s'accumulèrent et Audrey fut saluée comme l'une des meilleures actrices de l'histoire du cinéma américain.

Mais elle n'était pas une actrice américaine. Elle n'avait jamais pris la nationalité américaine, n'avait jamais possédé de résidence aux États-Unis, n'avait jamais appartenu à la communauté du cinéma américain. Comme certaines autres grandes stars américaines – Greta Garbo, Marlene Dietrich et Ingrid Bergman –, elle avait simplement travaillé pour des maisons de production américaines. Garbo et Bergman avaient tourné des films en Suisse avant de venir aux États-Unis, et Dietrich était surtout bien installée dans le cinéma allemand.

Bien que son accent ait été moins prononcé que celui de ses collègues européennes, Audrey possédait ce raffinement et cet air d'élégance détachée qui les caractérisait. Garbo et Dietrich, en plus de leur immense talent, avaient complètement fabriqué leur personnage public, fragmentant leur personnalité en images contrôlées et façonnées spécifiquement pour le cinéma ou les séances de pose photo : tout relevait de l'effet produit, et leur starisation était peut-être une question de mise en lumière et d'éclairage. Ces deux femmes terminèrent leur vie comme des ermites, tristement seules dans leur retraite, s'étant elles-mêmes privées depuis bien longtemps de la réalité de toute communion humaine. Elles avaient vécu comme si elles avaient inventé cet étrange adage : « Rien n'est aussi séduisant que l'indifférence. » Elles étaient devenues les ultimes victimes des anciennes illusions qu'elles avaient contribué à forger.

Ingrid Bergman, en revanche, s'était bien davantage impliquée dans le monde et n'avait jamais compté exclusivement sur sa beauté pour ses rôles. Elle avait une approche beaucoup plus réaliste des effets du temps, un talent bien plus étendu et une perspective des choses bien plus vaste que Garbo ou Dietrich ; sa carrière s'est tellement étendue en l'espace de cinquante ans qu'elle est parvenue à maîtriser cinq langues (le suédois, l'allemand, l'anglais, le français et l'italien) pour mieux servir son art dramatique sur scène, à la télévision et au cinéma.

Garbo, Dietrich et Bergman ont toujours été à l'évidence des stars européennes. En revanche, Audrey n'a jamais semblé totalement européenne au public du Vieux Continent ; elle ne paraissait pas complètement britannique aux Anglais ; en fait, elle n'avait l'air d'appartenir à aucun monde en particulier… D'où, peut-être, ces qualificatifs qu'on ne cessait de lui attribuer, la comparant à un elfe, à une gazelle, à une nymphe, à une gamine ou à un esprit… C'était évidemment une femme, voire une femme-enfant, mais sa sensualité ne fut ni flagrante ni vraiment exploitée par les cinéastes, et quand elle finit par tourner des scènes d'amour dans ses films, les spectateurs ne furent pas très à l'aise… D'une certaine manière, elle était un peu comme la fée Clochette du roman de James Barrie (et non pas de Walt Disney !) : on l'imagine sortant d'une lueur éthérée.

Dans toute sa carrière, Audrey n'a fait que onze films en partie ou en totalité tournés à Hollywood : les dix-huit restants ont été produits en Europe, où elle s'est toujours davantage sentie chez elle ; elle venait aux États-Unis seulement quand il le fallait. Ce qui ne fait pas d'elle une actrice européenne ou une femme européenne aux yeux de beaucoup de critiques et de cinéphiles américains, qui voudraient (qu'ils l'admettent ou non) qu'Audrey soit américaine. Mais, dans la vraie vie (même si ce n'était pas toujours le cas dans sa vie de cinéma), elle était à bien des égards une Européenne.

Début 1991 et pour une durée de dix-huit mois, Audrey devait surtout travailler à lever des fonds en Europe pour l'Unicef. Mais, en septembre 1992, après qu'elle eut souvent réitéré sa demande, on lui permit finalement d'aller en mission en Somalie, pays de la côte est de l'Afrique dévasté par la guerre civile, la famine et l'anarchie politique. Audrey, Rob et une équipe restreinte de l'Unicef atterrirent à Mogadiscio sans visas, et pour cause : il n'y avait plus de gouvernement. Il n'y avait pas davantage de routes ni de sécurité ; n'importe qui était susceptible de se faire tuer pour ses biens matériels les plus insignifiants. L'électricité ne fonctionnait plus, ni le service postal, ni le téléphone, et il ne restait presque aucune nourriture. « Elle insistait pour voir le pire du pire », affirme Madeline Eisner, qui était de cette mission.

Lorsqu'elle fut de retour, Audrey déclara : « Le pays est en proie à l'anarchie la plus totale. Il n'y a aucune infrastructure, et depuis quatre ans sévit la plus atroce des guerres civiles. Je pensais être préparée pour affronter ce que j'ai vu, parce que j'avais lu des articles et vu des images à la télévision. Mais rien ne peut vous préparer à cette réalité. Ce qui n'est jamais qu'une abstraction tenant en quelques pages devient une réalité horrifiante lorsqu'on l'affronte pour de bon. En voyageant en Somalie, j'ai vu des centaines et des centaines de tombes autour de chaque village et du moindre campement. Il y a des animaux morts le long des routes, des gens qui errent comme des fantômes et des enfants, par milliers et par dizaines de milliers, qui sont à peine encore vivants. Ils s'abritent dans des huttes faites de quelques branches. Chaque jour, beaucoup sont emportés par la faim. Ils disparaissent lentement, il ne leur reste même plus assez d'énergie pour chasser les mouches qui grouillent sur leur visage et leurs paupières. Chaque matin passent des camions remplis des cadavres d'enfants qui sont morts pendant la nuit. »

Audrey et ceux qui l'accompagnaient avaient été dans un centre de distribution de nourriture, à Kismayo, puis à Mokomani avant de revenir à Mogadiscio. De là, ils avaient poussé jusqu'à la frontière sud du Kenya.

« C'était un cauchemar éveillé : il y avait ces enfants maigres, si maigres, de tous les âges [...], qui avaient déjà l'air de n'être plus là. Et leurs yeux semblaient des puits sans fonds remplis d'interrogations. Ils nous regardaient et j'avais l'impression – je ne sais pas comment dire ça – qu'ils demandaient : "Pourquoi ?" Certains n'avaient plus aucune lueur dans le regard. La plupart d'entre eux refusaient notre nourriture, parce qu'ils étaient arrivés à un point au-delà duquel ils ne voulaient plus ou n'étaient plus capables d'avaler quoi que ce soit. C'est insupportable, inacceptable de voir un enfant mourir juste sous ses yeux. Il y a cinquante-cinq mille personnes par camp de réfugiés. La moitié d'entre eux sont des enfants, qui meurent de faim sous nos yeux. »

Elle parla ensuite encore plus franchement, et avec plus de passion que jamais, disant ce qu'elle avait sur le cœur à propos de la situation politique : « Je deviens plus blessée, plus en colère, je ressens la souffrance de plus en plus profondément. On ne peut pas imaginer comment vivent ces gens, chassés de leurs foyers en Somalie, et dont personne ne peut dire quand ils pourront y retourner. Les troupeaux sont décimés, les récoltes n'existent plus. Les familles ont perdu leurs villages, leurs maisons. Et, par-dessus tout, leurs enfants meurent chaque jour.

« La politique est supposée, par définition, être au service des peuples et de leur salut. Je ne crois pas à la culpabilité collective, mais je crois à la responsabilité collective. La Somalie est notre responsabilité. C'est assurément la responsabilité des Britanniques et des Italiens, parce que c'étaient eux les colonisateurs. C'est pourquoi ils devraient faire davantage : ils ont une obligation envers ces gens dont ils ont tiré profit pendant des années.

« L'humanitaire implique de faire le bien et de répondre à la souffrance humaine pour la soulager ; c'est aussi ce que devraient faire les politiques, dans l'idéal. C'est ce à quoi je rêve. Pensez à cela : quatre cent mille Somaliens sont dans des camps de réfugiés. Ils fuient la guerre et la faim. Et là, c'est comme s'ils ne venaient que pour mourir. C'est vraiment l'enfer. »

Elle décrivit ses contacts avec les réfugiés : elle embrassait des bébés et leurs parents, essayait de nourrir des enfants, sachant que beaucoup n'avaient même plus la force de s'alimenter. « J'ai vu un petit garçon, maigre comme une branche, juste assis sur un lambeau de tissu ; il n'était plus que des os et des yeux, et il luttait pour essayer de respirer. Il avait une infection respiratoire. J'aurais voulu respirer pour lui mais, alors que j'étais là, il s'est allongé et, quelques instants plus tard, il était parti. »

Audrey ne supporta pas de raconter cette mort. Elle s'effondra en sanglots.

« Elle a suscité de l'espoir et éveillé les consciences avec dignité et compassion », dit Martha Hyer Wallis, son amie depuis le tournage de *Sabrina*. « Elle a tant donné d'elle-même à tellement de gens. »

Après une série de conférences de presse à Londres pour décrire leur voyage en Afrique, Audrey et Rob retournèrent à Tolochenaz à la mi-octobre. Ils devaient s'y reposer quelques semaines avant de reprendre leurs activités pour l'Unicef en Californie, mais Audrey ne se sentait pas bien, elle avait des maux d'estomac, souffrait d'une indigestion et de douleurs abdominales. Le médecin de la région ne parvenait pas à trouver une cause particulière à cet état, et Audrey présuma que son indisposition était due à un virus ou à une bactérie contractés en Afrique. On lui prescrivit de la métronidazole, un antibiotique efficace contre divers types d'infections parasitaires ; malheureusement, les effets secondaires s'avérèrent très gênants, et Audrey se mit à avoir des nausées, de violentes diarrhées et des tremblements des mains et des pieds.

Malgré les médicaments, son état empirait. Elle décida alors de se rendre à Los Angeles pour y subir des tests avant d'y reprendre son travail. « Étiologie inconnue », mentionnèrent les premiers résultats. On ne savait pas ce qui se passait. Un des médecins lui recommanda de se rendre à l'hôpital Cedars-Sinaï pour une laparoscopie, afin d'examiner par des moyens chirurgicaux l'intérieur de son abdomen et de son bassin. Elle subit donc cet examen le 1er novembre. Un cancer s'était développé au niveau de l'appendice et s'étendait au côlon. Elle subit une colectomie partielle, fut placée sous intraveineuse, avec interdiction d'ingérer toute boisson ou nourriture par voie normale. Quand son fils aîné l'informa du diagnostic et du protocole thérapeutique, elle ne montra aucune surprise et resta très calme.

La dernière semaine de novembre, Audrey commença une première chimiothérapie, qu'elle toléra bien. Elle resta en convalescence dans la maison d'un ami à Beverly Hills, et retrouva brièvement son optimisme ; jusqu'à ce qu'elle soit terrassée par une soudaine crise de douleurs abdominales, signe d'une occlusion. Elle fut de nouveau transportée à l'hôpital Cedars-Sinaï. Le 1er décembre, une deuxième intervention chirurgicale fut réalisée, mais le cancer avait métastasé et Audrey ne pouvait plus être sauvée.

Lorsqu'elle se réveilla de l'anesthésie, Sean dit à sa mère que son corps était encore trop fragilisé des suites de la précédente intervention pour qu'elle soit réopérée dans l'immédiat. « Ni les garçons ni moi ne pouvions admettre qu'elle était mourante », expliquera Robert Wolders avec une remarquable pudeur. « Peut-être avons-nous commis une erreur en ne lui avouant pas la gravité de son état. Je pense que c'était très injuste envers elle, parce que Audrey était aussi réaliste à propos de la mort qu'elle l'était à propos de la vie. Quand elle a commencé à sentir qu'elle mourait, elle nous a fait promettre de la laisser partir quand il le faudrait. Nous avons promis mais je ne pense pas que nous lui ayons tout à fait obéi. »

Elle voulait désespérément retourner à Tolochenaz pour Noël, mais les docteurs avertirent qu'un voyage sur un vol commercial normal risquait d'être désastreux ; elle était toujours alimentée par perfusion, et une pompe à morphine allait l'aider à supporter la douleur de son agonie. Lorsqu'il eut connaissance de cela, Hubert de Givenchy fit affréter un jet privé pour Audrey, Sean, Rob, une infirmière et les chiens. Ils quittèrent Los Angeles le 19 décembre et arrivèrent chez eux en Suisse l'après-midi suivant. Audrey ne pouvait toujours rien absorber par les voies normales, et elle restait au lit la plupart du temps. Malgré tout, elle assura qu'elle passait le meilleur Noël de sa vie, parce qu'elle était entourée d'un amour pur.

« Mon seul vœu pour Noël serait la paix dans le monde, dit-elle. En particulier, la paix pour les enfants dans le monde. Alors seulement, l'eau que nous leur apportons étanchera leur soif, la nourriture redonnera de l'énergie à leur corps, les médicaments les soigneront ; et alors seulement ils pourront vivre pour jouer et apprendre, et leurs parents vivront pour les aimer. »

Peu d'amis proches furent invités pour ces fêtes ; parmi eux, Christa Roth : « Malgré son extrême fragilité, se souvient Christa, elle parvint à soulever une corbeille pour nous donner de petits cadeaux à chacun, en souvenir d'elle. Elle m'a offert une écharpe Givenchy noir et blanc. » Givenchy arriva aussi, et Audrey demanda à Rob de prendre un manteau dans un placard. « C'est un manteau bleu, Hubert, lui dit-elle d'une voix à peine audible, parce que le bleu est ta couleur. » Elle prit le manteau, y déposa un baiser et le tendit à son ami : « J'espère que tu le garderas toute ta vie. » Dans l'avion qui le ramenait à Paris ce soir-là, Hubert de Givenchy, en pleurs, garda le manteau sur ses épaules.

À *La Paisible*, il faisait froid mais le soleil brillait. Malgré l'omniprésence des paparazzi qui survolaient la maison dans des hélicoptères tels des charognards, Audrey insista pour faire une petite promenade quotidienne dans son jardin bien-aimé. Elle montrait à Rob, à Sean ou au jardinier quelle plante ou quel arbre nécessitaient un soin spécial. Enveloppée dans un pull et un long manteau, elle s'asseyait et respirait l'air hivernal, levant les yeux vers le soleil et murmurant : « Mmmm, délicieux. »

Le dimanche 17 janvier 1993, elle fit un dernier effort. « Oh, soupira-t-elle, je suis si fatiguée. »

Les deux jours suivants, elle dormit par intermittences. Alors qu'elle sombrait ou revenait à la conscience, elle dit à plusieurs reprises à la personne se trouvait à ses côtés : « Ils m'attendent... les Amish... les anges... Ils m'attendent... en travaillant dans les champs. » Elle dit à Luca : « Je suis désolée, mais je suis prête à partir. »

« Ma vie a été tellement plus qu'un conte de fées », avait dit Audrey une douzaine d'années plus tôt. « J'ai eu ma part de moments difficiles, mais c'est comme s'il y avait toujours une lumière au bout du tunnel. »

Le mercredi 20 janvier, le prêtre qui l'avait mariée à Mel fut appelé. Peu après, Mel arrivait lui aussi, puis Andrea. Luca était là avec Sean, le personnel de la maison et une infirmière. Après avoir silencieusement prié aux côtés d'Audrey, chacun quitta la pièce. Christa Roth arriva alors pour une courte visite et resta un peu avec elle. Audrey s'éteignit, apparemment sans souffrir.

Hormis deux scripts et son oscar, Audrey Hepburn n'avait pas gardé de reliques de sa carrière, mais elle avait des boîtes et des albums pleins des photos de ce qu'elle appelait l'histoire de sa vie remarquable.

On y voyait Audrey Ruston à sept ans, les yeux écarquillés sur la photo de son passeport, ses cheveux sombres coupés court, avec quelques mèches adroitement nouées par sa mère. On la retrouvait à neuf ans, avec la froide et élégante baronne. Une photo de son père, jaunie et cassée en divers endroits, le montrait lui tenant distraitement la main.

Sur d'autres clichés, elle était adolescente, grande et souple, une apprentie danseuse attendant d'apparaître dans une histoire, ou bien elle évoluait sur une scène londonienne. Sur une photo pleine de tendresse, elle était à côté de Colette en train de lire *Fils de Réjane*, de Jacques Porel. Et, bien entendu, il y avait des images d'Audrey en Gigi, avec son grand regard innocent mais déterminé, proclamant que, non merci, elle n'était pas à vendre... Des photos de princesse Anne, élégante et pétillante durant ses *Vacances romaines*... Celles de *Sabrina*, où elle portait la toute première robe de chez Givenchy... D'autres, prises sur le tournage de *Drôle de frimousse*, avec Audrey tout de noir vêtue – les fameuses socquettes blanches exceptées – étaient insérées dans le scénario... Dans les pages du script de *My Fair Lady* se trouvaient ses notes : comment faire vivre le personnage, comment tout améliorer...

Il y avait aussi les photos de son premier mariage : une fille en pleine gloire, avec des guirlandes de fleurs et son chevalier servant, si beau et protecteur. Bien sûr, elle avait constitué des albums sur ses deux chers petits garçons, dès le berceau... Et Audrey avec Andrea...

Elle avait également conservé des douzaines de photos d'*Au risque de se perdre*, en souvenir de ce film et du rôle qui lui avait fait découvrir de précieuses amitiés et avait bouleversé sa perspective de la vie.

Comme elle l'avait écrit dans une lettre adressée à Louise Habets et Kathryn Hulme, cette expérience avait semé en elle des germes qui avaient mis plusieurs années à porter leurs fruits : « Tout ce que je peux vous dire, c'est que toute ressemblance entre l'Audrey Hepburn d'aujourd'hui et celle d'hier est purement fortuite. » Dans cette lettre, écrite vingt-cinq ans avant sa mort, Audrey avait évoqué les difficultés du tournage en Afrique. Ce qu'elle avait alors éprouvé n'était qu'un début, un avant-goût de ce qu'elle vivrait dans les années à venir : « En plongeant dans le cœur et l'esprit de sœur Luke, j'ai aussi été plus profond en moi-même… »

Des années après, ceux qui avaient travaillé à ses côtés à l'Unicef pouvaient témoigner de la grandeur de sa compassion et des efforts qu'elle déploya pour mener à bien ses missions en Afrique et partout ailleurs dans le monde. Ils étaient aux premières loges pour assister à l'épanouissement de l'âme d'Audrey. Avec ce rôle, elle avait accompli sa destinée, en vivant pour de bon ce qu'elle n'avait fait que jouer auparavant. La boucle était bouclée. Il en était de son existence comme de son jardin en fleurs, dont elle s'était un jour exclamée : « C'est tellement improbable… si merveilleux… exquis. »

À l'intérieur de *La Paisible*, tout semblait tranquille. Les fils d'Audrey, Robert Wolders et les amis présents tentaient vaillamment de garder leur calme. Certains sortirent, d'autres voulaient faire leurs adieux à Audrey pendant qu'elle était endormie. Puis Christa les appela et, quand ils entrèrent dans la pièce où reposait Audrey, tout était serein. Il ne subsistait plus aucune trace de souffrance. Sur ses lèvres se dessinait le sourire familier qu'ils lui avaient connu pendant toutes ces années. Ainsi qu'Audrey l'avait dit, elle était prête. Les autres l'attendaient.

Remerciements

Au cours de mes recherches, beaucoup de gens ayant connu Audrey Hepburn, avec laquelle ils ont travaillé, entretenu des relations personnelles ou professionnelles, ont bien voulu partager leurs impressions et leurs souvenirs avec moi. Parmi eux, je tiens tout particulièrement à remercier Jacqueline Bisset, Patricia Bosworth, Karen Cadle, Christa Roth, Marian Seldes, Michael Tilson Thomas, Frederica von Stade, Robert Wagner, Martha Hyer Wallis, John Waxman, Arthur Wilde, Audrey Wilder et Roger Young.

Andrew Lownie a eu la gentillesse de me mettre en contact avec Adrian Weale, l'un des grands experts anglais de la stratégie militaire, qui m'a aidé à clarifier d'importants détails concernant le père d'Audrey.

Une fois de plus dans ma carrière, le personnel de la bibliothèque Margaret-Herrick de l'Academy of Motion Picture Arts and Sciences, à Beverly Hills, m'a fourni son aide précieuse et ses conseils éclairés. Stacey Behlemer, coordinatrice des projets spéciaux et de l'assistance à la recherche, a attiré mon attention sur plusieurs sujets que j'aurais pu omettre ; elle m'a soutenu de la manière la plus généreuse, la plus enthousiaste et la plus amicale. Ses collègues ont fait preuve de la même bienveillance, chacun dans son domaine spécifique : Barbara Hall, aux archives ; Sandra Archer, chef des services de référence ; Faye Thompson, coordinatrice du service photo ; Kristine Krueger, du service des films nationaux ; Jonathan Wahl, directeur de la bibliothèque ; Matthew Severson et Kevin Wilkerson, également membres de cette équipe.

À l'université de Los Angeles, en Californie, j'ai eu la chance de profiter une fois encore de l'aide inestimable de Ned Comstock, archiviste à la bibliothèque Doheny Memorial ; ainsi que de celle de Haden Guest, conservateur des archives de la Warner Bros.

Dans les dernières années de sa vie, Audrey Hepburn a consacré sans répit le meilleur d'elle-même à la cause de l'Unicef, le Fonds international des Nations unies pour l'enfance. Au Danemark, Anne Tennant m'a aidé à contacter certains de ses collègues des bureaux new-yorkais de l'Unicef. Je présente mes plus profonds remerciements à Adhiratha Keefe, John Manfredi, Fran Silverberg et Upasana Young. L'Unicef m'a également autorisé à reproduire d'importantes photos. À cet égard, j'ai été aidé très gentiment par Ellen Tolmie et Nicole Toutounji. Toujours dans ces bureaux new-yorkais, je dois remercier Gloria Adwutum, Margaret Majuk, Patricia Moccia, Edwin Ramirez, Sharad Sapra, Veronica Theodoro et Maria Zanca.

Merci à la bienveillante attention que m'a accordée Gary Browning, le directeur de la bibliothèque du musée de la Radio et de la Télévision de Berverly Hills. Grâce à son concours, j'ai pu visionner les premières apparitions télévisées d'Audrey.

Simone Potter, responsable au British Film Institute, m'a aidé à y voir plus clair dans mes recherches photos.

Rose Puntillo, responsable au Beverly Wilshire Hotel de Beverly Hills, m'a apporté son aide généreuse.

Thomas Smith a été mon assistant de recherches à Londres ; je le remercie et lui exprime mon admiration pour son travail. Il a déniché des textes obscurs, a écumé les archives et les bibliothèques à la recherche d'articles et de chroniques rares, et a fait preuve d'un professionnalisme sans défaut. Aux États-Unis, j'ai eu la chance de bénéficier de l'aide de Destiny Leake, qui m'a permis de retrouver des lettres importantes à la bibliothèque de manuscrits et livres rares Beinecke, à l'université Yale. Frank Turner, directeur de la bibliothèque Beinecke, est le responsable d'une équipe admirable – parmi laquelle Naomi Saito, du service d'aide aux lecteurs.

Debra Campbell, à la chaire du département des études religieuses du College Colby de Waterville, dans le Maine, m'a généreusement fourni une copie de son essai érudit et si élégamment écrit, *La Nonne et le Crocodile*, qui m'a permis de clarifier certains points dans la vie de la romancière Kathryn Hulme, l'une des plus proches amies d'Audrey.

Bernard Dick, auteur et universitaire, a attiré mon attention sur certains aspects importants de la pièce de Lillian Hellman, *La Rumeur* et de sa version filmée.

REMERCIEMENTS

Le très estimé dramaturge et scénariste Robert Anderson a été un ami dévoué et m'a soutenu dans mon travail d'écriture pendant plus de trente ans. Au cours de longues conversations, il m'a confié beaucoup de choses sur sa relation avec Audrey, en toute confiance et sans restriction. Je lui voue une grande reconnaissance pour cela.

Mon beau-frère, John Moller, est un graphiste talentueux et un technicien superbe, qui déborde d'idées et de créativité : il a accompli des prouesses en transférant des douzaines de photos d'Audrey sur CD-Rom. Cette tâche laborieuse requérait l'œil de l'artiste et de nombreux jours de travail, que John a bien voulu m'accorder sur son temps, avec la générosité qui le caractérise.

Pour diverses gentillesses dont chacun d'eux ont fait preuve à un moment ou un autre de mon travail, je tiens à exprimer mes plus sincères remerciements à Mary-Kelly Busch, Mart Crowley, Mary Evans, Lewis Falb et Gerald Pinciss, Mike Farrell et Shelley Fabares, Joshua Robison, et Erica Wagner. Comme toujours, Mona et Karl Malden doivent accepter toute ma gratitude pour leurs encouragements et l'affection qu'ils me portent.

Pendant presque trente ans, j'ai été représenté par ma grande amie, Elaine Markson, qui a su guider ma carrière de manière judicieuse, avec sagesse et affection. Elle et ses collègues – Gary Johnson, Geri Thomas et Julia Kenny – me sont très chers.

Depuis le premier jour de ce projet, j'ai eu la chance de bénéficier du soutien chaleureux de Shaye Areheart, éditeur plein de discernement et de sensibilité. À Julia Pastore, ma directrice littéraire, j'adresse tous mes remerciements pour son amitié constante, son empressement, la justesse de ses commentaires sur mon manuscrit, et pour ses suggestions pleines de discernement. Kate Kennedy, de l'équipe de Julia, a accompli et supervisé avec efficacité diverses tâches, et Janet Biehl a relu mon texte avec attention et méticulosité.

Audrey Hepburn aurait admiré et aimé Ole Flemming Larsen, à qui cet ouvrage est dédicacé. Artiste doué et respecté, il a passé de nombreuses soirées à regarder les films d'Audrey et à en discuter avec moi. Tout au long de mes recherches, il m'a apporté beaucoup de bonnes idées, et il m'a écouté patiemment alors que je lui lisais certains passages du manuscrit. Mais, plus que tout, Ole a apporté à mon existence sérénité et bonheur, grâce à un attachement profond et sincère. Pour cela et pour bien des choses encore, je lui suis reconnaissant de chaque jour qui passe, au-delà de ce que je peux exprimer. Je partage ce livre avec lui, comme je partage ma vie.

Bibliographie

ANDERSON, LINDSAY, ed., *Making a Film : The Story of « Secret People »*, Londres, Allen & Unwin, 1952.

ANDERSON, ROBERT, *After*, New York, Random House, 1973.

ARCE, HECTOR, *Gary Cooper : An Intimate Biography*, New York, William Morrow, 1979.

ASTAIRE, FRED, *En revenant sur mes pas : souvenirs*, Paris, F. Bourin-Julliard, 1990.

BEATON, CECIL, *Cecil Beaton's Fair Lady*, New York, Henry Holt, 1964.

BERGMAN, INGRID, et ALAN BURGESS, *Ma vie*, Paris, Fayard, 1980.

BOGDANOVICH, PETER, *Who the Hell's in It : Portraits and Conversations*, New York, Knopf, 2004.

BOOLEN, J. J., et J. C. VAN DER DOES, *Five Years of Occupation : The Resistance of the Dutch Against Hitler-Terrorism and Nazi-Robbery*, Amsterdam, De Algemeene Vrije Illegale Drukkerji, 1946.

BOWYER, JUSTIN, *Conversations with Jack Cardiff : Art, Light and Direction in Cinema*, Londres, Batsford, 2003.

British Overseas, The : A Guide to Records of Their Births, Baptisms, Marriages, Deaths and Burials, Londres, Guildhall Library, 1994.

BROWN, JARED, *The Fabulous Lunts : A Biography of Alfred Lunt and Lynn Fontanne*, New York, Atheneum, 1986.

BUCKLE, RICHARD, ed., *Self-Portrait with Friends : The Selected Diaries of Cecil Beaton, 1926-1974*, Londres, Weidenfeld & Nicolson, 1979.

CAPOTE, TRUMAN, *Petit Déjeuner chez Tiffany*, Paris, « Folio bilingue », Gallimard, 1998.

CARDIFF, JACK, *Magic Hour*, Londres, Faber, 1996.

CASPER, JOSEPH ANDREW, *Stanley Donen*, Metuchen, New Jersey, et Londres, Scarecrow Press, 1983.

CHANDLER, CHARLOTTE, *Nobody's Perfect : Billy Wilder, A Personal Biography*, New York, Simon & Schuster, 2002.

CHESHIRE, ELLEN, *The Pocket Essential Audrey Hepburn*, Harpenden, Royaume-Uni, Pocket Essentials, 2004.

CLARK, G. N., *Holland and the War*, Oxford, Clarendon Press, 1941.

CROWE, CAMERON, *Conversations avec Billy Wilder*, Arles, Actes Sud, 2004.

DEAR, IAN, et M.R.D. FOOT, eds., *The Oxford Companion to the Second World War*, Londres, Oxford University Press, 2001.

DICK, BERNARD F., *Hellman in Hollywood*, Madison et Rutherford, New Jersey, Fairleigh Dickinson University Press, 1982.

EPSTEIN, NORRIE, *The Friendly Shakespeare*, New York, Viking, 1993.

FARRAR-HOCKLEY, ANTHONY, *Airborne Carpet : Operation Market Garden*, Londres, Macdonald, 1970.

FERRER, SEAN HEPBURN, *Audrey Hepburn : un fils se souvient*, Paris, Plon, 2004.

FISHGALL, GARY, *Against Type : The Biography of Burt Lancaster*, New York, Scribner's, 1995.

—, *Gregory Peck : A Biography*, New York, Scribner's, 2002.

GAZZARA, BEN, *In the Moment : My Life as an Actor*, New York, Carroll & Graf, 2004.

GRAHAM, SHEILAH, *Hollywood Revisited : A Fiftieth Anniversary Celebration*, New York, St. Martin's Press, 1985.

GROBEL, LAWRENCE, *The Hustons : The Life and Times of a Hollywood Dynasty*, New York, Cooper Square Press, 2000.

HARRIS, RADIE. *Radie's World : The Memoirs of Radie Harris*, Londres, W H. Allen, 1975

HARRIS, WARREN G., *Audrey Hepburn : A Biography*, New York, Simon & Schuster, 1994.

HARVEY, A. D., *Arnhem*, Londres, Cassell, 2001

HEAD, EDITH, et JANE KESNER ARDMORE, *The Dress Doctor*, Boston, Little, Brown, 1959.

HEAD, EDITH, et PADDY CALISTRO, *Edith Head's Hollywood*, New York, Dutton, 1983.

HIGHAM, CHARLES, et JOEL GREENBERG, *The Celluloid Muse : Hollywood Directors Speak*, Londres, Angus & Robertson, 1969.

HOFSTEDE, DAVID, *Audrey Hepburn, A Bio-Bibliography*, Westport, Connecticut, Greenwood Press, 1994.

HOLLOWAY, STANLEY, *Wiv a Little Bit o' Luck*, Londres, Leslie Frewin, 1967.

HULME, KATHRYN, *Au risque de se perdre*, Paris, Stock, 1992.

—, *Undiscovered Country : A Spiritual Adventure*, Boston, Atlantic Monthly Press/Little Brown, 1966.

HUSTON, JOHN, *John Huston*, Paris, Pygmalion, 1982.

INGE, M. THOMAS, ed., *Truman Capote : Conversations*, Jackson, University Press of Mississippi, 1987.

KARNEY, ROBYN, *Audrey Hepburn : la princesse de Tiffany*, Rome, Gremese, 1994.

KAUFFMANN, STANLEY, *A World on Film : Criticism and Comment*, New York, Harper & Row, 1966.

KEOGH, PAMELA CLARKE, *Audrey Style*, New York, HarperCollins, 1999.

LEROY, MERVYN (entretien avec Dick Kleiner), *Take One*, New York, Hawthorn Books, 1974.

LOGAN, JOSHUA, *Movie Stars, Real People, and Me*, New York, Delacorte, 1978.

LOOS, ANITA, *A Cast of Thousands*, New York, Grosset & Dunlap, 1977.

LORD, GRAHAM, *Niv : The Authorised Biography of David Niven*, Londres, Orion, 2003.

MACLAINE, SHIRLEY, *Les Stars de ma vie*, Paris, Presses de la Cité, 1996.

MADSEN, AXEL, *William Wyler*, New York, Thomas Y. Crowell Co., 1973.

MANGAN, RICHARD, ed., *Sir John Gielgud – A Life in Letters*, New York, Arcade Publishing, 2004.

MAYCHICK, DIANA, *Audrey Hepburn*, Paris, Éditions n° 1, 1993.

MEYERS, JEFFREY, *Bogart : A Life in Hollywood*, Boston, Houghton Mifflin, 1997.

MILLER, GABRIEL, ed., *Fred Zinnemann : Interviews*, Jackson, University Press of Mississippi, 2005.

MORLEY, SHERIDAN, *James Mason : Odd Man Out*, Londres, Weidenfeld & Nicolson, 1989.

—, *Audrey Hepburn : A Celebration*, Londres, Pavilion, 1993.

NEAL, PATRICIA, avec RICHARD DENEUT, *As I Am : An Autobiography*, New York, Simon & Schuster/Londres, Century Hutchinson, 1988.

NELSON, NANCY, *Evenings with Cary Grant : Recollections in His Own Words and by Those Who Knew Him Best*, New York, Morrow, 1991.

PARIS, BARRY, *Audrey Hepburn*, Paris, Belfond, 1997.

PAYN, GRAHAM, et SHERIDAN MORLEY, eds., *The Noël Coward Diaries*, Londres, Weidenfeld & Nicolson, 1982.

PETERS, MARGOT, *Design for Living : Alfred Lunt and Lynn Fontanne – A Biography*, New York, Knopf, 2003.

PLASKIN, GLENN, *Turning Point : Pivotal Moments in the Lives of America's Celebrities*, New York, Birch Lane Press, 1992.

POWELL, MICHAEL, *Million Dollar Movie, Une vie dans le cinéma*, tome 2, Arles, Actes Sud, 2000.

PREVIN, ANDRÉ, *No Minor Chords : My Days in Hollywood*, New York, Double-day, 1991.

PRYCE-JONES, DAVID, *Unity Mitford : A Quest*, Londres, Weidenfeld & Nicolson, 1976.

RICCI, STEFANIA, ed., *Audrey Hepburn : Una donna, lo stile*, Milan, Mondadori, 1999.

ROGERS, HENRY C., *Walking the Tightrope : The Private Confessions of a Public Relations Man*, New York, William Morrow, 1980.

RYAN, CORNELIUS, *Un pont trop loin : Arnhem, 17 décembre 1944*, Paris, Robert Laffont, 1974.

SELDES, MARIAN, *The Bright Lights*, Boston, Houghton Mifflin, 1978.

SEMBACH, KLAUS-JÜRGEN, *Audrey Hepburn*, Munich, Schirmer/Mosel, 2000.

SHIPLEY, JOSEPH T., *The Crown Guide to the World's Great Plays from Ancient Greece to Modern Times*, New York, Crown, 1984.

SILVERMAN, STEVEN M., *Dancing on the Ceiling : Stanley Donen and His Movies*, New York, Knopf, 1996.

SPECK, GREGORY, *Hollywood Royalty : Hepburn, David, Stewart and Friends at the Dinner Party of the Century*, New York, Birch Lane, 1992.

SPERBER, A. M., et ERIC LAX. *Bogart*, Paris, Belfond, 1997.

SPOTO, DONALD, *La Face cachée d'un génie : la vraie vie d'Alfred Hitchcock*, Paris, Albin Michel, 2004.

—, *Ingrid Bergman*, Paris, Presses de la Cité, 1997.

THOMAS, BOB, *Golden Boy : The Untold Story of William Holden*, New York, St. Martin's Press, 1983.

VAN KLEFFENS, E. N., *The Rape of the Netherlands*, Londres, Hodder & Stoughton, 1940.

VERMILYE, JERRY, *The Complete Films of Audrey Hepburn*, New York, Citadel/Carol, 1998.

VIDOR, KING, *King Vidor on Filmmaking*, New York, David McKay Co., 1972.

WALKER, ALEXANDER, *Audrey : Her Real Story*, Londres, Weidenfeld & Nicolson, 1994.

WALLIS, MARTHA HYER, *Finding My Way : A Hollywood Memoir*, HarperSan-Francisco, 1990.

WARMBRUNN, WERNER, *The Dutch under German Occupation*, Londres, Oxford University Press, 1963.

WILLOUGHBY, BOB, *Audrey : hommages intimes*, Paris, Éditions du Collectionneur, 2002.

WOODWARD, IAN, *Audrey Hepburn, Fair Lady of the Screen*, Londres, W. H. Allen, 1984.

YULE, ANDREW, *The Man Who « Framed » the Beatles : A Biography of Richard Lester*, New York, Donald I. Fine, 1994.

ZINNEMANN, FRED, *Fred Zinnemann : An Autobiography*, Londres, Bloomsbury, 1992.

ZOLOTOW, MAURICE, *Billy Wilder in Hollywood*, New York, G. P. Putnam's Sons, 1977.

Composé par Nord Compo
à Villeneuve-d'Ascq

Achevé d'imprimer sur les presses de

BUSSIÈRE

GROUPE CPI

à Saint-Amand-Montrond (Cher)
en septembre 2007

N° d'édition : C 07396/03. — N° d'impression : 073106/1.
Dépôt légal : mai 2007.
Suite du 1er tirage.

Imprimé en France